에리식톤 콤플렉스

에리식톤 콤플렉스

한국 자본주의의 정신

김덕영 지음

도서출판 길

에리식톤 콤플렉스
한국 자본주의의 정신

2019년 10월 31일 제1판 제1쇄 발행
2020년 2월 15일 제1판 제2쇄 발행

2022년 3월 10일 제1판 제3쇄 인쇄
2022년 3월 15일 제1판 제3쇄 발행

지은이 | 김덕영
펴낸이 | 박우정

기획 | 이승우
편집 | 이남숙
전산 | 최원석

펴낸곳 | 도서출판 길
주소 | 06032 서울 강남구 도산대로 25길 16 우리빌딩 201호
전화 | 02) 595-3153   팩스 | 02) 595-3165
등록 | 1997년 6월 17일 제113호

ISBN: 978-89-6445-215-8 93300

데이비드 카터(David Carter, 1945~2018)를 기리며

이 책이 나오기까지

　이 책은 2017년 3월부터 11월까지 수행된 한국학중앙연구원의 연구 프로젝트 "한국인의 가치변화와 감정양식"(AKSR2017-V01)에서 나에게 주어진 과제인 "한국 자본주의와 그 정신 — 한국의 근대화와 근대성에 대한 사회학적 연구"를 단행본으로 확대한 것이다. 처음에는 연구 프로젝트의 지침에 따라 논문 한 편을 쓸 계획이었는데, 연구가 진행되면서 주제가 너무 광범위한 탓인지 자꾸자꾸 분량이 늘어나 이미 연구가 중반부에 접어든 2017년 6월에는 적어도 단행본 한 권은 되어야 한다는 생각을 하게 되었다. 그때부터 논문과 단행본 작업을 병행했다. 연구 프로젝트 총서에 실릴 논문을 위해 원래 계획대로 개신교와 한국 자본주의 정신의 관계를 다루는 한편, 개신교 이외에도 국가와 재벌의 관계 속에서 한국 자본주의의 정신을 고찰하는 작업을 했다. 단행본 작업의 결과가 바로 이 책이다. 논문 작업의 결과는 원래 한국학중앙연구원의 연구 프로젝트 총서인 『한국인의 가치변화와 감정양식』에 게재될 예정이었으나, 이 책의 축소판인 관계로 총서에서 제외하는 것이 좋겠다는 편집진의 견해를 따르기로 했다.

　이 책의 제목에 대해 잠시 언급할 필요가 있을 듯하다. 원래 '에리식톤 콤플렉스'(Erysichthon complex)를 제목으로 할 생각은 없었는데, 그 이유는 두 가지이다. 첫째, 그리스 신화에 나오는 에리식톤이라는 인물은 한국인들에게 다른 신이나 인간에 비해 잘 알려져 있지 않은 편이다. 둘째, 이 새로운 개념으로 한국 자본주의 정신의 사회학과 계보학을 주제로 하는 책을 쓸 자신이 없었기 때문이다. 2017년 11월 10일 한국학중앙연구원에서 개최된 최종 연구결과 발표회를 위해 제출한 원고에서도 에리식톤 콤플렉스는 "한국 자본주의의 서술을 위한 작은 개념적 제안"으로 말미에서 짤막하게 언급했을 뿐이다. 원래는 천민자본주의라는 개념에 입각하여 작업을 진행했는데, 이것은 너무나 일반화된 개념이라 한국 자본주의의 특성을 제대로 담아낼 수 있을까 하는 의구심이 들었다. 결국 작은 개념적 제안에 머물던 에리식톤 콤플렉스가 한국 자본주의의 정신을 담아내는 개념으로 격상되었다.

나는 이 책에서 한국의 자본주의를 단순한 경제적 생산양식이 아니라 근대 한국 사회의 일부분으로 다루고 있다. 자본주의를 통해 한국의 근대화와 근대성을 연구하는 것이 내가 이 책에서 추구하는 목표이다. 그런 점에서 이 책은 2014년에 출간된 『환원근대: 한국 근대화와 근대성의 사회학적 보편사를 위하여』 및 2017년에 출간된 『루터와 종교개혁: 근대와 그 시원에 대한 신학과 사회학』과 연속선상에 있다. 전자는 한국의 근대화와 근대성 연구를 위한 총론에 해당하며, 후자는 서구의 근대에 대한 연구로서 한국의 근대를 비추어볼 수 있는 거울이다.

내가 이 책에서 참고하거나 인용한 문헌은 모두 한국어로 된 것이다. 원서의 경우에도 모두 번역본을 이용했다. 나는 이 책에서 과연 외국어에 의존하지 않고도 우리 사회에 대한 사회학적 연구가 가능할까 실험을 해보았다. 물론 만만치 않은 작업이었다. 보다 깊이 있는 이론적 논의를 포기해야 했다. 그와 같은 실험이 성공하려면 이미 사회과학의 중요한 이론에 대한 연구서가 많이 축적되었고 사회과학의 중요한 고전이 이미 한국어로 번역되어 토착화되었어야 한다. 어떻게 보면 그 일은 향후 내가 할 일인지도 모른다.

이 책은 여러 사람의 크고 작은 도움으로 태어날 수 있었다. 정수남 박사는 한국 사회에 대해 별로 연구한 적도 없는 '치유할 수 없는 이론사회학자'인 나를 연구팀의 일원으로 추천해 주었고, 책임 연구자인 김경일 교수님은 이를 흔쾌히 수락해 주셨다. 박치현 박사님은 좋은 토론을 해주셨다. 아울러 연구팀은 나의 작업에 필요한 많은 소중한 자료를 구입해 주었다. 한국학중앙연구원 출판부는 나의 연구물을 독립된 단행본으로 출판할 수 있도록 배려해 주었다. 도서출판 길 박우정 대표님은 여느 때처럼 완성된 원고를 꼼꼼히 읽고 여러 가지 좋은 지적을 해주셨다. 편집 책임자 이남숙 님은 산뜻한 책으로 만들어주었다. 이들 모두에게 진심으로 감사한다. 그리고 권오헌 박사, 정수남 박사, 신진호, 이상헌, 양유정, 이세진, 임유진, 전미영, 정민종 학생도 기꺼이 자료를 찾아주었다. 지난 2018년 한 해 동안 '사회이론강좌 나비'에서 막스 베버, 게오르그 짐멜, 에밀 뒤르케임의 사회학 이론에 대해 강의하면서 이 젊은이들과 나눈 대화는 내게 많은 용기를 주었고 이 책의 논리와 내용에도 큰 도움이 되었다. 이들 모두에게 깊이 감사한다.

마지막으로 사랑하는 친구 데이비드 카터(David Carter, 1945~2018)를 언급하고자 한다. 오랜 외국 생활을 접고 고국인 영국으로 돌아간 데이비드가 채 정착도 하기 전에 급작스레 세상을 떠나고 말았다. 늘 좋은 대화와 토론 상대였고 영국에서 자리가 잡히면 한국의 사회와 문화에 대해 같이 책을 쓰자고 여러 번 다짐했던 그의 뜻하지 않은 죽음은 나의 반쪽을 잃어버린 것 같은 아픔이었다. 그 친구의 마지막 가는 길도 배웅하지 못한 것이 두고두고 회한으로 남는다. 그나마 데이비드가 세상을 떠나기 얼마 전 아내와 함께 그의 영원한 정신적 고향인 사우샘프턴에서 마지막 모습을 볼 수 있어 다행이었다. 오랜 기간 나의 친구이자 우리 두 형제의 친구이자 가족의 친구이며 — 영어 한 마디 못하시는 — 우리 부모님이 '외국 사람, 외국 사람' 하시면서 늘 친자식처럼 대해 주신 그의 영전에 미안한 마음과 사랑하는 마음으로 이 작은 책을 바치는 바이다.

2019년 7월 31일
김덕영

■ **일러두기**

인용구절에 나오는 '[…]'는 저자가 원문의 내용을 생략했다는 표시이고, '……'는 원래
나누어져 있던 단락(들)을 한군데로 모았다는 표시이다.

논의를 시작하면서

　이 장은 이 책의 서론 격으로 다음의 세 부분으로 구성되어 있다. 첫째, 문제의 제기이다. 이명박 전(前) 대통령의 비리와 범죄는 우리와 무관한 개인적 일탈인가? 아니면 우리가 만든 세계와 관계가 있는가? 이를 이명박의 대통령 선거 홍보 영상물인 "이명박은 배고픕니다!"를 통해 밝혀 본다. 이명박만 배고픈 것이 아니라 우리 모두가 배고프다. 우리는 '허기 사회'에 살고 있으며, 우리의 허기는 1960년대에 본격화한 근대화 운동부터 형성되어 시간이 지남에 따라 점점 더 커져 갔고 점점 더 세련되고 정치하게 표현되었다. 둘째, 연구의 대상이다. 누가 그를, 그리고 우리를 배고프게 했나? 그것은 한국 자본주의의 정신인 에리식톤 콤플렉스이다. 이명박은 이 정신이 가장 극명하게 표출된 경우이다. 바로 이 한국 자본주의의 정신이 우리의 연구 대상이다. 셋째, 접근 방법과 이 책의 범위 및 한계이다. 이 책은 한국 자본주의의 정신에 대한 사회학적 및 계보학적 접근을 시도한다. 먼저 자본주의 정신에 대한 사회학적 논의의 가능성과 의미를 따져보고, 이에 더하여 한국 자본주의 정신의 계보학적 접근의 가능성과 의미를 따져본다. 전자의 경우에는 막스 베버(Max Weber, 1864~1920)로 시선을 돌리고 후자의 경우에는 근대화 과정에서 국가, 재벌 및 개신교가 한 역할로 시선을 돌려야 하는 이유를 제시한다. 이 책은 한국 자본주의 정신에 대한 총체적인 분석과 설명을 추구하지 않고—그리할 수도 없다!—다만 그 한 가지 측면을 다룰 뿐이다.

1. "이명박은 배고픕니다!": 문제의 제기

지난 2018년 3월 22일 이명박 전 대통령이 구속·수감되었다. 제17대 대통령직에서 퇴임한 지 정확히 5년 만의 일이었다. 이른바 '샐러리맨 신화'의 몰락이었다. 이 다분히 극적인 사건에 직면하여 우리는 다음과 같은 질문을 던지지 않을 수 없다. 이명박 신화의 몰락과 더불어 이명박의 시대도 갔는가? 이명박의 시대는 그 이전의 시대와 다른가? 이명박 신화는 우리와 무관한 세계에서 이루어진 것인가? 이명박의 범죄는 우리와 무관한 세계에서 일어난 것인가? 이와 관련하여 이명박의 구속·수감을 '표지 이야기'로 다룬 한 주간지의 다음과 같은 기사가 눈길을 끈다.

> 이명박의 시대는 진정 끝난 것일까? 이명박 같은 정치인이 다시 등장하면 한국 사회는 이를 거부할 수 있다고 자신할 수 있을까? 우린 여전히 수단과 방법이 좀 어긋나더라도 들통나지만 않는다면 부자가 되는 지름길을 원하진 않는가? 전에 없던 것이란 이유만으로 열광하진 않는가? 세속적 욕망을 자극하는 누군가들의 약속에 정녕 홀리지 않을 수 있을까? 이명박의 진짜 적폐는 보이는 것을 믿었던, 물신을 신봉했던 우리의 어떤 얄팍함인지도 모른다. 이명박이 만들어놓은 세계를 부수는 것만큼이나 중요한 것은, 이명박은 우리가 만든 세계에서 성공했다는 것을 기억하는 일이다.[1]

---

1 『한겨레 21』(2018년 4월 2일), 38쪽(원문의 'MB'라는 표현을 '이명박'으로 바꾸었음을, 그리고 의문문에 물음표[?]를 추가했음을 일러둔다).

전적으로 공감이 가는 말이다. 이명박이 만들어놓은 세계를 부수는 것은 중요한 일임에 틀림없기 때문이다. 그리고 그것만큼이나 중요한 것은 이명박이 그 다른 어떤 세계도 아닌 우리가 만든 세계에서 성공했음을 기억하는 일임에 틀림없기 때문이다. 그런데 내가 보기에는 중요한 일이 하나 더 있다. 그것은 우리가 만든 세계를 제대로 알아야 이명박이 만들어놓은 세계를 제대로 부술 수 있다는 사실이다. 우리가 만든 세계, 그것은 ─ 앞의 인용구절에서 드러나듯이 ─ 아마도 보이는 것을 믿고 물신을 숭배한 얄팍함의 세계인지도 모른다.

이 책은 이명박이 성공한 세계, 보다 정확히 말하자면 우리가 만들고 이명박이 그 안에서 성공한 세계가 무엇인가를 추적하는 작업이다. 그것은 한국 사회의 자아성찰이다. 이 세계는 우리 모두를 포괄하지만, 그 누구에게로도 환원되지 않는 한국 사회가 근대화 과정에서 만든 것이다. 그러므로 이 책은 한국 사회의 근대화와 근대성에 대한 고찰인 셈이다.

지난 2018년 3월 22일 서울중앙지법이 발부한 구속영장에 따르면, 이명박은 110억 원대의 뇌물을 수수하고 340억 원대의 비자금을 조성한 혐의를 받고 있는데, 뇌물 가운데 대통령 재임 기간(2008년 2월 25일~2013년 2월 25일)에 받은 액수가 80억 원대에 이른다.[2] 대통령이라기보다는 가히 '희대의 탐욕범'이라고 할 만하다.[3] 이명박은 정권이 아니라 이권을 잡았다는, 그리고 그에겐 돈이 신앙이었다는 비판, 아니 비난이 실감나게 와닿는다.

그런데 돈이 신앙인 이 희대의 탐욕범을 보면 자연스레 연상되는 것이 하나 있다. 그것은 제17대 대선 홍보 영상물 "이명박은 배고픕니다!"이다. 영상 속에서 이명박 후보가 어느 시장통의 허름한 국밥집으로 들어선다.

───────────

2 같은 글, 34쪽에는 구속영장에 적시된 이명박의 범죄 혐의가 도표 형식으로 정리되어 있다.
3 같은 글, 32~34쪽에는 희대의 탐욕범으로서의 이명박이 잘 묘사되어 있다.

그러자 국밥집 주인 욕쟁이 할매가 다음과 같이 말하면서 국밥을 한 그 릇 내온다. "맨날 쓰잘데기없이 쌈박질이나 하고 지랄이여. 우린 먹고살기 도 힘들어 죽겠어." 이명박은 이 타박을 들으면서 국밥을 떠먹는데, 배경 음악과 함께 내레이션이 나오며 "이명박은 배고픕니다"라는 문구가 등장 한다. "경제를 살리겠습니다"라는 마지막 문구가 대통령 후보 이명박의 정체성을 한껏 고조시킨다.

그렇다면 이명박은 정말로 배가 고팠나? 물론 아니다. 오늘날 한국 사회 에는 배고픈 사람이 없다. 그것은 1960년대나 그 이전에나 있을 법한 이 야기이다. 1960년대에 본격화한 조국 근대화 덕분에 이미 오래전에 민족 적 허기의 상징인 보릿고개를 극복하고 흰쌀밥에 고깃국을 먹게 되었다. 국밥은 배고파서 먹는 것이 아니라 그 맛을 즐기기 위해서 먹는 것이다.

그러나 다른 한편 이명박을 포함해 우리 모두가 배고프다. 이게 무슨 말인가? 1인당 국민소득이 3만 달러나 되고 세계 10대 경제대국에 속하 는 한국 사회가 '허기사회'라니?[4] 내가 보기에는 바로 여기에 문제가 있는 것이다.

'7·4·7'—7퍼센트 경제성장률, 1인당 국민소득 4만 달러, 세계 7대 경제 대국!

제17대 대통령 선거에서 이명박 후보가 내세운 선거공약의 핵심이자 상징이다. 이를 풀이하면 이렇다. 선진국 수준의 국가 경영시스템 정비, 신성장 동력화 등을 통한 연 7퍼센트 경제성장을 달성한다. 이러한 경 제의 고성장이 계속된다면 5년 후인 2013년에는 1인당 국민소득이 3만 달러에 달하게 되고, 10년 후인 2017년에는 4만 달러에 달하게 된다. 그

---

4 이 개념은 다음에서 따온 것이다. 주창윤, 『허기사회: 한국인은 지금 어떤 마음이 고 픈가』, 글항아리 2013. 물론 이 책의 저자와 내가 전개하는 논지는 완전히 다르다.

리되면 이탈리아를 제치고 세계 7대 경제대국으로 발돋움하게 된다.[5] 이 명박은 이 '7·4·7' 선거공약 덕분에 2위와 무려 531만 표 차라는 압도적 인 지지를 받으며 당선되었다. 이 차이는 역대 대통령 선거의 최고치라고 한다.

이명박이 대통령에 당선되던 당시 한국의 1인당 국민소득은 2만 달러 정도였다. 이 정도면 충분히 잘사는 편이었다. 아니 최소한 배는 고프지 않았다. 그렇지만 우리는 배가 고팠다. 왜냐하면 근대화와 경제성장의 목 표가 1인당 국민소득이 3만 달러인 선진국에 진입하는 것인데, 아직 1만 달러의 격차가 있었기 때문이다. 그러니까 비유적으로 말하자면 당시 우 리는 이명박과 마찬가지로 '2만 달러짜리 국밥'을 먹고 있었지만 '1만 달 러 어치의 배고픔'을 느끼고 있었던 것이다. 이명박이 제시한 바에 따르면, 우리는 5년 후인 2013년에 '3만 달러짜리 국밥'을 먹을 수 있다. 그러나 여전히 배가 고플 것이다. 왜냐하면 경제의 고성장이 지속되어 10년 후인 2017년에는 '4만 달러짜리 국밥'을 먹어야 하기 때문이다. 이 먹으면서도 배고픈 과정, 그러니까 돈과 물질적 재화에 대한 무한한 욕망은 계속될 것이며, 따라서 한국 사회는 영원히 허기사회로 남을 것이다.

그런데 중요한 것은 돈과 물질적 재화에 대한 이 채워지지 않는 배고픔 이 이명박 시대에 비롯된 것이 아니라는 사실이다. 그것은 1960년대에 본 격화한 근대화 운동부터 형성되어서 시간이 지남에 따라 없어지기는커녕 점점 더 커져 갔고 점점 더 세련되고 정치하게 표현되었다. 내가 보기에는 이명박의 선거공약인 '7·4·7'이 그 가장 크고 세련되며 정치한 형태이다.

이명박은 돈과 물질적 재화에 대한 채워지지 않는 허기가 지배하는 세 계에서 신화라 일컬을 만큼 크게 성공했으며, 또한 바로 그 허기를 부정 한 방식으로 채우다가 몰락하고 말았다. 물론 그렇다고 해서 이 세계가

---

5 매일경제 경제부·정치부, 『MB노믹스: 이명박 경제 독트린 해부』, 매일경제신문사 2008, 33, 40, 42, 247쪽.

이명박의 비리와 범죄에 책임이 있다는 뜻은 결코 아니다. 이에 대한 책임은 전적으로 그에게 있다. 그러나 다른 한편 이명박은 돈과 물질적 재화에 대한 무한한 욕망이 지배하는 세계로 뚫고 들어가기에 그 누구보다도 적합한 경우이다. 그는 한국 사회의 심층으로 뚫고 들어가기에 더할 나위 없이 좋은 '과학적 탐침'이다.

2. 누가 그를, 우리를 배고프게 했나: 연구의 대상

이 모든 것은 다음과 같은 물음으로 귀결된다. 그렇다면 누가 그를, 아니 우리를 끊임없이 배고프게 했나? 이에 답하기 전에 돈과 물질적 재화에 대한 이 끊임없는 배고픔을 학술적 개념으로 포장하는 작업이 필요하다. 그래야만 단순히 이명박의 개인적 비리와 범죄에 머물지 않고 그를 한국 사회의 구성원으로 간주하고 그를 통해 한국 사회에 대한 과학적 분석을 시도할 수 있기 때문이다.

일단 천민자본주의를 생각해 볼 수 있을 것이다. 천민자본주의는 원래 베버가 유대인들의 비합리적 자본주의를 서술하기 위해 도입한 개념인데, 그 후 단순히 유대적 자본주의에 한정하지 않고 가능한 한 모든 기회와 수단을 이용해 이윤을, 그것도 가능한 한 많은 이윤을 추구하는 자본주의를 가리키는 개념으로 확장되었다.[6] 이렇게 보면 천민자본주의는 이명박에게서 응축적이고도 상징적으로 나타나는, 돈과 물질적 재화에 대한 한국인들의 무한한 욕망을 표현하기에 적절한 학술적 개념으로 보인다. 그러나 다른 한편 너무나 일반화된 개념이라 한국적 근대와 자본주의의 특성을 제대로 담아낼 수 없다는 문제점을 안고 있다.

---

6 천민자본주의에 대한 보다 자세한 내용은 제1부 제2장 제3절의 각주 53번을 참조.

게걸스럽게 음식을 먹어치우는 에리식톤, 작자 미상

　나는 여기에서 '에리식톤 콤플렉스'(Erysichthon complex)라는 새로운 개념을 도입하고자 한다. 이는 그리스 신화에 등장하는 오만하고 불경스러운 부자 에리식톤에게서 온 것이다. 에리식톤은 아무리 먹어도 허기를 느끼는 저주를 받아서 끊임없이 먹어치운다.[7]

　그렇다. 우리는 돈과 물질적 재화에 대한 무한한 욕망, 즉 에리식톤 콤플렉스를 갖고 있다. 바로 이것이 한국 자본주의의 정신인 것이다. 그리고 이 정신의 가장 전형적이고 상징적인 경우가 바로 이명박인 것이다. 베버식으로 말하자면, 이명박은 한국 자본주의의 정신, 즉 에리식톤 콤플렉스

7　에리식톤 콤플렉스에 대해서는 제1부 제2장 제3절에서 보다 자세한 논의가 있을 것이다.

의 이념형인 것이다. 그는 이 에리식톤 콤플렉스의 세계에서 성공했고 그 세계에서 몰락했다.

그렇다면 여기에서 다음과 같은 질문을 던질 수밖에 없다. 이명박을, 그리고 우리를 배고프게 한 기아의 여신 리모스(Limos)는 누구인가? 한국 자본주의의 정신인 에리식톤 콤플렉스는 누구에 의해, 그리고 어떤 과정을 통해서 형성되었는가?

에리식톤 콤플렉스는 국가-재벌 동맹자본주의에 기반하는 환원적 근대화 과정에서 형성되었으며, 이명박을, 그리고 우리를 배고프게 한 리모스는 국가와 재벌, 그리고 개신교이다. 국가, 특히 박정희 정권은 가난을 극복하고 잘살아 보자는 구호 아래 개인에게 돈과 물질에 대한 무한한 욕망을 자극하여 에리식톤 콤플렉스가 형성되도록 했으며, 재벌, 특히 정주영은 기업적 차원에서 에리식톤 콤플렉스를 구현했다. 그리고 한국의 개신교는 국가-재벌 동맹자본주의의 이데올로기이자 전도사로서 환원적 근대화의 지상목표인 경제성장을 신과 신앙의 이름으로 축복하고 신성시해 왔다. 그것은 에리식톤 콤플렉스의 성화(聖化)이다. 그리고 스스로 이 환원근대적 이념을 체화하고 내면화함으로써 급속한, 아니 가히 기적이라 할 만한 교회성장을 이룩해 왔다. 이명박은 박정희와 정주영 그리고 '조용기주의'[8]로 대표되는 개신교가 융합된 인격체로서 그 누구보다도 에리식톤 콤플렉스를 철저히 체화하고 내면화함으로써 샐러리맨 신화를 이룩했으며, 또한 그로 인해 몰락하고 말았다.

---

8 조용기주의에 대해서는 제2부 제5장 제3절을 참조.

3. 접근 방법 및 이 책의 범위와 한계

이렇게 해서 우리는 이명박이라는 '과학적 탐침'을 통해서 국가와 재벌 그리고 개신교가 이명박을, 그리고 우리를 배고프게 한 것을 알게 되었다. 국가가 에리식톤 콤플렉스를 주조했고, 재벌이 이 콤플렉스를 구현했으며, 기독교가 성화했다. 이로부터 이 책의 접근 방법이 도출된다. 그것은 에리식톤 콤플렉스가 형성되고 발전한 과정을 구명하는, 한국 자본주의 정신에 대한 계보학적 연구이다.

그런데 한국 자본주의 정신에 대한 계보학적 연구를 위해서는 자본주의와 자본주의 정신에 대한 이론적 논의가 필요하다. 우리는 이를 사회학으로부터 얻을 것이다. 그러므로 이 책은 한국 자본주의 정신에 대한 사회학적·계보학적 연구가 된다. 그 중점은 계보학적 연구에 둘 것이다. 사회학적 연구는 계보학적 연구를 위한 준비단계로서 의미를 갖는다.

먼저 자본주의와 자본주의 정신에 대한 사회학적 논의는 베버가 좋은 길잡이가 되어줄 것이다. 우리는 그의 『프로테스탄티즘의 윤리와 자본주의 정신』(1904~05)과 『경제사: 보편 사회경제사 개요』(1923)에 접목할 것이다.

그리고 한국 자본주의 정신에 대한 계보학적 논의는 근대화 과정에서 국가와 재벌, 그리고 개신교가 한 역할을 추적해야 한다. 이 중에서도 국가에 가장 큰 비중을 두어야 한다. 국가는 국가-재벌 동맹자본주의에 기반하는 환원적 근대화를 주도하면서 한국 자본주의의 형태 또는 체계와 정신을 가장 결정적으로 각인했기 때문이다. 그런데 이 한정된 지면에서 국가와 재벌 그리고 개신교를 전체적으로 다룰 수는 없는 노릇이다. 그러므로 국가의 경우에는 박정희에, 재벌의 경우에는 정주영에 초점을 맞추기로 한다. 이 둘에서 한국 자본주의 정신과 관련한 국가의 '이념형'과 재벌의 '이념형'을 읽을 수 있으며, 우리의 과학적 탐침인 이명박과도 밀접한 관계에 있기 때문이다. 그리고 개신교의 경우에는 조용기를 논의에 끌어들이지만 그만을 전적으로 다루지는 않는다. 그 이유는 내가 그의 신학과 목회에 대해 잘 아는 바가 없고 이명박이 그와 직접적인 관계가 없기 때문이다. 그렇지만 우리는 그에게서 한국 자본주의 정신과 관련한 이념형을 읽을 수 있다. 한국의 개신교는 근본적으로 조용기주의라고 할 수 있다.

여기에서 반드시 유념해야 할 사항이 한 가지 있으니, 그것은 이 책이 박정희(국가), 정주영(재벌), 조용기(개신교)에게 이명박의 비리와 범죄에 대한 책임을 전가하려는 것은 결코 아니라는 점이다. 박정희, 정주영, 조용기가 우리의 논의에 대해 의미를 갖는 것은, 그들이 '구조-형성적 행위자'이기 때문이다. 구조-형성적 행위자란 "기왕에 존재하는 행위구조를 변형시켜 새로운 틀을 창설, 구성, 강화하는 비범한 행위능력을 소유한 행위자"를 가리킨다.[9]

또한 이 구조-형성적 행위자들에 의해 주조되고 구현되고 성화된 한국 자본주의 정신이 이명박의 비리와 범죄의 직접적인 원인이라는 식으로 이 책을 읽어서도 결코 안 된다. 거듭 강조하거니와, 이명박의 범죄에 대한 책임은 전적으로 그에게 있다. 그리고 죗값을 치르는 것도 온전히 그의 몫이다. 한국 자본주의 정신은 다만 그의 비리와 범죄에 대한 역사적·사회적 배경이 될 수 있을 뿐이다. 다시 말해 이명박의 비리와 범죄는 우리의 근대화 과정에서 형성된 세계와의 관계 속에서 고찰해야 제대로 이해하고 설명할 수 있다.

그리고 이 책은 한국 자본주의 정신 전체를 아우르는 연구가 아니라 그 한 측면을, ─내가 보기에─그 가장 핵심적인 측면을 다루는 단편적인 연구임을 일러두고자 한다. 자본주의 정신은 자본주의적 경제체계를 특정한 방식으로 채색하고 추동하는 의식(가치관), 사고방식, 윤리규범, 행

---

9 김홍중, 「파우스트 콤플렉스: 아산 정주영을 통해 본 한국 자본주의의 마음」, 『사회 사상과 문화』 18(2)/2015, 237~85쪽, 여기서는 244쪽.

위유형, 생활양식, 사회관계 등을 포괄하는 개념이다. 이 책은 한국 자본주의 정신에 대한 완결된 연구가 아니라 어디까지나 예비연구에 지나지 않는다. 그러면서 한국 사회의 근대화와 근대성에 대한 한 작은 사회학적·계보학적 연구이기도 하다. 왜냐하면 자본주의의 발전은 경제적 근대화이며 자본주의와 그 정신은 경제적 근대성이기 때문이다. 이런 의미에서 이 책은 2014년에 출간된 『환원근대: 한국 근대화와 근대성의 사회학적 보편사를 위하여』의 후속작이자 각론에 해당한다. 그 책은 한국의 근대화와 근대성에 대해 내가 장기적으로 추진해 나갈 연구의 총론 격으로 쓴 것이다.

그 밖에도 이 책은 다음과 같이 많은 한계점을 안고 있다. 첫째, 이 책에는 새로운 역사적 사실이나 사회적 사실은 단 한 개도 없다. 전적으로 기존의 연구를 참고하고 인용했다. 새로운 사실의 발굴이나 고증이 아니라 이미 알려진 사실을 사회학적·계보학적으로 해석하는 것이 나에게 주어진 과제였기 때문이다. 굳이 새로운 것을 찾는다면, 이 책의 제목이기도 한 에리식톤 콤플렉스라는 개념뿐이다. 이 개념을 중심으로 이미 알려진 사실을 해석하는 것이 이 책의 목적이다. 나는 이 책에서 에리식톤 콤플렉스라는 개념을 중심으로 한국의 근대화와 근대성에 대한 사회학적·계보학적 접근을 시도하고 있다. 둘째, 제1부 제1장 '자본주의 정신이란 무엇인가'는 이전에 나온 나의 저작을 이 책에 필요한 만큼 요약·정리하는 선에서 그쳤다. 셋째, 제1부 제2장 제1절인 '식민근대와 총독부-지주·상인 동맹자본주의'는 아직 가설적 수준에 머물고 있다. 여태껏 일제강점기에 대해 제대로 연구한 적이 없기 때문이다. 앞으로의 본격적인 연구를 위한 습작으로 보아주기 바란다. 아니 이 책 전체를 습작으로 보아도 무방하다. 전문가들의 비판과 질책을 겸허히 받아들여 향후 심층적이고 체계적인 연구의 길잡이로 삼을 것이다. 그리고 별 유용성이 없는 개념임이 밝혀진다면 과감하게 버릴 것이다. 넷째, 제1부 제2장 제2절인 '환원근대와 국가-재벌 동맹자본주의'는 이전에 나온 나의 저작에 약간의 내용이 추가됐을 뿐이다. 다섯째, 그리고 마지막으로 제1부 '한국 자본주의 정신의 사회학'은 제2부인 '한국 자본주의 정신의 계보학'을 위한 부분이며, 따라서 될 수 있는 한 논의를 간략하게 하려고 노력했다.

제1부

한국 자본주의 정신의 사회학

제1부는 한국 자본주의 정신에 대한 사회학적 고찰을 목표로 한다. 이를 위해 먼저 베버에 접목하여 자본주의와 자본주의 정신은 무엇인가 살펴보기로 한다. 그래야만 한국 자본주의 정신을 보편성과 특수성의 관점에서 접근할 수 있을 것이다. 이것이 제1장의 논의 대상이다. 베버에 따르면, 자본주의는 근대 산업자본주의가 유일한 경우가 아니라 인류의 역사만큼이나 오래되었으며, 또한 자본주의는 형태 또는 체계로서의 자본주의와 정신으로서의 자본주의라는 두 차원으로 구분할 수 있다. 이어서 한국의 자본주의와 그 정신에 대해 살펴보기로 한다. 이것이 제2장의 논의 대상이다. 먼저 일제강점기에 형성된 자본주의는 '총독부-지주·상인 동맹자본주의'라고 규정할 수 있는데, 이는 식민근대의 틀에서 고찰해야 한다. 그리고 근대화와 더불어 형성된 자본주의는 '국가-재벌 동맹자본주의'라고 규정할 수 있는데, 이는 환원근대의 틀에서 고찰해야 한다. 이 국가-재벌 동맹자본주의를 채색하고 추동한 정신은 에리식톤 콤플렉스라고 개념화할 수 있다.

제1장
자본주의 정신이란 무엇인가

베버를 빼놓고 자본주의 정신을 말하는 것은 어렵다고 해도 지나친 말은 아닐 것이다. 베버를 옹호하는 입장과 비판하는 입장 모두에게 그의 '얼굴'과도 같은 『프로테스탄티즘의 윤리와 자본주의 정신』은 자본주의 정신에 대한 논의와 연구의 출발점이 된다. 그런데 이 저작에 대한 한국에서의 이해와 강의를 다음과 같이 정리해 봐도 '프로크루스테스의 침대'는 아닐 것이다.

1. 베버는 프로테스탄티즘이 자본주의를 창출했다고 주장한다.
2. 그러나 프로테스탄티즘이 존재하지 않았던 한국 사회에서도 자본주의가 비약적으로 발전했다.
3. 이러한 사실만 봐도 베버의 주장은 잘못된 것이다.

결론부터 말하자면, 이런 식으로 베버를 읽는 것은 베버와 완전히 무관한, 비(非)베버적인, 아니 심지어 반(反)베버적인 것이다. 첫째, 인류 역사상 종교에 의해 직접적으로 창출된 경제체제는 없다. 예컨대 중세 봉건제는 가톨릭에 의해 창출되지 않았다. 가톨릭은 다만 중세 경제체제에 특정한 정신적 색채를 부여했을 뿐이다. 근대 자본주의의 경우도 마찬가지이다.

자본주의는 자본주의 정신을 비롯한 다양한 요소로 구성되며, 이 정신이 형성되는 데에는 다양한 요소가 다양한 방식으로 기여했다.[1] 둘째, 서구에서 발생한 근대 자본주의는 그 정신을 결정적으로 각인한 프로테스탄티즘과 분리된 채 다른 사회들로 전파되어 각 사회의 역사적 경험과 문화적 배경 및 사회적 구조와 상호작용하면서 독특한 형태와 정신을 가지면서 발전했다.[2] 한국의 자본주의도 그 한 가지 경우에 해당한다. 셋째, 그러므로 위의 논리로는 베버의 테제를 입증할 수도, 반증할 수도 없다. 이를 입증하거나 반증하기 위해서는 베버가 말하는 대로 프로테스탄티즘의 윤리가 자본주의 정신, 보다 정확히 말하자면 서구 근대 산업자본주의에 대해 문화의의를 갖는가를 실증적으로 따져야 한다.

이 모든 것은 베버의 자본주의 이론에 대한 근본적인 재검토가 필요하다는 것을 함의한다. 여기서는 한국 자본주의 정신에 대한 계보학적 연구에 필요한 만큼만 베버의 이론을 간략하게 정리하기로 한다.[3]

---

1 김덕영, 「해제: 종교·경제·인간·근대 ─ 통합과학적 모더니티 담론을 위하여」, 막스 베버, 『프로테스탄티즘의 윤리와 자본주의 정신 ─ 보론: 프로테스탄티즘의 분파들과 자본주의 정신, 도서출판 길 2010 (김덕영 옮김; 원제는 Max Weber, *Die protestantische Ethik und der Geist des Kapitalismus*), 513~669쪽, 여기서는 609~10쪽.

2 베버에 따르면, 자본주의는 제 발로 서게 되면서 더 이상 프로테스탄티즘을 정신적 지주로 필요하지 않게 되었다. "승리를 거둔 자본주의는 기계적 토대 위에 존립하게 된 이래로 금욕주의 정신이라는 버팀목을 더 이상 필요로 하지 않는다. 이 정신을 웃으면서 상속한 계몽주의의 장밋빛 분위기도 마침내 빛이 바래져가고 있는 듯하며, 또한 '직업 의무' 사상도 옛 종교적 신앙내용의 망령이 되어 우리의 삶을 배회하고 있다. '직업수행'이 최고의 정신적 문화가치와 직접적인 관련을 가질 수 없는 경우 ─ 혹은 역으로 말하자면 직업수행을 심지어 주관적으로도 단순히 경제적 강제로 받아들일 수밖에 없는 경우 ─ 현대인들은 대개 직업수행이 지니는 의미의 해석을 완전히 포기한다." 막스 베버, 앞의 책(2010), 365~66쪽.

3 베버의 자본주의 이론에 대한 자세한 논의는 다음을 참고할 것. 김덕영, 앞의 글 (2010); 김덕영, 『막스 베버: 통합과학적 인식의 패러다임을 찾아서』, 도서출판 길 2012, 151쪽 이하, 587쪽 이하. 우리의 논의도 이 둘에 준거하고 있음을 일러둔다.

1. 막스 베버의 자본주의 이론

베버가 자본주의를 정의하는 기준은 자본과 시장이다. 시장이라는 교환경제의 틀이 존재하고 자본, 즉 영리추구를 위한 재화와 수단이 존재하는 곳에서는 어디서나 자본주의가 존재한다. 그러므로 인류 역사의 아주 다양한 시기와 지역에서 아주 다양한 유형의 자본주의를 확인할 수 있다. 자본주의는 인류 역사와 더불어 존재해 왔다. 서구의 근대 산업자본주의는 그 가운데 하나일 뿐이다. 그 밖에도 약탈자본주의, 모험가자본주의, 전쟁자본주의, 투기자본주의에 대해서 이야기할 수 있으며, 또한 농업자본주의, 상업자본주의, 금융자본주의에 대해서 이야기할 수 있다. 예컨대 해적이 영리추구의 목적으로 약탈을 한다면, 이는 약탈자본주의에 해당한다. 이 경우 자본은 해적들의 선박과 무기이다. 그리고 경제적 재화를 획득하고 이를 통해 영리를 추구할 목적으로 전쟁을 한다면, 이것은 전쟁자본주의에 해당한다. 이 경우 자본은 군인들의 무기이다.[4]

이렇게 보면 근대 서구에서 발생한 산업자본주의는 인류 역사상 유일한 자본주의가 아니라 무수히 명멸한 자본주의 가운데 하나임을 알 수 있다. 그렇다면 이 자본주의는 다른 자본주의들과 어떻게 다른가? 베버는 서구 근대 산업자본주의의 특징을 다음과 같이 세 가지로 정리하고 있다.

첫째, 베버에 따르면, 근대 자본주의는 인류 역사상 명멸한 여타의 자본주의와 달리 일상적 삶의 수요 전체를 포괄한다. 그러므로 자본주의적 방식을 제거한다면 경제적 삶의 조직이 와해될 것이다. 근대는 전형적인 자본주의 시대이다. 둘째, 베버에 따르면, 근대 자본주의 기업은 합리적인 자본 계산에 기반하는바, 이는 구체적으로 근대적 부기의 수단과 대차대조표 작성을 통해 수익성을 통제하는 것을 가리킨다. 셋째, 베버에 따

---

4   김덕영, 앞의 글(2010), 600~01쪽.

르면, 근대 자본주의는 프롤레타리아트 계급과 시민계층을 그 중요한 특징으로 한다. 먼저 프롤레타리아트는 노동시장에서 자신의 노동력을 팔고 그 대가로 임금을 받는 무산계급이다. 기업은 이 프롤레타리아트 계급의 자유노동을 합리적이고 자본주의적으로 조직한다. 그리고 인류 역사상 어느 지역, 어느 시기에도 도시가 존재했고 그 거주민인 '시민'이 존재했지만, 계층으로서의 시민은 오직 근대 서구에만 존재했다. 이 시민계층이 근대 산업자본주의를 담지하는 사회집단이다. 이러한 논의에 입각하여 베버는 근대 서구에서 발생한 산업자본주의를 "**자유노동**의 합리적인 조직에 기반하는 **시민계층적 기업**자본주의"라고 규정한다.[5] 근대 서구의 시민계층은 형태 또는 체계로서의 자본주의와 정신으로서의 자본주의를 담지하는 사회집단이다. 이러한 서구 근대의 산업자본주의는 자본주의의 가능한 모습 가운데 하나인 동시에 인류 역사상 등장한 다른 어떤 자본주의에서도 그 유례를 찾아볼 수 없는 유일한 모습이다.[6]

자본주의에 관한 한 베버의 인식관심은 바로 이 근대 서구에서 발생한 산업자본주의, 즉 "**자유노동**의 합리적인 조직에 기반하는 **시민계층적 기업**자본주의"에 있다. 그 밖의 자본주의들은 이 자본주의의 특징을 보다 명백히 드러내는 비교 자료로서 의미를 갖는다. 바로 이것이 베버의 비교연구가 추구하는 바이다. 베버는 서구 문화를 그 밖의 문화들과 비교하는데, 그 목표는 어떤 보편성에 도달하기 위해서가 아니라 서구 문화의 특수성을 보다 명백히 드러내는 데에 있다. 자본주의는 문화의 일부분, 즉 경제적 문화이다.

---

5   막스 베버, 앞의 책(2010), 23쪽.
6   김덕영, 앞의 책(2012), 161쪽 이하.

2. 체계로서의 자본주의와 정신으로서의 자본주의

방금 언급한 바에서 알 수 있듯이, 자본주의는 형태로서의 자본주의 또는 체계로서의 자본주의와 정신으로서의 자본주의의 두 차원으로 구성된다. 자본주의는 형태 또는 체계일뿐더러 정신이기도 하다. 어떠한 형태와 체계의 자본주의든 특정한 의식(가치관), 사고방식, 윤리규범, 행위유형, 생활양식, 사회관계 등에 의해 채색되고 추동된다. 그런데 이러한 형태 또는 체계와 정신의 논리는 자본주의에 국한되는 것이 아니라 모든 경제에 적용된다. 모든 경제에는 그에 독특한 정신적 요소가 내포되어 있다.[7] 예컨대 중세의 봉건경제에도, 심지어 고대의 노예경제에도, 그리고 동양의 농업경제에도 그에 독특한 정신적 측면과 요소가 내포되어 있으며, 역으로 이 정신적 측면과 요소에 의해서 특정한 방향으로 채색되고 추동된다. 달리 말하자면, 자본주의는 구조의 측면과 행위의 측면으로 구성되며, 따라서 이를 분석적으로 구별할 수 있다.

베버에 따르면, 근대 자본주의 정신, 즉 합리적이고 정당한 방식으로 이윤을 추구하는 정신적 태도는 근대 자본주의적 기업에서 가장 적합한 형태를 발견했으며, 또한 역으로 근대 자본주의적 기업은 바로 그러한 태도에서 가장 적합한 정신적 추진력을 발견했다. 그런데 중요한 점은 자본주의의 형태와 자본주의의 정신은 일반적으로 '적합한' 관계에 있기는 하지만 '법칙적인' 상호의존 관계에 있는 것은 아니라는 사실이다.[8] 자본주의의 형태와 자본주의의 정신은 선택적 친화력의 관계에 있다.[9] 그런고로 양자는 얼마든지 분리될 수 있다. 예컨대 전통적 경제체계인 수공업이 근대적 자본주의 정신과 결합할 수 있으며, 또한 역으로 자본주의적 경제체계

7 같은 책, 158~59쪽.
8 막스 베버, 앞의 책(2010), 88쪽.
9 선택적 친화력에 대해서는 김덕영, 앞의 책(2012), 603쪽 이하를 참조.

가 전통주의적 정신과 결합할 수 있다. 이러한 결합관계는 벤저민 프랭클린(Benjamin Franklin, 1706~90)의 경우와 선대업의 경우를 보면 확연히 드러날 것이다. 먼저 프랭클린은 ── 베버는 주장하기를 ──

그의 인쇄업이 그 형태상 어떠한 수공업과도 전혀 구별되지 않던 시대에 '자본주의 정신'으로 충만해 있었다. 또한 …… 근대 초기를 통틀어 우리가 '자본주의 정신'이라고 명명한 정신적 태도의 담지자는 전적으로 또는 주로 상업 귀족계급의 자본주의적 기업가였던 것이 아니라, 오히려 사회적 상승을 추구하는 산업적 중간계급의 여러 층(層) 중에 훨씬 더 많았다. 19세기에 있어서도 이 정신적 태도의 고전적 대표자는 예로부터 상인재산을 상속받은 리버풀이나 함부르크의 고귀한 신사들이 아니라 흔히 미천한 신분에서 상승하던 맨체스터나 라인란트-베스트팔렌의 벼락부자들이었다. 그리고 이미 16세기에도 상황은 비슷했다. 즉 당시 새로이 형성되는 산업은 대부분 벼락부자들에 의해 이루어졌던 것이다.[10]

이에 반해 선대업은 ── 또한 베버는 주장하기를 ──

그 기업가들의 순수한 상업적·사업적 성격을 본다면, 또는 사업에서 회전되는 자본의 개입이 필수적인 사실을 본다면, 또는 마지막으로 경제적 과정의 객관적인 측면이나 부기방식을 본다면, 모든 점에서 '자본주의적' 조직형태였다. 그러나 그것은 이 기업가들에게 혼을 불어넣어 준 정신을 본다면 '전통주의적' 경제였다. 즉 전통적 생활태도, 전통적 이윤율, 전통적 노동량, 그리고 전통적 방식의 경영, 노동자 및 본질적으로 전통적인 고객집단과의 관계, 고객 확보와 판매 등이 사업경영을 지배했으며, 또한 ── 바로 이렇게 말할 수 있다 ── 이 기업가 집단의 '에토스'의 토대를 이루고

10　막스 베버, 앞의 책(2010), 89쪽.

있었다.[11]

베버의 '얼굴'과도 같은 저작인 『프로테스탄티즘의 윤리와 자본주의 정신』(1904~05)이 ─ 그리고 이와 밀접한 관계에 있는 『프로테스탄티즘의 분파들과 자본주의 정신』(1920)이 ─ 근대 자본주의의 정신적 측면만을 다루었다면, 그의 또 다른 저작인 『경제사: 보편 사회경제사 개요』(1923)는 근대 자본주의의 체계적 측면 또는 형태적 측면과 정신적 측면 모두를 다루었다. 후자는 베버가 1919/20년 겨울학기 뮌헨 대학에서 행한 '보편 사회경제사 개요'라는 강의에 참석한 학생들이 필기한 것을 바탕으로 역사학자 지크문트 헬만(Siegmund Hellmann, 1872~1942) 등이 책으로 펴낸 것이다.[12] 후자와 같은 저작을 고려하지 않고 전자의 두 저작만 염두에 둔다면, 베버는 형태 또는 체계로서의 자본주의는 간과하거나 무시했다고 생각할 수 있다. 심지어 그를 유물론자에 대비되는 유심론자로 생각할 수도 있다. 그러나 베버는 정신적 측면과 형태적 또는 체계적 측면 모두에서 자본주의에 대한 접근을 시도했다. 이 점은 우리의 논의를 위해 결정적인 의미를 갖는다. 자본주의는 이 두 측면 모두를 고찰해야만 제대로 이해하고 설명할 수 있다.

흔히 한국의 자본주의에는 정신이 없다는 식으로 말하곤 하는데, 이는 완전히 잘못된 해석이다. 왜냐하면 합리적인 것만이 자본주의 정신은 아니기 때문이다. 얼마든지 비합리적이고 불합리한 자본주의 정신도 있을 수 있다. 자본주의 정신이란 자본주의라는 경제체계를 일정한 방식으로 채색하고 추동하는 의식(가치관), 윤리규범, 행위방식, 생활양식 등을 의미한다. 이러한 논리는 비자본주의적 경제체계 그리고 심지어 반자본주의

---

11 같은 책, 90~91쪽.
12 이 저작은 '사회경제사'라는 제목으로 번역되어 있다. 막스 베버, 『사회경제사』, 삼성출판사 1990b (조기준 옮김; 원제는 Max Weber, *Wirtschaftsgeschichte*).

적 경제체계에도 그대로 적용된다. 왜냐하면 비자본주의적 또는 반자본주의적 경제체계에도 나름대로 그것을 채색하고 추동하는 정신적·행위적 요소와 측면이 있기 때문이다. 달리 말하지면, 특정한 정신적·행위적 요소와 측면이 특정한 자본주의 경제체계를 비합리적이거나 불합리한 것으로 만들 수 있다. 예컨대 전통주의, 가족주의, 천민주의 등도 자본주의 정신의 가능한 유형이다. 그리고 베버가 『프로테스탄티즘의 윤리와 자본주의 정신』에서 —그리고 이와 밀접한 관계에 있는 『프로테스탄티즘의 분파들과 자본주의 정신』에서 —다룬 것은 자본주의 정신 그 자체가 아니라 다양한 자본주의 정신 가운데 하나일 뿐이다. 그것은 서구 근대 산업자본주의의 정신이다. 베버의 분석에 따르면 금욕적 프로테스탄티즘, 그 가운데에서도 특히 칼뱅주의가 이 자본주의 정신에 결정적으로 기여했다.

여기에서 잠시 칼뱅주의가 자본주의 정신에 대해 갖는 문화의의로 시선을 돌릴 필요가 있다.[13] 장 칼뱅(Jean Calvin, 1509~64)에 따르면 개인의 구원과 저주 또는 선택과 유기는 이미 영원으로부터 예정되어 있고, 이 예정은 신(神)도 변경할 수 없다. 이를 예정론, 보다 정확히 표현하자면 이중 예정론이라고 한다. 베버가 프로테스탄티즘의 윤리와 자본주의 정신의 관계에 대한 연구에서 가진 인식관심은 한편으로 이 칼뱅의 예정론이 칼뱅주의자들의 내적 세계에 어떠한 영향을 끼쳤는가 하는 심리학적 문제와 다른 한편 이 심리학적 결과로부터 어떠한 인간유형과 행위유형이 형성되고 발전했는가 하는 사회학적 문제이다.[14] 칼뱅의 예정론이 초래한 심리학적 결과는 개인이 직면하는 미증유의 내적 고독감이다.

비장함을 불러일으킬 만큼 비인간적인 교리는 그 장엄한 논리적 일관성

---

13 문화의의에 대해서는 김덕영, 앞의 책(2012), 367쪽 이하를 참조.
14 김덕영, 앞의 글(2010), 618~19쪽.

에 몸을 내맡긴 한 세대의 정서에 대해 무엇보다도 다음과 같은 결과를 가져올 수밖에 없었다. 즉 **각자 개인이** 직면하는 전대미문의 내적 **고독감**이 바로 그것이다. 종교개혁 시대의 인간에게 가장 결정적인 삶의 관심사는 다름 아닌 영원한 구원이었는데, 이제 그들은 영원으로부터 확정된 운명을 따라 고독하게 자신의 길을 가는 것 이외에 달리 방법이 없었다. 아무도 그들을 도와줄 수 없었다. 설교자도 도울 수 없었다.— 왜냐하면 오직 선택받은 자만이 신의 말씀을 영적으로 이해할 수 있기 때문이다. 성례전도 도울 수 없었다.— 왜냐하면 성례전이 신의 영광을 더하기 위해 신에 의해 명령된 것이며, 또한 그러므로 반드시 지켜야 하는 것이 사실이긴 하지만, 신의 은총을 얻기 위한 수단이 아니라 단지 신앙의 주관적인 '외적 보조수단'(externa subsidia)에 지나지 않기 때문이다. 교회도 도울 수 없다.— 왜냐하면 참된 교회를 멀리하는 자는 신으로부터 선택받은 자들에 결코 속할 수 없다는 의미에서 '교회 밖에서는 구원이 없다'(extra ecclesiam nulla salus)라는 명제가 타당하기는 하지만, 신의 선택을 받지 못한 자들도 (외적) 교회에 속하며, 아니 교회에 속하고 그 규율에 복종해야 **하기** 때문이다. 그런데 그들은 이를 통해서 구원을 얻기 위해서가 아니라— 이것은 불가능하다—그들도 신의 영광을 위해 신의 계명을 지키지 않을 수 없기 때문이다. 마지막으로— 심지어 신조차도 도울 수 없다. 왜냐하면 그리스도 역시 오직 선택된 자들만을 위해 죽었으며, 신은 영원으로부터 그들을 위하여 속죄의 죽음을 내리기로 결정했기 때문이다.[15]

이렇게 칼뱅의 예정론에 의해 초래된 개인의 심대한 내적 고독감이라는 심리학적 효과는 다음과 같이 두 가지 사회학적 결과를 가져왔다. 먼저 칼뱅주의자들은 신으로부터 소명받은 직업노동에 헌신하고 이로부터

---

15 막스 베버, 앞의 책(2010), 182쪽.

발생하는 이윤을 쾌락이나 향락 또는 경제 외적 목적을 위해서 소비하거나 낭비하지 않고 사업에 재투자하여 사업을 더욱더 번성케 함으로써 신의 영광을 드높이고자 노력하게 되었다. 왜냐하면 칼뱅주의자들은 그렇게 함으로써만 자신의 구원상태, 즉 자신이 구원으로 예정된 자들에 속한다는 것을 내적·외적으로 확증할 수 있었기 때문이다. 이를 확증사상이라고 한다.[16]

그리고 칼뱅의 예정론에 의해 초래된 개인의 심대한 내적 고독감이라는 심리학적 효과는 한걸음 더 나아가 다음과 같은 사회학적 결과를 가져왔다. 칼뱅주의자들은 교회, 성직자, 성례전 그리고 신 자체로부터도 분리되어서 독립적이고 자율적인 개인으로서 궁극적으로 자기 자신에만 의존하게 되고 직업윤리를 바탕으로 금욕적이고 합목적적으로 행위하고 직업 외적인 일상적 삶 역시 금욕적으로 조직하고 영위하게 되었다. 그 결과 종교개혁 이전까지 '수도원의 골방'에 한정되어 있던 금욕주의,[17] 그러니까 수도승들의 탈세속적이고 초세속적인 금욕주의가 수도원의 높은 담장을 넘어서 구원으로 예정된 자들의 세속적 금욕주의로 확산되었다. 그것은 탈세속적이고 초세속적인 종교적 귀족주의가 세속적인 종교적 귀족주의로 전환된 것이었다.[18]

이러한 세속적 금욕주의에 의해 촉진된 태도, 즉 이윤 추구의 정당화, 낭비와 쾌락의 억제, 부의 합리적 재투자 등은 자본이 형성되고 축적되는 데 결정적인 기여를 했으며, 그 결과 자본주의가 획기적으로 발전할 수 있었다.

여기까지의 짧은 논의는 자본주의가 형태적 또는 체계적 측면과 정신적 측면으로 구성된다는 사실 이외에도 우리의 연구에 대해 다음과 같

16　김덕영, 앞의 글(2010), 620쪽.
17　막스 베버, 앞의 책(2010), 208쪽.
18　김덕영, 앞의 글(2010), 621쪽.

이 또 다른 한 가지 중요한 함의를 갖는다. 그것은 자본주의 정신이 자본주의의 형태 또는 체계의 단순한 기계적 반영이 아니라 다양한 요소의 다양한 결합에 의해 창출된다는 사실이다. 이와 관련하여 베버는『프로테스탄티즘의 윤리와 자본주의 정신』을 둘러싸고 역사학자 펠릭스 라흐팔(Felix Rachfahl, 1867~1925)과 벌인 논쟁에서 다음과 같이 강조하고 있다.

> 나의 **중심적인** 관심사는 자본주의의 진척과 팽창이 아니라 종교적이고 경제적으로 조건지어진 요소들의 결합에 의해 창출된 **인간성**의 발달이었다. 나는 이것을 내 논문의 결론 부분에서 명백히 말했다.[19]

이 인용구절에서 드러나듯이, 서구 근대 자본주의 정신은 경제라는 토대와 종교라는 상부구조에 의해 창출된 인간성이다. 그렇다면 여기에서 한 가지 질문을 제기할 수밖에 없다. 이처럼 종교, 그러니까 금욕적 프로테스탄티즘이 근대 자본주의 정신에 결정적인 의미를 갖는다면, 이는 역사적 필연성인가, 아니면 역사적 우연성일까? 만약 금욕적 프로테스탄티즘이 존재하지 않았더라면, 근대 자본주의 정신은 창출되지 않았을까? 결론부터 말하자면, 이 둘의 관계는 역사적 우연성의 문제이지 결코 역사적 필연성의 문제가 아니다. 만약 금욕적 프로테스탄티즘이 존재하지 않았더라면, 근대 자본주의 정신이 발전할 수 없었던 것이 아니라 단지 그 정신이 다르게 발전했을 것이다.

그렇다면 또 다른 질문을 제기할 수밖에 없다. 금욕적 프로테스탄티즘과 자본주의 정신 사이의 이 역사적 우연성은 어디에 근거하는가? 그것은 전자에 의해 후자가 형성된 시기가 종교적인, 너무나 종교적인 시대였

---

19 같은 글, 610쪽에서 재인용. 여기에서 베버가 '내 책'이라고 하지 않고 '내 논문'이라고 하는 이유는, 원래『프로테스탄티즘의 윤리와 자본주의 정신』이 책으로 출간되지 않고 1904년과 1905년 두 차례에 걸쳐 저널에 논문으로 게재되었기 때문이다.

다는 사실에서 찾을 수 있다. 프로테스탄티즘의 윤리와 자본주의 정신에 대한 베버의 연구는 과거에 속하는 문화현상을 그 논의의 대상으로 하고 있다. 구체적으로 말해 이 연구는 현대인이 "종교적 의식내용이 생활양식, 문화, 국민성에 대해 가졌던 의미를 그것이 실제로 그랬던 것만큼 **그렇게 크게 표상할 수 없는**" 역사적 시기가 근대세계에 대해 갖는 문화의의를 추적하고 있다.[20] 당시는 "내세가 전부이고, 성찬식에 참여할 수 있는 자격에 기독교인의 사회적 지위가 달려 있으며, 또한 성직자가 목회, 교회 규율, 설교를 통해 주는 감화가 …… 우리 현대인들이 **절대 더 이상 상상할 수 없을 만큼** 막대한 영향력을 행사한" 시대였다.[21] 그리고 베버는 프로테스탄티즘, 유교와 도교, 힌두교와 불교, 고대 유대교, 이슬람교 등 세계종교의 경제윤리에 대한 광범위한 비교 종교사회학적 연구를 시도하는데, 이에 대한 근거는 무엇보다도 "과거에는 도처에서 주술적인 또는 종교적인 힘과 이것들에 대한 신앙에 근거한 윤리적 의무 관념이 생활양식을 형성하는 가장 중요한 요소에 속했다"는 사실에서 찾을 수 있다.[22]

내세가 전부인, 그리하여 종교가 — 우리 현대인들이 절대 더 이상 상상할 수 없을 만큼 — 막대한 영향력을 행사하던 시대에, 종교가 갖는 문화의의는 자본주의 정신에 한정되지 않는다. 당시 종교는 인간의 삶과 행위 전반에 대해 강력한 '문화-형성적 힘'이었다. 예컨대 베버의 친구이자 동료인 게오르크 옐리네크(Georg Jellinek, 1851~1911)에 따르면, 근대의 인권개념은 — 흔히 생각하는 바와 달리! — 프랑스혁명의 작품이 아니라 종교개혁 및 그 투쟁의 열매이다. 그리고 역시 베버의 친구이자 동료인 에른

---

20 막스 베버, 앞의 책(2010), 369쪽.
21 같은 책, 332쪽.
22 같은 책, 26~27쪽. 베버의 비교 종교사회학적 연구에 대해서는 김덕영, 앞의 글(2010), 646쪽 이하를 참고할 것. 그리고 다음은 막스 베버의 종교사회학적 관점에서 유교, 불교, 기독교의 경제윤리를 비교하고 있다. 이재율,『종교와 경제: 유교, 불교, 기독교의 경제윤리』, 탑북스 2013.

스트 트뢸치(Ernst Troeltsch, 1865~1923)에 따르면, 근대 개인주의와 합리주의의 이념적 근원은 종교적 이념에서 찾아야 한다.[23]

23 김덕영, 앞의 책(2012), 606쪽 이하.

제2장
한국의 자본주의와 그 정신

요컨대 근대 자본주의 정신이 형성되는 과정에서는 금욕적 칼뱅주의라는 종교적 요소가 결정적인 역할을 했다. 그렇다고 해서 자본주의 정신이라는 에토스는 오직 종교에 의해서만 주조된다는 의미는 결코 아니다. 종교 이외에도 정치, 주술, 철학, 교육, 윤리, 풍속, 관습 등과 같은 요소들이 나름대로의 방식으로 자본주의 정신이 발전하는 데에 기여할 수 있다. 어떠한 요소가 자본주의 정신에 대해 어느 정도의 문화의의를 갖는가는 선험적으로 결정할 수 있는 문제가 아니라 해당 자본주의의 구체적인 역사적 발전 과정에서 관찰하고 설명해야 하는, 전적으로 경험적인 문제이다. 이를 단적으로 보여 주는 것이 바로 프로테스탄티즘의 윤리와 자본주의 정신에 대한 베버의 연구이다. 전자가 후자에 대해 중차대한 인과론적 의미를 갖는 것은, 종교가 인간 삶과 행위의 모든 영역에서 문화를 형성하는 강력한 힘이었기 때문이다. 그것은 어디까지나 역사적 우연성의 문제이지 결코 역사적 필연성의 문제가 아니다. 이 모든 것은 한국 자본주의의 정신은 우리의 역사적 체험에서 찾아야 한다는 것을 함의한다.

오늘날 우리가 그 속에서 살아가는 근대 산업자본주의는 우리 사회에서 자체적으로 형성된 것이 아니다. 그것은 서구에서 발생한 서구의 독특한 역사적 산물이다. 비서구 사회의 자본주의적 발전은 이 서구의 산물을 받아들이면서 시작되었는데, 이 과정에서 해당 사회의 역사적 배경, 사회적 구조, 문화적 전통 등과 상호작용하면서 본래 서구적인 것의 다양한 변형이 나타난다. 한국의 자본주의도 그 가운데 하나이다. 이 변형은 체계적 측면과 정신적 측면 모두에서 일어난다. 한국의 자본주의도 서구의 자본주의와 마찬가지로 자유노동, 기업, 시장, 화폐와 유가증권, 복식부기 등과 같은 체계적 요소를 갖추고 있다. 그러나 서구의 자본주의와 달리 자유노동의 합리적인 조직에 기반하는 시민계층적 기업자본주의가 아니다. 그것은 오히려 자유노동의 비합리적인 조직에 기반하는 국가-재벌 동맹자본주의이다. 그리고 그 정신 역시 서구 자본주의의 정신과 달리 돈과 물질적 부에 대한 무한한 욕구로 특징지을 수 있다.

이에 대한 이유는 한국의 독특한 역사적 체험, 즉 한국의 근대화 과정에서 찾아야 한다. 서구 근대 산업자본주의를 담지한 사회집단은 자본가, 기업가, 은행가 등 유산 시민계층 또는 경제 시민계층인데, 이들은 금욕적 프로테스탄티즘이라고 하는 신앙 공동체, 특히 칼뱅주의의 구성원들이다. 그러니까 근대 자본주의는 국가나 정치로부터 독립적인 시민사회에서 경제를 직업으로 하고 특정한 종교적 이념을 공유한 사회집단에 의해 담지되었던 것이다. 바로 이 시민사회에 의해 서구 근대 산업자본주의의 형태적 또는 체계적 특징과 정신적 특징이 결정될 수밖에 없었던 것이다.

이와 정반대로 1960년대부터 본격적으로 발전하기 시작한 한국의 자본주의는 국가가 민간을 주도하고 적극적으로 시장에 개입하는, 이른바 '지도받는 자본주의'이다. 바로 이 국가가 자본주의의 형태적 또는 체계적 측면을 결정적으로 각인했는바, 그것은 다름 아닌 국가-재벌 동맹자본주의이다. 그리고 이 동맹자본주의의 주도 세력인 국가가 개인을 급속한 자본주의 발전에 필요한 정신적 태도, ─피에르 부르디외(Pierre Bourdieu, 1930~2002)와 더불어 말하자면─자본주의의 아비투스를 갖도록 만들었다.[1] 그리하여 한국의 자본주의는 시민계층적 자본주의와 전혀 다른 형태와 정신을 갖게 되었다. 사실 한국의 시민사회는 일찍부터 강력한 국가

에 의해 식민화되었다. 그리고 국가의 동맹세력인 재벌이 기업이라는 중시
적 차원에서 자본주의 정신을 구현했으며, 국가-재벌 동맹자본주의의 이
데올로그이자 전도사인 개신교가 자본주의 정신을 성화(聖化)했다.

　이 장에서는 한국의 자본주의를 체계로서의 자본주의와 정신으로서의
자본주의로 나누어 살펴보기로 한다. 그런데 한국 자본주의를 제대로 기
술하고 분석하려면 일제강점기부터 시작해야 한다. 여기서는 당시의 자본
주의를 식민근대에서 전개된 총독부-지주·상인 동맹자본주의라는 개념
을, 그것도 가설 수준에서 제시하는 선에서 만족하기로 한다. 일제강점기
의 자본주의가 어떠한 정신에 의해 채색되고 추동되었는지는 현재의 연
구 수준으로는 말하기 어렵다.

1. 식민근대와 총독부-지주 · 상인 동맹자본주의

　한국의 자본주의, 보다 정확히 말하자면 한국의 근대 산업자본주의는
언제부터 시작되었는가? 이 논의를 위해서는 이른바 내재적 발전론이 좋
은 길잡이가 되어줄 것이다. 내재적 발전론은 조선 후기에 자본주의의 맹
아가 존재했는데 일제의 식민지배로 인해 근대 자본주의로 발전하지 못했
다고 주장한다. 그러니까 자본주의의 내재적 발전이 외재적 요인으로 인
해 그 맹아적 단계에서 좌초되었다는 것이다. 내재적 발전론자들은 상업
과 수공업의 발전, 화폐경제의 발전 그리고 상업적 농업의 발전 등을 통
해 자본주의의 맹아를 실증적으로 논증하려고 한다.

　여기서는 지면 관계상 방금 언급한 조선 사회의 일련의 경제적 변화가
실제로 자본주의적 발전이었는지는 논하지 않기로 한다. 그러나 진정한

1　피에르 부르디외, 『자본주의의 아비투스』, 동문선 1995 (최종철 옮김; 원제는 Pierre
　Bourdieu, *Algérie 60: Structures économiques et structures temporelles*).

자본주의 맹아가 존재했다고 인정하더라도, 결정적인 문제가 남는다. 결론부터 말하자면, 그것은 상업자본주의의 맹아 또는 농업자본주의의 맹아였으며, 이로부터 발전할 수 있는 자본주의는 근대 서구에서 발전한 산업자본주의와는 완전히 거리가 먼 것이었다. 내재적 발전론이 말하는 자본주의 맹아가 산업자본주의로 발전하기에는 여러 가지 요소가 부재했다. 그 가운데에서도 가장 중요한 요소가 근대적 자연과학과 수학에 기반하는 합리적이고 계산 가능하며 기계화된 기술이다. 바로 이 기술이 근대 산업자본주의의 독특한 생산방식인 기계화된 공장제 대량생산을 가능케 했다. 그러나 조선 사회에서는 이러한 기술의 발전을 기대할 수 없었다.[2]

내재적 발전론의 주장과 달리, 한국의 자본주의는 외부, 즉 서구로부터 수입하여 내적으로 변형하고 재구성한 것이다. 그것은 단순한 내재적 발전도 아니고 단순한 외재적 발전도 아니다. 그것은 어디까지나 내재적인 것과 외재적인 것이 상호작용한 결과이다. 이 내재적·외재적 발전 또는 사회변동이 시작된 것은 1876년 강화도 조약으로 조선이 국제사회에 문호를 개방하고 세계 자본주의 체제에 편입되면서부터이다. 이때부터 산업자본주의라는 경제체제가 수입되었다. 그런데 곧바로 조선이 일본의 식민지로 전락하면서 서구의 산업자본주의를 한국의 산업자본주의로 변형하고 재구성하는 과정에서 한국인들 말고도 또 하나의 행위주체가 중요한 역할을 하게 되었으니, 그것은 당시 국가의 기능을 수행하던 조선총독부였다. 결론부터 말하자면, 일제강점기에 발전한 근대는 식민근대였으며 그 틀과 조건에서 발전한 자본주의는 총독부-지주·상인 동맹자본주의였다.

방금 언급한 '식민근대'는 일제강점기를 식민지 근대화론과 달리 보기 위해 내가 의식적으로 선택한 용어이다(아직은 잠정적임). 식민지 근대화론은 식민지 시대를 근대와 근대화라는 관점에서 본 점에서 높이 살 만하

---

2 김덕영, 『환원근대: 한국 근대화와 근대성의 사회학적 보편성을 위하여』, 도서출판 길 2014, 72쪽.

다. "식민지 시대도 엄연히 근대와 근대화의 역사이다. 왜냐하면 이 시기에도 한국은 ―그것이 어떤 경로와 방식을 통해서든― 근대와 접촉하고, 근대를 체험하고, 근대를 수용하고, 근대와 갈등하고, 근대에 저항하고, 근대를 재구성하면서 근대로 이행했기 때문이다. 식민시기도 엄연히 근대화 과정의 일부분이었다."[3] 그러나 식민지 근대화론은 근대화를 경제성장과 동일시하며, 그 근대화를 주도한 세력이 한국인들이 아니라 일제강점기에 국가의 역할을 하던 총독부였다는 사실을 간과하고 있다. 총독부의 한국 통치는 궁극적으로 일본의 국익을 위한 것이었기 때문에 총독부가 주도하는 근대화와 경제발전은 진정한 근대화도 아니고 진정한 경제발전도 아니었다. 그것은 제한적이고 왜곡된 근대화와 경제성장이었다. 그것은 근대임이 분명하지만 식민지배를 위한 근대, 즉 식민근대였다.[4] 식민근대는 식민'**근대**'가 아니라 '**식민**'근대였다. 일본은 한국의 **근대화**를 위한 식민지화를 추구한 것이 아니라 한국의 **식민화**를 위한 근대화를 추구했다. 이 식민근대의 주도세력은 총독부였으며, 지주와 상인이 그 하위 파트너로서 동맹을 맺고 한국 자본주의를 견인하고 추동했다. 요컨대 일제강점기는 식민근대와 총독부-지주·상인 동맹자본주의라는 명제가 성립한다.

지난 2008년 한국 학계는 매우 흥미로운 체험을 했다. 그해 2월 19일 한 출판사에서 동일한 주제를 완전히 상이한 관점에서 다루는 두 권의

---

3 같은 책, 76쪽.
4 이런 의미에서 다음의 주장에 전적으로 동의할 수 있다. "일제의 식민통치기구 설치와 운영은 근대의 법령 체계와 관료제를 기반으로 이루어졌다. 외형적으로 보면 근대국가 체제였으며, 상당수의 기구는 해방 이후에도 그 체제가 그대로 유지되기도 했다. 그러나 통치기구의 근대적 체계와 운용은 식민지 지배의 억압성과 수탈성을 은폐하기 위한 제도적 장치에 지나지 않았다. 대부분 일본의 통치기구 체제를 그대로 따르면서도 일본 통치기구와는 차별화된 조직체계와 구조였고, 기구의 운영과 기능도 철저하게 근대화보다는 식민지 경영에 초점이 맞추어져 있었다. 이른바 '근대의 외피'를 둘렀을 뿐 그 본질은 식민성 그 자체였다고 할 수 있다." 민족문제연구소, 『일제식민통치기구사전: 통감부·조선총독부 편』, 민연주식회사 2017, 7쪽.

책이 나란히 출간되었다. 하나는 카터 J. 에커트(Carter J. Eckert)의 『제국의 후예: 고창 김씨가와 한국 자본주의의 식민지 기원 1876~1945』이고, 다른 하나는 주익종의 『대군의 척후: 일제하의 경성방직과 김성수·김연수』이다. 전자는 원래 1991년에 영어로 출간된 것을 우리말로 옮긴 것이다. 이 두 책은 고창 김씨가가 주축이 된 경성방직을 통해 일제강점기 한국 자본주의의 형성과 발전 과정을 추적하고 있다. 매우 흥미롭게도 전자와 후자는 경성방직을 각각 '제국의 후예'와 '대군의 척후'로 규정하고 있다. 이 상반된 시각과 더불어 또 한 가지 매우 흥미로운 점이 있으니, 전자의 번역자가 다름 아닌 후자의 저자라는 사실이다. 에커트와 주익종의 차이점을 저자들로부터 직접 들어보기로 한다. 먼저 에커트는 다음과 같이 말한다.

[그리고] 오직 한국 자본주의의 진정한 기원을 인식해야만 그 특징과 의의를 제대로 파악할 수 있다. 일본은 한국에서 실제로 압제자이자 동시에 사회경제적 변혁의 담당자였기 때문에 제국주의 지배하에서 경제적 근대화가 진행되었다고 말하는 것은 전적으로 타당하다. 다시 말해 제국주의와 식민주의가 모든 계층에 억압적이지는 않았다는 것이다. 한국의 여러 계급에 각기 다른 방식으로 영향을 끼쳤는데, 초창기의 한국인 자본가는 가장 덜 억압당한 경우에 속한다. 경제적 관점에서 한국인 자본가를 진정 일본 침략의 희생자로 간주하는 것이 온당한지 의문이다. 일본 제국주의는 한국 자본주의의 발전에 최초의 원동력을 제공했다. 그리고 만약 제국주의가 변화의 촉매였다면, 식민지 지배는 한국 자본주의를 처음으로 만들어 낸 도가니였다. 일본인들은 그들의 목적을 위해서 아주 고의적이고도 의도적으로 한국인 자본가의 성장을 촉진했다. 한국 자본주의는 이렇게 일본의 지배 아래에서 일본 정부의 원조를 받아 첫 싹을 틔우게 되었다.[5]

5 카터 J. 에커트, 『제국의 후예: 고창 김씨가와 한국 자본주의의 식민지 기원

요컨대 한국의 자본주의, 보다 정확히 말하자면 한국의 근대 산업자본
주의는 일본 제국주의에 의존하면서 발전하기 시작했다는 것이 에커트의
견해이다. 그는 한국 자본주의의 식민지 기원을 경성방직에 대한 통시적
연구를 통해 논증하고 있다. 에커트에 따르면, 경성방직은 "제국의 후예"
이다.

이처럼 일제강점기 한국인 기업이 일본 제국주의 (국가)에 의존한 측면
을 부각하는 에커트에 반해, 주익종은 일제강점기에 한국 사회가 축적해
온 사회의 능력, 구체적으로 말해 경제성장을 추진할 수 있는 주체적 역
량을 부각한다. 구체적으로 한국인들이 어떻게 근대적 경영과 기술을 배
우고 근대적 기업가가 되며 어떻게 근대적 기업을 설립하여 근대 산업자
본주의의 발전에 기여했는가에 논의의 초점을 맞춘다. 이러한 문제의식과
접근방식의 근저에는 식민지 근대화론이 자리하고 있다. 주익종은 다음과
같이 말한다.

> 경제사학계의 식민지 근대화론은 한국의 식민지화가 비록 불행한 일이
> 기는 하나, 수명이 다한 폐쇄적 체제가 근대문명을 접하여 새로운 발전의
> 계기를 잡게 된 것으로 본다. 낡은 분배체제는 개항과 더불어 시장경제체
> 제에 자리를 내주었고, 비록 식민지 지배를 위한 것이기는 하나 시장경제
> 에 부합하는 각종 제도개혁이 진행되었다고 한다. 이와 더불어 무역이 확
> 대되고 일본 기업이 진출하며 상업적 농업이 확대되고 공업화가 시작되었
> 다는 데 주목한다. 이 과정은 제국주의 자본이 주도했지만, 한국인들도 그
> 에 적극 참여하여 새로운 환경에 적응하고 자신을 근대적 경제인으로 개
> 조·개발했다고 본다. 이 시각에서는 식민지화란 한국의 사회적 능력이 개

1876~1945』, 푸른역사 2008 (주익종 옮김; 원제는 Carter J. Eckert, *Offspring
of Empire: The Koch'ang Kims and the colonial origins of Korean capitalism,
1876~1945*), 32쪽.

46 ● 에리식톤 콤플렉스: 한국 자본주의의 정신

발되는 하나의 계기가 된다.[6]

요컨대 한국의 자본주의, 보다 정확히 말하자면 한국의 근대 산업자본
주의는 일본 제국주의하에서 한국인 기업가들의 사회적 능력이 개발되고
축적되면서 발전하기 시작했다는 것이 주익종의 견해이다. 그는 한국 자
본주의의 식민지 기원을 ─ 에커트가 논의의 대상으로 삼은 ─ 경성방직
에 대한 ─ 역시 에커트처럼 ─ 통시적 연구를 통해 논증하고 있다. 주익
종에 따르면, 경성방직은 제국의 후예가 아니라 "매우 성공적인 후발자"
또는 "뛰어난 학습자"이자 (뒤에 오는) 대군의 척후"이다.
 이처럼 두 연구자는 똑같이 경성방직에 대한 통시적 연구를 통해 식민
지에서 한국 자본주의의 기원을 찾으면서도 전혀 상이한, 아니 아예 화해
가 불가능한 결론에 도달한다. 그 이유는 다음에서 찾을 수 있다. 에커트
가 한국인 기업가와 일제 식민국가의 긴밀한 유대관계에 주목한다면, 주
익종은 근대적 기업가와 그 정신 및 능력의 형성, 그리고 이 경제적 주체
의 기업경영에 주목한다. 물론 후자도 국가를 완전히 배제하지는 않는다.
다만 국가와 기업의 관계를 보는 관점이 다를 뿐이다. 에커트가 국가와 기
업의 관계를 지배와 피지배의 불평등 관계로 보는 반면, 주익종은 상호협
력관계로 본다. 에커트는 다음과 같이 말한다.

 이 모델은 [자본주의의 식민지 발전 모델은] 두 가지 측면에서 주목할
 만하다. 첫째는 경제 문제에서 국가의 압도적 지배였다. 식민정부는 일본
 본토에서도 생각할 수 없는 방식으로 경제와 자본가를 모두 장악한 무소
 부재(無所不在)하며 독재적인 경제권력이었다. 그러나 이것은 식민지 한국
 에서 기본적으로 정부-기업관계가 적대적이라는 말은 아니다. 양측은 대

─────────

6 주익종, 『대군의 척후: 일제하의 경성방직과 김성수·김연수』, 푸른역사 2008,
  17~18쪽.

개 효과적인 단위로서 기능하곤 했다. 총독부가 경제활동 전반적 기획자이자 조정자이며 신용의 궁극적 배분자라면, 재계는 때로 열심이고 때로는 머뭇거리는 민간 부문에서 국가정책의 종복(從僕)으로서 대개 그 은혜를 입었다. 관료들이 민간기업의 주주나 직원이 되고 기업가가 공식적·비공식적으로 정책결정 과정에 참여하게 됨에 따라 양자의 역할은 종종 겹쳤다. 이 관계는 기본적으로 불평등한 것이었고 이따금씩 불협화음을 보이기도 했다. 그러나 유교적 가치와 물질적 이해관계를 공유하고 있었기 때문에 정부와 기업 간의 이 결속은 강력했다.[7]

이에 반해 주익종은 다음과 같이 말한다.

　　물론 종래의 견해처럼 일본인 기업이나 일제 당국이 경성방직과 같은 한국인 기업을 억압하지는 않았다는 것도 사실이다. 양자 간에는 다양하고 광범위한 교류와 거래가 있었다. 이 사실을 밝힌 것만으로도 에커트의 연구는 큰 의의를 갖는다. 그는 한쪽의 다른 한쪽에 대한 지원이라는 측면을 부각시킴으로써 한 발짝 비껴나갈 소지를 남겼는데, 그보다는 이 교류와 거래가 기본적으로 상호협력 관계라고 보는 것이 더 적절할 것이다.[8]

이처럼 에커트의 '제국의 후예론'과 주익종의 '대군의 척후론'은 공히 일제강점기 한국 자본주의가 발전하는 과정에서 (식민)국가가 한 역할을 인정하고 있다. 그럼에도 불구하고 국가를 경제발전의 적극적인 주체로 다루지 않고 단지 한국인 기업가의 경제활동의 조건이나 환경 정도로 다루고 있다는 인상을 준다. 아마도 그들의 주 분석대상이 경성방직이기 때문일 것이다.

7　카터 J. 에커트, 앞의 책(2008), 375쪽.
8　주익종, 앞의 책(2008), 336쪽.

내가 보기에는 식민지 시대의 국가, 보다 정확히 표현하자면 국가의 기능을 수행하던 총독부를 일제 식민지배하 한국 경제의 한 중요한 축으로 설정해야만 이 시대에 한국 자본주의가 발전한 과정을 제대로 파악할 수 있다. 이 점에서 '총독부 자본주의'라는 개념은 함의하는 바가 크다.

　한국 경제가 벼랑에 선 이유를 짚어가다 보면 일제강점기로 거슬러 올라가게 된다. 한국 경제와 사회 시스템의 원형질이 이 시기에 완성됐다. 대한제국을 무너뜨리고 등장한 일본은 조선에서 '식민지형 근대화'를 추진했다. 1910년대에는 농업 식민지와 일본 공업제품의 시장으로 조선을 유지하다가 제1차 세계대전 이후 호황기를 맞아 팽창한 일본 경제가 중국 대륙 진출을 꾀하는 과정에서 조선의 전략적 중요성을 인식하고 본격 공업화에 착수하게 된다. 조선총독부는 식민지 금융을 장악했고, 산업정책을 수립해 기업들을 동원했다. 권력과의 유착 속에 경성방직 같은 기업들이 성장을 구가했다. 100년간 유지돼 온 관치금융과 재벌체제가 이때 형성됐다. …… 이 시기 공업화와 자본축적이 진전됐고, 자본주의 유지·발전에 필요한 제도와 인프라가 구축되긴 했지만 '총독부 자본주의'는 억압적 권력과 반민주적인 자본이 이끌어가는 불건전성이 본질이다. '조선 왕조의 지독한 무능과 부패에 절망했던 이들에게는 기회가 됐을 수 있다'는 점에서 일부 식민지 근대화론자들은 긍정적으로 평가한다. 그러나 총체적으로 보면 이 시기는 '축복'이 아니라 한국 경제의 제대로 된 성장을 두고두고 방해하는 독소들이 자라던 때였다. 이 분야의 권위자인 카터 에커트 미국 하버드대 교수가 1991년 펴낸 『제국의 후예』 가운데 한 대목이다. "1945년까지 한국 자본가는 오로지 독재정치 구조 내에서 기업활동을 펼쳐야 했다. 한국 자본가가 해방 후의 세계로 가져온 정치적 지혜는 독재가 경제적으로 효율적이며 수익성이 있다는 것이다. 공업화의 식민지적 성격 때문에 한국인 자본가는 더 의식적으로 반민주적인 태도를 갖게 되었다." …… 조선총독부는 노동운동을 철저하게 탄압했다. 노동조합 결성 시도는 박멸의 대상이 됐고, 권력과 경찰은 노사갈등이 벌어지면 이유를 불문하고 기업 편을 들었다. 국가총동원법이 시행된 1938년 이후에는 통제가 더욱 강화되면서 노동운동은 말살됐다.[9]

이 인용구절이 잘 말해 주듯이, 총독부는 식민지 금융을 장악하고 산업정책을 수립하여 기업들을 동원하며 노동운동을 탄압하는 등의 적극적인 경제행위를 통해 일제강점기의 한국 자본주의를 결정적으로 각인했다. 그러니까 총독부는 일제강점기 한국 자본주의의 적극적인 주체이자 중요한 축 가운데 하나였던 것이다. 그러나 '총독부 자본주의'라는 개념은 일면적이다. 왜냐하면 이 개념으로는 식민지 시대 한국 자본주의 발전의 또 다른 중요한 축인 한국인 자본가 계급을 포괄할 수 없기 때문이다. 이 둘은 동맹관계를 맺으면서 식민지 시기 한국 자본주의를 추동한 두 주체 세력이었다. 그러므로 '총독부-자본가 계급 동맹자본주의'라는 개념이 필요해진다.

그런데 총독부가 동맹을 맺은 상대는 한국 자본가 전체라기보다 근대적 시장경제 체제에서 신흥자본가 계급의 중추였던 지주와 상인, 그중에서 특히 지주계급이었다. 그러므로 '총독부-자본가 계급 동맹자본주의'라는 개념은 '총독부-지주·상인 동맹자본주의'로 특수화할 필요가 있다. 아니면 '총독부-지주 동맹자본주의'라는 개념을 생각해 볼 수도 있는데, 보다 연구가 진척되면 이 둘 중에 어느 것이 한국 자본주의의 식민지 기원을 밝히는 데에 더 적합한 것인지 드러날 것이다. 일반적으로 지주라 함은, 자신이 소유한 토지를 소작인에게 임대해 주고 그로부터 나오는 소작료로 생계를 유지하거나 부를 축적하는 사회집단을 가리킨다. 이런 의미에서 지주는 경제적 계급이다. 그러나 여기에서 말하는 지주는, 단순히

---

9 서의동, 「'총독부 자본주의' 100년」, 『경향신문』, 2016년 7월 3일.

경제적 계급만이 아니라 토지소유와 소작료를 경제적 기반으로 하면서 국가 관료로 기능하는 사람들도 포함한다. 이 점에서 지주는 단순히 경제적 계급만 아니라 신분적 계급도 포함한다. 식민지 시기 한국 자본주의의 형성 과정은 크게 보아 지주계급의 토지자산이 산업자본으로 전환되는 과정이었다. 그러니까 전통사회의 지배계급이 근대 산업자본주의의 주역으로 등장한 것이다.

물론 이 동맹은 평등하고 수평적인 관계가 아니라 종속적이고 수직적인 관계에 있었다. 총독부-지주·상인 동맹자본주의에서 총독부가 —앞에서 인용한 에커트의 말을 반복하자면— "경제활동의 전반적 기획자이자 조정자이며 신용의 궁극적 배분자"였다면, 한국인 기업은 "때로 열심이고 때로는 머뭇거리는 민간 부문에서 국가정책의 종복(從僕)으로서 대개 그 은택을 입었다."[10] 한국 자본가는 총독부의 대등한 파트너가 아니라 하위 파트너였다. 총독부가 동맹의 맹주였고 지주계급으로 대표되는 한국의 자본가 계급은 종복이었다.

이처럼 '맹주-종복 동맹자본주의'가 성립하게 된 근거는 무엇보다도 총독부가 식민지 한국 사회에서 차지하는 가히 절대적인 지위에서 찾을 수 있을 것이다. 총독부는 —역시 앞에서 인용한 에커트의 말을 반복하자면— "일본 본토에서도 생각할 수 없는 방식으로 경제와 자본가를 모두 장악한 무소부재(無所不在)하며 독재적인 경제권력"이었다. 조선 총독정치는 군사력을 기반으로 하는 강력한 독재체제였다. 1919년 이전에는 오직 현역 장군만이 총독이 될 수 있었는데, 3·1운동을 계기로 이른바 문화정치를 실시한다는 명분하에 문관들에게도 총독의 지위가 개방되었다. 그러나 1910년부터 1945년까지 재직한 제1~9대 총독 및 1927년에 재직한 임시 대리 총독 모두 현직 또는 전직 장성들이었다. 그리고 그중

---

10 카터 J. 에커트, 앞의 책(2008), 375쪽.

제3대(1919~27) 및 제5대(1929~31) 총독을 역임한 사이토 마코토(齋藤實, 1858~1936)가 유일하게 해군 대장 출신이고 나머지는 모두 육군 대장 출신이었다. 이는 조선이 일본 군벌, 보다 구체적으로 말하자면 일본 육군 군벌의 독자적 지배 영역, 즉 직할령이 되었음을 의미하는 것이다. 이 직할령을 통치하는 총독부는 독자적으로 법률을 제정하는 등 일본 정부에 대해 상대적 자율성을 갖고 있었다.[11] 그리고 방대하고도 고도로 조직된 관료제로 조선을 통치했다.[12] 이른바 '조선 산업개발정책'이란 "조선총독을 정점으로 한 조선총독부의 통제체제 강화를 통해서 실질적으로 일본의 대국화에 기여하도록 하는 것"이었다.[13]

그러나 강력한 군사적 독재정치와 관료제에 기반하는 총독부의 절대권력만으로 총독부–지주·상인 동맹자본주의를 모두 설명할 수는 없는 노릇이다. 왜냐하면 동맹이란 말 그대로 둘 이상의 개인이나 단체 또는 국가가 공동의 목적을 추구하기로 서약하고 그에 따라 행동하는 것을 뜻하기 때문이다. 총독부–지주·상인 동맹자본주의의 양 당사자는 공동의 목적이 필요했는데, 그것은 다름 아닌 자본주의의 발전이라는 물질적 이해관계였다. 총독부가 자본주의를 식민지배의 효과적인 수단으로 활용했다면, 기업은 거기에 기여하면서 이윤을 추구했다. 바로 이런 연유로 국가와 기업의 동맹은 강력했으며, 이 동맹은 경제개발 계획, 보조금과 대출과 같은 금융 지원, 경찰력에 의한 노동탄압, 전시하 기업과 국가의 긴밀한 협력 등 다양한 방식으로 구현되었다. 요컨대 총독부–지주·상인 동맹자본

---

11 전상숙, 「'조선 특수성'론과 조선 식민지배의 실제」, 신용하 외, 『식민지 근대화론에 대한 비판적 성찰』, 나남출판 2009, 121~80쪽, 여기서는 144, 146쪽. 이에 대한 보다 자세한 논의는 다음을 참고할 것. 전상숙, 『'조선총독정치' 연구: 조선총독의 '상대적 자율성'과 일본의 한국 지배정책 특질』, 지식산업사 2012.

12 다음에는 총독부와 그 전신인 통감부의 통치기구가 잘 정리되어 있다. 민족문제연구소, 앞의 책(2017).

13 전상숙, 앞의 글(2009), 147쪽.

주의는 달리 "일본 제국의 목표에 부합하는 계급적 이해관계를 가진 기업가 엘리트"라고 정의할 수 있을 것이다.[14]

일제강점기 총독부와 한국인 자본가, 그러니까 국가와 자본가 계급은 자본주의 발전의 동반자였다. 그러나 대등한 동반자가 아니라 어디까지나 총독부가 절대적인 우위를 점하고 경제발전의 주도권을 쥔 지극히 불균등한 동반자였다. 그리고 더 나아가 궁극적으로 일본의 국익에 기여하는 동반자였다. 그 결과 총독부-지주·상인 동맹자본주의는 왜곡된 근대화와 자본주의 발전을 그 역사적 유산으로 남기게 되었다.

2. 환원근대와 국가-재벌 동맹자본주의

일제강점기에서 관찰되는 자본주의 발전은 해방 이후, 특히 1960년대에 본격적으로 발전하기 시작하는 자본주의와 상당히, 아니 놀라울 정도로 유사한 모습을 보여 준다. 일제강점기에 발전한 근대가 식민근대이고 그 틀과 조건에서 발전한 자본주의가 총독부-지주·상인 동맹자본주의라면, 1960년대 박정희 정권과 더불어 발전한 근대는 환원근대이고 그 틀과 조건에서 발전한 자본주의는 국가-재벌 동맹자본주의이다.

한국의 근대는 환원근대, 그것도 이중적 환원근대이다. 왜냐하면 1960년대부터 본격화한 한국의 근대화 과정은 그 대상 또는 영역 측면에서 경제, 보다 정확히 말하자면 경제성장으로 환원되고 그 주체 또는 담지자의 측면에서 국가와 재벌로 환원된, 그러니까 이중적으로 환원된 근대화 과정이었기 때문이다. 이 이중적 환원근대는 다음과 같이 네 가지 차원으로 구체화할 수 있다.

14　카터 J. 에커트, 앞의 책(2008), 147쪽.

1. **경제가 곧 근대이고 경제성장이 곧 경제다.** 한국의 근대화는 경제와 동일시되고, 경제는 다시 경제성장과 동일시되었다. 그리하여 경제의 다양한 측면, 즉 합리적 시장, 금융 시스템, 노동윤리, 기업문화, 노동조건, 노사관계 및 합리적 경제정책, 분배와 복지 등의 근대화는 도외시되었다.

2. **국가와 재벌이 곧 경제다.** 한국의 근대화, 다시 말해 경제성장은 국가-재벌 동맹자본주의에 의해 추진되었다. 그 밖의 개인이나 사회집단은 근대화의 주체가 아니라 경제성장을 위한 도구와 수단으로 간주되면서 객체화되고 주변화되었다. 그리하여 개인과 인권이 억압되고 사회가 미분화되었다.

3. **경제가 근대화되면 경제 외적 영역도 근대화된다.** 한국의 환원근대는 민주주의나 인권과 같은 경제 외적 삶의 영역이나 가치가 있다는 것을 인지하지 못하거나 부정한 것은 아니다. 다만 경제가 근대화되면 경제 외적인 것도 근대화된다는 관념을 갖고 있었다. 그리하여 경제 이외의 근대를 말하는 것은 반근대주의적인 발상으로 간주되었으며, 심지어 때로는 억압을 받았다.

4. **전통은 근대의 토대가 되어야 하거나 근대에 자리를 내주어야 한다.** 한국의 환원근대는 전통에 대해 삼중적인 태도를 취했다. 첫째, 전통이 근대의 토대가 된다. 둘째, 전통은 근대를 위해 파괴된다. 셋째, 전통이 화석화되고 박제화된다. 이것은 경제적 근대주의와 문화적 전통주의의 결합이다.[15]

---

15 김덕영, 앞의 책(2014), 65~66쪽.

요컨대 환원근대는 국가-재벌 동맹자본주의에 기반하는 경제성장 중심의 근대라고 요약할 수 있다. 그렇다면 환원근대의 주축인 국가-재벌 동맹자본주의는 언제부터 존재했는가? 다시 묻자면, 언제부터 국가와 재벌이 동맹을 맺고 경제성장 중심의 환원적 근대화의 파트너가 되었는가? 그것은 환원근대적 발전 프로젝트가 본격적으로 가동되기 시작한 박정희 정권 시절이다. 물론 그렇다고 해서 재벌이 이 시기에 출현했다는 말은 아니다. 재벌은 이미 1950년대에도 존재했다. 아니 재벌의 대부분이 이승만 정권 때 설립되었다. 1995년 기준으로 30대 재벌 가운데 박정희 정권 때 설립된 것은 3개뿐이며 21개가 이승만 정권 때 설립되었다.[16]

사실 재벌은 일제강점기에도 그 존재를 확인할 수 있으니, 삼양그룹과 화신그룹이 그것이다. 삼양그룹의 김연수가 농업자본을 산업자본으로 전환함으로써 제조업 중심의 복합기업집단을 구축했다면, 화신그룹의 박흥식은 서민 출신의 자수성가형 상업자본가로서 유통업 중심의 복합기업집단을 구축했다. 이 둘은 사회적 배경이 서로 다르고 서로 다른 분야에서 경제활동을 했지만, 둘 다 제국주의적 자본주의 틀에서 총독부와 긴밀한 연결고리를 형성하면서 재벌로 성장할 수 있었다.[17] 삼양그룹과 화신그룹은 총독부-지주·상인 동맹자본주의의 전형적인 예이며 그 총수인 김연수와 박흥식은 정치적 자본가의 전형적인 예이다.

그런데 일제강점기에 성장한 자본가들과 해방 이후에 성장한 자본가들 사이에는 엄연한 불연속성이 존재한다. 일제강점기에 출현한 자본가들 가운데 1990년 현재 30대 재벌에 속하는 것은 삼양그룹이 유일하다. 화신그룹의 박흥식은 두 번씩이나 — 해방 이후와 5·16 군사쿠데타 이후에 — 체포되었으며, 결국 1980년에 파산하고 말았다. 일제강점기의 자본

---

16 김윤태, 『한국의 재벌과 발전국가: 고도성장과 독재, 지배계급의 형성』, 도서출판 한울 2012, 133쪽.
17 이한구, 『한국재벌사』, 대명출판사 2004, 50~51쪽.

가들과 해방 이후의 자본가들을 각각 '전통적 자본가'와 '신흥자본가'라고 명명할 수 있다.[18] 전통적 자본가들이 경제를 지배하던 일제강점기에 훗날 경제를 지배하게 되는 신흥자본가들은 대부분이 20~30대의 이름 없는 영세 기업인이었다. 해방 당시 삼성그룹의 이병철은 35세로 대구에서 양조장을 운영하고 있었다. 현대그룹의 정주영은 30세로 서울에서 정미소를 하고 있었다. LG그룹의 구인회는 39세로 전주에서 옷감 장사를 하고 있었다. SK그룹의 최종현은 25세로 수원에서 선경직물기계의 주임으로 일하고 있었다. 쌍용그룹의 김성곤은 32세로 대구에서 조그마한 비누공장을 경영하고 있었다. 대한항공그룹의 조중훈은 25세로 선원(2등기관사)으로 일하고 있었다. 두산그룹의 박두병은 35세로 가업인 종이 도매상을 하고 있었다. 롯데그룹의 신격호는 24세로 와세다 대학에 다니고 있었다. 한화그룹의 김종희는 23세로 조선화약공판의 사무원으로 일하고 있었다.[19]

오늘날 우리가 알고 있는 재벌, 그러니까 가족경영 또는 동족경영의 복합기업집단은 대부분 1950년대와 1960년대에 출현했다. 1950년대 중반부터 '재벌'이라는 말이 회자되기 시작했으며, 1950년대 후반에는 삼성, 삼호, 개풍 등이 재벌로 부상했다. 그 밖에도 LG, 대한산업, 동양, 현대, 쌍용, 코오롱, 한일합섬, 벽산, 태광, 전방, 한국생사, 방림방적 등이 1950년대를 거치면서 재벌로 도약하기 위한 준비를 마쳤다.[20] 이는 이승만 정권이 재벌의 형성 과정에서 중차대한 의미를 갖는다는 것을 암시하는 대목이다. 실제로 이승만 정권은 국가에 귀속된 막대한 경제권력에 힘입어 소수의 기업이 재벌로 비상하는 데에 결정적인 역할을 했다. 그러니까 해방 이후의 신흥자본가도 일제강점기의 전통적 자본가와 마찬가지로 국가와

---

18 김윤태, 앞의 책(2012), 135쪽.
19 지동욱, 『대한민국 재벌』, 삼각형비즈 2006, 26쪽.
20 이한구, 앞의 책(2004), 80쪽.

의 긴밀한 연결고리를 통해 재벌로 성장한 정치적 자본가였던 것이다. 이승만 정권에 귀속된 경제권력으로는 적산불하, 외국 원조자금의 분배, 수입대체 산업화 정책, 관급공사, 시중은행의 민영화 등을 꼽을 수 있다.

첫째, 적산불하이다. 1945년 9월 8월에 출범한 미군정은 9월 25일에 공포한 법령 제2호에서 일본인이 소유한 모든 재산을 적산(敵産, 적국인의 재산)으로 규정하고 몰수할 것을 선언했다. 해방 전 조선의 총자산 중 70퍼센트가 일본인 소유였으며, 주요 산업시설의 94퍼센트가 일본인의 수중에 있었다. 민족자본이 차지하는 비중은 6퍼센트에 지나지 않았다. 그리고 일제강점기 전체 산업 생산량의 약 80퍼센트를 일본인 소유의 공장이 담당했다.[21] 미군정이 실시하던 적산불하는 1948년 8월 15일에 수립된 한국 정부로 이양되었다. 적산불하는 엄청난 특혜였다. 적산은 처음에 총비용의 10퍼센트만 지불하고 나머지는 15년 안에 지불하는 조건으로 불하되었다. 그러나 살인적인 인플레이션으로 인해(예컨대 1947년과 1957년 사이에 서울의 도매물가지수가 100에서 2만으로 200배 높아졌다) 초기 비용 10퍼센트를 제외한 나머지 90퍼센트의 비용이 상쇄되다시피했다. 그런 까닭에 적산불하를 두고 치열한 경쟁이 벌어질 수밖에 없었고, 이 경쟁에 참여하는 기업들은 미군정과 한국 정부에 어떻게든 연줄을 대려고 혈안이 되었다. 현재 30대 재벌의 대부분이 적산불하의 혜택을 입었다. 삼성을 비롯해 이때 10대 재벌—즉 삼성, 현대, 락희(현재의 LG), 선경(현재의 SK), 두산, 한진, 한화, 쌍용(현재의 STX), 효성, 롯데—에 불하된 적산은 훗날 그들이 일군 성공 신화의 출발점이 되었다.[22] 이렇게 보면 미군정기와 이승만 정권기는 한국 재벌의 태동기라고 할 수 있다.

---

21 지동욱, 앞의 책(2006), 27쪽; 박병윤, 『재벌과 정치』, 한국양서 1982, 89쪽.
22 박형준, 『재벌, 한국을 지배하는 초국적 자본』, 책세상 2013, 247쪽. 이한구, 앞의 책(2004), 63쪽에는 주요 기업들의 적산불하 내역이 도표로 일목요연하게 정리되어 있다.

둘째, 원조자금의 분배이다. 미국과 유엔, 민간구호기구가 1945년부터 1961년까지 갖가지 명목으로 총 31억 달러 정도를 원조했는데, 그 가운데 80퍼센트 이상을 미국이 제공했다. 1960년 당시 한국의 국민총생산(GNP)이 30억 달러였다고 하니, 외국 원조의 규모가 얼마나 컸는지 가늠할 수 있다. 그것은 연간 GNP에 맞먹는 또는 한국전쟁으로 입은 피해액과 맞먹는 금액이었다. 재계의 관심은 자연스레 적산불하에서 원조자금의 배분으로 옮아갔다. 외국의 원조는 한국 경제의 본원적 축적과 재벌의 형성에 결정적인 계기가 되었다.[23] 그런데 이 막대한 경제적 자원을 분배할 권리는 전적으로 한국 정부에 있었다. 적산불하 과정에서와 마찬가지로 정경유착이 '무주공산'이나 다름없는 원조자금의 분배 기제로 작동했으며, 그 핵심은 뇌물에 있었다. "관료들과 정치인들은 뇌물의 대가로 사업가들에게 특혜를 제공했다. 뇌물은 단지 개인의 부정행위 이상의 의미를 갖는다. 뇌물은 한편으로는 우익 권위주의 정부의 영구 지배를 돕는 수단이었고, 다른 한편으로는 자본가들이 국가권력을 상품화하고 사유화하는 체계적인 방법이었다."[24]

셋째, 수입대체 산업화 정책인데, 이는 원조자금의 분배와 밀접한 관계가 있었다. 이승만 정권은 전후 의식주 문제를 해결하기 위해 식품(밀가루와 설탕), 섬유, 시멘트, 비료 등의 수입을 국내 생산으로 대체하는, 이른바 수입대체 산업화 정책을 추진했으며, 이 과정에서 정부는 민간기업에 낮은 이자율에 원조자금을 대출해 주었다. 이승만 정권의 수입대체 산업화 정책으로 큰 혜택을 본 대표적인 예는 이병철의 삼성이다. 무역업으로 기반을 다진 이병철은 1953년 8월 부산에서 자본금 2,000만 환으로 제일제당을 설립했다. 그러고는 정치인 및 관료와의 정경유착을 통해 18만 달러의 외화를 대출받아 일본에서 제당기계를 도입하고 무상으로 분배받은

---

23 지동욱, 앞의 책(2006), 50쪽.
24 박형준, 앞의 책(2013), 250~51쪽.

원당을 가공하여 하루에 25만 톤의 설탕을 생산했다. 제일제당의 설탕은 수입 설탕의 반값에 불과했기 때문에 날개 돋친 듯이 팔렸다. 그리하여 첫해부터 흑자를 기록했고, 2년 뒤인 1955년에는 자본금을 100배인 20억 환으로 증자했다. 이에 자신감을 얻은 이병철은 1954년 대구에서 자본금 1억 환으로 제일모직을 설립했다. 1956년부터 생산을 시작한 제일모직은 원조자금으로 원모를 들여왔다. 1958년 정부는 국내 산업의 보호라는 명분하에 모직물 수입을 금지했으며, 이에 따라 국내 시장에서 독점적 지위를 누린 제일모직은 급성장했다. 그리하여 수입대체 산업인 제일제당과 제일모직은 삼성그룹을 떠받치는 양대 산맥이 되었다.[25]

넷째, 관급공사이다. 전후 건설업은 전쟁 복구와 신규 건설로 특수를 누렸다. 당시 건설시장의 최대 발주자는 주한미군이었고, 미국의 원조자금을 재원으로 공사를 발주하는 한국 정부가 그 뒤를 이었다. 민간발주 공사는 그 규모가 극히 작았다. 건설업이 황금알을 낳는 거위로 소문이 나자 1950년대 중반에는 1,000여 개의 건설업체가 난립하면서 과열경쟁과 부조리가 만연했다. 형식적으로는 입찰을 통한 수주였지만, 실상은 정치인 및 관료와의 뒷거래를 통해 업체가 결정되었다. 이 수많은 건설업체 가운데 대동공업, 조흥토건, 극동건설, 현대건설, 삼부토건이 '자유당 5인조'로 불리면서 정부가 발주하는 건설공사를 거의 독점했는데, 그중에서도 현대건설이 선두주자였다.[26] 당시 건설업은 자유당의 가장 큰 정치자금줄이었다. 건설업과 자유당의 정경유착이 어느 정도였는지는 건설업계의 다음과 같은 관행을 보면 단적으로 드러난다. 특정 대형업체가 정부발주공사를 수주하게 되면 일단 공사대금의 30퍼센트를 자유당의 정치자금으로 납부하고 20퍼센트는 이익금으로 분배하고 난 다음, 나머지 50퍼센트만으로 공사를 했다고 한다. 그만큼 건설업의 성패는 정치와 경제의

---

25   지동욱, 앞의 책(2006), 62~63쪽.
26   이에 대한 자세한 내용은 제2부 제4장 제2~3절을 참조.

고리가 얼마나 견고한가에 달려 있었던 것이다.[27]

다섯째, 시중은행의 민영화이다. 이승만 정권은 시중은행을 민간에게 불하했는데, 그 대부분은 적산으로 몰수하여 정부에 귀속된 것이있다. 그런데 시중은행의 민영화는 경제적 합리성의 추구가 아니라 정권 유지에 그 목표가 있었다. 이승만 정권은 정권과 친밀한 관계에 있는 기업가에게 은행을 넘겨 은행을 핵으로 하는 콘체른을 형성하도록 한 후, 그것을 영구 집권을 위한 자금줄로 삼기 위함이었다. 1954년에 입찰이 시작되었으나 여섯 차례나 유찰되었으며, 이에 정부는 입찰 조건을 대폭 완화했다. 1956년 3월에 열린 일곱 번째 입찰에서 이병철을 비롯한 18명이 흥업은행(훗날의 한일은행, 현 우리은행의 전신)을 두고 치열한 경쟁을 벌였다. 그러나 승패를 결정한 것은 경제가 아니라 정치였다. 왜냐하면 이병철이 제시한 가격은 세 번째였지만 재무부는 최고 가격을 제시한 입찰자를 제치고 이병철에게 흥업은행을 넘겼기 때문이다. 거기에 더해 이병철은 토착은행인 조흥은행 주식의 50퍼센트를, 그리고 상업은행(훗날 한일은행과 합병, 현 우리은행의 전신) 주식의 24퍼센트를 확보함으로써 4개 시중은행 중 3개를 소유하게 되었다. 삼성은 이병철의 뛰어난 로비 능력에 힘입어 1950년대에 최대의 재벌로 성장했다. 1955년과 1963년 사이에 삼성의 자산은 28배, 매출액은 19배, 영업이익은 31배 증가했다고 한다.[28]

여기까지의 간략한 논의를 요약하자면, 한국 사회에서는 1950년대에 해방, 미군정, 자유당 정권, 한국전쟁, 외국 원조, 전후 복구 등을 시대적 배경으로 하여 재벌이 형성되었다. 그리고 그렇게 단기간에 형성된 재벌은 향후 한국의 사회와 경제를 결정적으로 각인하게 되는바, 이는 무엇보다도 '재벌공화국'이라는 용어에 응축적이고도 상징적으로 표현되어 있다. 그런데 방금 논한 재벌 형성의 다섯 가지 시대적 배경에는 한 가지 공

---

27 이한구, 앞의 책(2004), 77~78쪽.
28 지동욱, 앞의 책(2006), 71~72쪽; 박형준, 앞의 책(2013), 256쪽.

통점이 관찰되는바, 그것은 다름 아닌 정경유착이다. 정권과 기업이 경제적 이권과 정치자금을 맞교환하는 정경유착은 기업에는 재벌화를, 정권에는 장기 독재체제의 유지를 선사했다. 이러한 불법적이고 비합리적인 풍토에서는 기업 내부의 비밀이 외부로 유출되지 않도록 하기 위해 배타적이고 폐쇄적인 가족경영이나 동족경영이 횡행할 수밖에 없었다. 또한 그러한 풍토에서는 폭리, 밀수, 탈세, 부동산 투기 등의 한탕주의가 만연하게 되었으며, 그 결과 재벌은 권력에 기생하는 천민적 상업자본으로 간주되었다.[29] 결국 해방 이후에 출현한 재벌은 정치적 자본가의 전형이었던 셈이다.

이처럼 이승만 정권하에서 형성된 재벌이 정경유착에 기대어 성장한 정치적 자본가라면, 이미 그 시기에 국가-재벌 동맹자본주의가 출현했다고 볼 수 있는가? 다시 묻자면, 이미 이승만 정권 시절에 국가와 재벌이 동맹을 맺고 경제성장 중심의 환원적 근대화의 파트너가 되었는가? 결론부터 말하자면, 그렇지 않다. 국가-재벌 동맹자본주의는 박정희 정권에서 탄생했다. 박정희 정권에서의 국가는 발전국가, 즉 급속한 경제성장을 목표로 하는 국가라고 명명할 수 있다. 재벌은 국가와 이 발전의 이념을 공유하고 국가와 더불어 이 발전의 파트너가 되었다.

이에 반해 이승만 정권에서의 재벌은 국가로부터 각종 경제적 이권을 증여받는 지대추구자본이라고, 그리고 국가는 이러한 기업으로부터 장기적인 독재체제를 유지하기 위한 정치자금을 증여받는 약탈국가라고 할 수 있다. 물론 박정희 정권에서도 이러한 특징을 관찰할 수 있다. 왜냐하면 박정희 정권도 수출에 대한 직접 보조금, 세금 감면, 금리우대 대출, 우대 환율 등 다양한 제도를 통해 기업이 지대를 추구할 수 있는 환경을 조성했기 때문이다. 박정희 정권에서 이룩한 이른바 '한강의 기적'은 지대추

---

29 이한구, 앞의 책(2004), 122쪽.

구 메커니즘이 없었더라면 불가능했을 것이다.[30] 박정희 정권은 이에 대한 대가로 재벌로부터 정치자금을 챙기는 약탈국가의 면모를 보였다. 요컨대 박정희 정권에서도 이승만 정권에서와 마찬가지로 지대추구자본과 약탈 국가 사이의 정경유착이 엄연히 존재했다.

그러나 중요한 것은 박정희 정권은 발전의 이념과 이 이념을 실현할 조 직과 제도적 기반을 갖추고 있었다는, 그리고 재벌에서 발전의 파트너를 찾았다는 사실이다. 이 점에서 박정희 정권은 분명히 발전국가이다. 이에 반해 발전국가가 등장하기 이전까지 한국 사회는,

> 현대 국가의 기본 틀을 갖추는 데에 많은 노력을 투입했으며, 이 시기의 발전은 주로 대외적인 지원 — 주로 미국의 지원과 원조 — 에 크게 힘입었 다고 할 수 있다. 해방과 한국전쟁을 거치면서 국가기구는 시민사회나 정 치사회에 비교해서 압도적으로 크게 성장하면서 현대 국가의 틀을 갖추게 되었다. 그러나 현대 국가가 본격적인 경제발전을 추구할 만한 조직, 이념, 제도적 기반을 갖춘 것은 아니었다. 그러므로 비교적 견조한 수준이라고 할 수 있는 4~5퍼센트의 경제성장은 주로 대외적 요인에 힘입은 것이었다. 또한 시민사회와 정치사회는 국가에 비해서 상대적으로 왜소한 상태를 벗 어나지 못하고 있었으며, 특히 정치사회는 이승만 개인지배체제하에서 종 속적인 지위를 벗어나지 못하고 있었다. 이러한 국가-정치사회-시민사회의 기본 관계는 1960년대 발전국가가 본격적으로 등장하면서 부분적으로 변 화하지만, 국가가 압도하는 한국형 발전의 기본 특성은 지속적으로 유지되 었다.[31]

이 인용구절에서 명백하게 드러나듯이, 이승만 정권과 박정희 정권 모

---

30 박형준, 앞의 책(2013), 261~62쪽.
31 장훈·이승주, 『한국형 발전국가의 정치경제사』, 인간사랑 2018, 36쪽.

두 국가가 정치사회와 시민사회를 압도하고 주도하는 과대성장국가이다. 그런데 전자는 약탈국가 수준에 머물렀지만, 후자는 발전국가로 나아갔다. 이 차이는 발전의 이념, 조직, 제도적 기반에서 비롯된 것이다. 그것이 없는 이승만 정권은 재벌과 분배 연합의 수준에 머물렀지만, 그것이 있는 박정희 정권은 재벌과 성장 또는 개발 연합으로 나아갔다. 박정희 정권에서는 국가와 자본이 단순히 정경유착에 머물지 않고 급속한 경제성장을 위한 국가-재벌 동맹자본주의로 나아갔다.

그렇다면 환원적 근대화의 주축인 국가-재벌 동맹자본주의는 언제 체결되었는가? 다시 묻자면, 국가와 재벌이 급속한 경제성장이라는 환원근대적 발전의 이념을 공유하면서 동맹을 체결한 것은 언제인가? 내가 보기에 그것은 5·16 군사쿠데타 세력이 부정축재자를 처벌하는 일련의 과정에서이다.

사실 부정축재자 처벌은 4·19민주화 혁명으로 들어선 민주당 정권에서도 추진되었다. 민주당 정권은 대중의 요구에 따라 이승만 정권 아래에서 정경유착을 통해 부를 축적한 기업가를 처벌하려고 했다. 그러나 민주당 정권은 재벌들의 정치헌금을 필요로 했으며, 따라서 부정축재자를 제대로 처벌할 수 없었다.[32] 이어서 집권한 5·16 군사쿠데타 세력도 민심을 얻기 위해 부정축재자 처벌을 추진했다. 당시 군사정권은 부정축재자를 1953년 7월 1일부터 1961년 5월 15일까지 다음의 일곱 가지 범주에 속하는 자로 규정했다. "첫째, 공유재산이나 귀속재산의 매매를 통해 1억 환 이상의 이득을 본 자. 둘째, 부정한 방법으로 10만 달러 이상의 외환을 대출받거나 매입한 자. 셋째, 금융기관으로부터 융자를 받고 5,000만 환 이상의 정치자금을 제공한 자. 넷째, 공사도급이나 정부구매에서 담합이나 수의계약을 통해 3억 환 이상의 부당이득을 취한 자. 다섯째, 외자 구

---

32 공제욱, 『1950년대 한국의 자본가 연구』, 백산서당 1993, 223쪽 이하.

매, 외환 배정을 독점하여 2억 환 이상의 부정이득을 취한 자. 여섯째, 2억 환 이상의 국세를 포탈한 자. 일곱째, 재산을 해외에 도피시킨 자."[33]

이 기준에 따르면 1950년대 이승만 정권기에 형성된 재벌의 거의 전부가 부정축재자에 속했다.[34] 이들 가운데 정재호(삼호방직), 이정림(대한양회), 설경동(대한방직), 이용범(대동공업), 남궁련(극동해운) 등과 같은 대표적인 재벌들이 1961년 5월 말에 군사정권에 의해 구속되었다. 그리고 일본에 머물고 있던 이병철(삼성), 백남일(태창방직), 이양구(동양시멘트)에게는 구속 영장이 발부되었다. 부정축재자들에 대한 조사가 한창 진행되는 와중에 이병철은 도쿄에서 부정축재자처리위원장인 이주일 장군에게 서한을 보내어 자신의 전 자산을 국가에 헌납할 용의가 있음을 밝혔다. 수감 중인 재벌들도 그를 따랐다. 이병철은 6월 26일에 귀국하여 공항에서 체포되어 명동의 메트로 호텔에 연금되었다가 그 이튿날인 6월 27일 박정희 당시 국가재건최고회의 부의장과 독대하게 되었는데, 그 자리에서 부정축재자들을 처벌하기보다 경제발전의 일익을 담당하도록 하는 것이 국가에 이득이 될 것이라는 견해를 피력했다. 그리고 두 번째로 박정희를 만나 재벌들에게 공장을 건설케 하여 그 주식을 정부에 헌납토록 하는 것이 좋겠다는 견해를 피력했다. 박정희는 그 의견을 받아들였는데, 그 이유는 군사쿠데타로 집권한 박정희 정권이 경제발전, 그것도 가급적이면 급속한 경제발전을 통해 정당성을 획득하려고 했으며, 재벌에게서 그 '파트너'를 찾았기 때문이다. 그리하여 군사정권은 6월 30일에 수감 중인 재벌들을 석방했다. 그리고 7월 21일에는 재벌들의 부정축재액이 726억 환에 이른다고 발표했으며, 8월 3일자로 그동안 재벌들이 소유하고 있던 시중은행을

---

33 이한구, 앞의 책(2004), 136쪽.

34 다음에 나오는 도표에는 민주당 정부와 5·16 군사정부의 부정축재자의 명단이 일목요연하게 정리되어 있다. 김영모, 『한국 자본가 계급연구』, 고헌출판부 2012, 106~07쪽.

국가에 귀속시키고 부정축재자들에게 총 83억 환에 이르는 추징금을 통고했다.[35]

그러나 이 추징금 조치도 그야말로 '먹을 것 없는 소문난 잔치'로 끝나고 말았다. 군사정권은 30개 기업에 총 83억 환의 추징금을 통고했는데, 그 가운데 이병철이 24억 환으로 가장 많았다. 그러나 부정축재자들이 실제로 납부한 금액은 군사정권이 발표한 부정축재액 726억 환의 5.8퍼센트에 불과했다.[36] 그리고 그들은 이 아주 미미한 '처벌'의 대가로 그 후 추진되는 경제개발의 주역이라는 엄청나게 큰 반대급부를 얻게 되었다. 아무튼 5·16 군사쿠데타 세력에 의한 부정축재자 처벌이라는 일련의 과정을 통해 "정경유착의 공식적 고리"가 형성되었다.[37] 그런데 중요한 것은 이 정경유착의 고리가 이승만 정권에서처럼 단순한 분배 연합이 아니라 발전 연합 또는 개발 연합이라는 사실이다. 국가와 재벌은 급속한 경제성장이라는 환원근대적 이념을 공유하면서 동맹을 체결했다. 국가-재벌 동맹자본주의가 공식적으로 출범한 것이다.

여기에서 삼성그룹의 총수 이병철이 1961년 6월 26일 박정희 국가재건최고회의 부의장과 독대한 내용을 한번 살펴보는 것이 좋을 듯하다. 왜냐하면 그 독대는 단순히 부정축재자 처리 문제를 논의하는 자리가 아니라 5·16 군사쿠데타 세력의 최고 권력자와 재계 1위의 총수가 국가와 재벌의 자본주의적 동맹을 협상하는 자리였기 때문이다. 조갑제의 표현대로 박정희와 이병철의 만남은 "역사적 만남"이었다.[38] 이병철은 1986년에 출간된 『호암자전』에서 당시의 일을 비교적 소상하게 기록하고 있다. 방금 앞에서 언급한 바와 같이, 이병철은 부정축재자들에 대한 조사가 한창 진

---

35 이한구, 앞의 책(2004), 135쪽 이하.

36 같은 책, 137쪽.

37 같은 곳.

38 조갑제, 『박정희의 결정적 순간들: 62년 생애의 62개 장면』, 기파랑 2009, 219쪽 이하.

행되는 와중에 도쿄에서 부정축재자처리위원장인 이주일 장군에게 서한을 보내어 자신의 전 자산을 국가에 헌납할 용의가 있음을 밝혔다. 그 내용을 보다 자세하게 살펴보기로 한다.

> 부정축재자를 처벌한다는 혁명정부 방침 그 자체에는 이의가 없다. 그러나 백해무익한 악덕기업인들과 변칙적이고 불합리한 세제하에서도 국가경제 재건에 기여하면서 국민에게 일자리를 주어 생활을 안정시키고 세금을 납부하여 국가운영을 뒷받침해 온 기업인들과는 엄격히 구별되어야 한다고 생각한다. 염려하는 바는 오직 오늘날의 혼란의 원인은 국민의 빈곤에 있는데 그것을 어떻게 하면 제거하느냐 하는 의문에 대해 달리 대안이 없다는 것이다. 경제의 안정 없이 빈곤을 추방할 수는 없다. 경제인을 처벌하여 경제활동이 위축된다면, 빈곤 추방이라는 소기의 목적에 오히려 역행하는 결과가 되고 말 것이다. 이것은 나를 비롯한 많은 기업인들의 처벌을 모면하기 위한 궤변이 결코 아니다. 나는 전 재산을 헌납하는 한이 있더라도, 그것이 국민의 빈곤을 해결하는 방법이 된다면 다행이라고 생각하는 바이다.[39]

이 서한은 6월 11일 한국 신문에 공표되었고, 그러자 일본의 보도기관들이 취재경쟁을 벌었다. 6월 24일에 있은 기자회견에서 이병철은 다음과 같이 말했다.

> 타의 아닌 본의에서 나온 일이다. 빈곤 제거를 위해서 전 재산을 국가에 헌납할 용의가 있다. 귀국하는 대로 이에 필요한 절차를 밟고 정부의 조치를 기다리겠다.[40]

---

39 이병철, 『호암자전』, 중앙일보사 1986, 110쪽.
40 같은 책, 111쪽.

우리는 이 두 인용구절에서 빈곤에 대한 이병철의 생각을 읽을 수 있다. 그는 5·16 군사쿠데타의 원인을 빈곤에서 찾고 있으며, 경제의 의미와 자신의 재산 헌납 용의도 빈곤과 결부시키고 있다. 1961년 5월 29일에 재벌 11명이 부정축재 혐의로 구속되었다는 신문보도를 접한 이병철은 다음과 같이 생각했다.

> 빈곤 때문에 사회혼란이 야기되고 있다. 그 빈곤 추방에 앞장을 서야 할 경제인들을 차제에 잘 활용해야 할 터인데, 근본적인 해결책은 등한시하고 무슨 목적으로 구속한 것일까?[41]

요컨대 이병철은 군사쿠데타 세력과 경제제일주의를 공유하고 있었던 것이다. "뒤에 안 일이지만"—이병철의 말대로—

> 혁명정부는 이미 시정기본방침을 '일면 건설, 일면 국방'에 두고, 특히 경제발전에 주력하기로 결정하고 있었다. 그렇기 때문에 경제인을 처벌하는 데 따르는 마이너스 면도 충분히 있었다는 것이다.[42]

아무튼 이병철은 1961년 6월 27일 박정희를 독대한 자리에서 다음과 같이 자신의 견해를 피력했다.

> 기업하는 사람의 본분은, 많은 사업을 일으켜 많은 사람들에게 일자리를 제공하면서 그 생계를 보장해 주는 한편, 세금을 납부하여 그 예산으로 국토방위는 물론이고 정부운영, 국민교육, 도로, 항만시설 등 국가운영을 뒷받침하는 데 있다고 생각합니다. 이른바 부정축재자를 처벌한다면 그

---

41 같은 책, 109쪽.
42 같은 책, 116쪽.

결과는 경제위축으로 나타날 것이며, 이렇게 되면 당장 세수가 줄어 국가
운영이 타격을 받을 것입니다. 오히려 경제인들에게 경제건설의 일익을 담
당하게 하는 것이 국가에 이익이 될 줄 압니다.[43]

박정희는 이 견해를 받아들여 6월 29일에 구속된 부정축재자 전원을
석방했다.[44] 이병철은 두 번째로 박정희를 만나(이때는 국가재건최고회의 의
장인 장도영이 구속되고 박정희 부의장이 의장이 되어 있었다),

경제인들에게 벌금 대신 공장을 건설케 하여 그 주식을 정부에 납부케
하는 방안을 제의했다. 그렇게 하면 납부하는 사람에게는 시간 여유가 생
기고, 정부 측은 그때 가서 과연 국가에 해를 끼쳤는가, 국가에 이바지했는
가를 다시 평가할 기회를 가질 수 있을 것이라고 이유를 덧붙였다.[45]

이 제안은 국가재건최고회의의 의결을 거쳐서 투자명령이라는 법령으
로 실현되었으며, 재벌들은 이 투자명령에 따라 기간산업을 건설하기 시
작했다.[46] 이렇게 해서 국가-재벌 동맹자본주의가 형성되었던 것이다. 이

43　같은 책, 114쪽.
44　당시 국가재건최고회의 법사위원장인 이석제는 부정축재자들의 석방에 반대했다.
　　이에 박정희는 다음과 같이 말했다. "이 사람아, 이제부터 우리가 권력을 잡았으면
　　국민을 배불리 먹여살려야 될 것 아닌가? 우리가 이북만도 못한 경제력을 가지고
　　어떻게 할 작정인가? 그래도 드럼통 두드려서 다른 거라도 만들어본 사람들이 그
　　사람들 아닌가? 그만치 정신 차리게 했으면 되었으니 이제부터는 국가의 경제 부
　　흥에 그 사람들이 일 좀 하도록 써먹자." 박정희를 거역할 수 없었던 이석제는 석
　　방된 재벌들을 모아놓고 다음과 같이 엄포를 놓았다고 한다. "나는 여러분들을 석
　　방시키는 일에 반대했습니다. 그런데도 박 부의장께서 내놓으라고 하니 내놓습니
　　다. 그러나 앞으로 원조물자, 국가예산으로 또다시 장난치면 내 다음 세대, 내 후배
　　군인들 중에서 나 같은 놈들이 나와서 다 쐈죽일 겁니다." 조갑제, 앞의 책(2009),
　　222~23쪽에서 재인용(의문문에 물음표[?]를 추가했음을 일러둔다).
45　이병철, 앞의 책(1986), 116쪽.
46　같은 곳.

자본주의의 두 주축인 국가와 재벌은 한국경제인협회라는 공식 채널을 통해 연결되었다. 그런데 이 단체의 설립을 주도한 것은 재벌이 아니라 국가였다. 정부는 산적한 경제 문제를 해결하기 위해 정부와 경제계, 그리고 경제계 내부의 의견조정기관으로 한국경제인협회의 창립을 추진했던 것이다. 한국경제인협회는 1961년 8월 16일에 창립총회를 갖고 이병철을 초대 회장으로 선임했다. 창립회원은 이병철을 비롯하여 부정축재 혐의로 구속되었던 12명의 재벌이었다. 한국경제인협회는 "62년을 그 착수연도로 하는 혁명정부의 제1차 경제개발 계획에 대응하기 위한 경제인의 조직체로서 경제계의 대정부 창구 역할을 담당하였다."[47] 한국경제인협회는 1968년에 전경련(전국경제인연합회)으로 개칭하였다.

요컨대 박정희 정권 초기에 국가와 재벌은 동맹을 체결하고 국가 경제의 두 주축이 되었다. 이 동맹은 불법적인 방법으로 정권을 획득한 국가와 역시 불법적인 방법으로 자본을 축적한 재벌이 결탁한 것이다. 그것은 두 불법적인 세력의 동맹, 그러니까 불법동맹이었다. 동맹자본주의의 두 파트너인 국가와 재벌은 호혜적인 관계를 유지했다. 국가는 재벌에게 금융, 세제, 자원배분, 노사관계 등에서 각종 경제적 특혜를 '증여'했으며, 재벌은 급속하게 경제를 성장시키고 수출을 신장시키며 국민소득을 증가시킴으로써 국가에 정치적 정당성을 '증여'했다.[48] 그런데 환원근대의 초기인 박정희 정권에서 형성된 국가와 재벌의 동맹자본주의는 그 이후에도 해체되지 않았다. 아니 오히려 강화되었다.[49] 국가와 재벌 사이에는 언

---

47 같은 책, 119쪽.

48 김덕영, 앞의 책(2014), 112쪽. 브루스 커밍스(Bruce Cumings, 1943~)는 한국의 국가는 재벌의 "좋은 동업자"로서 "좋은 시절에는 후원자가 되었다가 어려운 시절에는 보험업자 노릇을" 했다고 주장한다. 커밍스에 따르면, 한국의 국가는 "대기업 그룹들에게 자본주의의 다른 나라들과 비교하면 최상의 조건을 제공했다." 브루스 커밍스, 『브루스 커밍스의 한국 현대사』, 창작과비평사 2001 (이교선·한기욱·김동노·이진준 옮김; 원제는 Bruce Cumings, *Korea's Place in the Sun: A Modern History*), 448, 466쪽.

제나 쌍방적이고 호혜적인 증여의 관계가 존재해 왔다. 국가와 재벌 사이에는 언제나 '변증법적 연관', '체계적인 상호작용', '역사적 공생' 그리고 '상호 전환'의 관계(경제에서 국가가 결정적인 역할을 하고 정치적 과정에서 자본이 중심적 위치를 차지하는 관계)를 확인할 수 있다.[50] 한국의 국가가 근대화에 '성공할' 수 있었던 것은 강력한 국가였기 때문이 아니다. 실상 한국의 국가는 허약한 국가이다.[51] 그럼에도 불구하고 근대화에 '성공할' 수 있었던 것은 재벌과 협력하는 능력 때문이었다. 한국에서는 국가와 재벌이 언제나 함께 움직였다.[52] 국가와 재벌은 언제나 함께 있었다. 심지어 외국에서도 함께 있는 것을 목격할 수 있다. 문재인 대통령은 지난 2018년 7월 인도 순방 중에 아직 재판 중인 이재용 삼성 부회장을 만났다. 이렇듯 함께 움직이고 함께 있어온 국가와 재벌은 '샴쌍둥이'와도 같다. 환원근대라는 심장을 공유하는 샴쌍둥이! 이 둘을 분리한다는 것은 모두의 죽음을 의미하는 것이다. '환원근대의 샴쌍둥이' 국가와 재벌은 한국 자본주의를 ─체계적 측면과 정신적 측면 모두에서─그리고 한국 사회 전반을 결정적으로 각인해 왔다.

3. 한국 자본주의의 정신

이제 한국 자본주의의 정신으로 시선을 돌릴 차례이다. 이미 앞에서 언급한 바와 같이, 천민자본주의는 너무나 일반화된 개념이라 한국적 근대와 자본주의의 특성을 제대로 담아낼 수 없다.[53] 그리하여 우리는 에리식

---

49 이에 대한 보다 자세한 내용은 김덕영, 앞의 책(2014), 115~16쪽을 참조.

50 박형준, 앞의 책(2013), 204~05쪽.

51 이에 대한 자세한 내용은 김덕영, 앞의 책(2014), 121쪽 이하를 참조.

52 김윤태, 앞의 책(2012), 17쪽.

53 천민자본주의는 베버가 처음으로 사용한 개념이다. 베버는 『프로테스탄티즘의 윤

톤 콤플렉스라는 새로운 개념을 도입하기로 한다. 여기서는 먼저 에리식톤 콤플렉스라는 개념의 연원이 된 에리식톤이라는 인물에 대해 알아봄으로써 이 개념을 보다 명백히 한 다음, 서론 부분에서 아주 간략하게 짚고 넘어간 문제 '누가 이명박을, 그리고 우리를 배고프게 했는가'를 보다 자세하게 논의하기로 한다.

리와 자본주의 정신』에서 다음과 같이 유대교를 청교주의와 비교하면서 전자를 천민자본주의라고 규정하였다. "유대교는 정치나 투기에 의존하는 '모험가' 자본주의에 속했다. 즉 유대교의 에토스는 한마디로 말해 **천민**자본주의의 에토스였다 — 이에 반해 청교주의는 합리적인 시민계층적 **기업**과 합리적인 **노동**조직의 에토스를 담지했다." 막스 베버, 앞의 책(2010), 345쪽. 그리고 같은 저작에서 다음과 같이 말하고 있다. "영국 청교도들이 보기에 당시 유대인들은 전쟁, 국가조달, 국가독점, 투기적 기업 창립, 군주의 건축 투기와 금융 투기를 지향하는 자본주의의 대표자들이었다. 이와 같은 자본주의는 유대인 자신들도 혐오하는 것이었다. 실제로 양자의 차이는 …… 일반적으로 유대적 자본주의는 투기적 **천민**자본주의였던 반면 청교주의적 자본주의는 시민계층의 노동조직이었다고 정식화할 수 있을 것이다." 같은 책, 394쪽(미주 58번). 요컨대 천민자본주의는 베버가 유대인들의 비합리적 자본주의, 즉 정치나 투기에 의존하는 모험적 자본주의의 정신을 표현하고 서술하기 위해 도입한 개념이다. '천민'(pariah)은 중세 유럽인들이 종교적 이유로 다른 사회집단들로부터 고립된 채 상업이나 금융업에 종시히면서 이방인으로 살아가던 유대인들을 천민으로 간주한 사실에서 연유한 것이다. 그런데 이처럼 유대인과의—그리고 그들의 종교인 유대교와의— 밀접한 관계 속에서 형성된 천민자본주의라는 개념은, 그 후 단순히 유대적 자본주의에 한정되지 않고 가능한 한 모든 기회와 수단을 이용해 화폐가치적 이윤을, 그것도 가능한 한 많은 화폐가치적 이윤을 추구하는 자본주의를 가리키는 개념으로 확장되었다. 그 비합리적인 기회와 수단에는 정치에의 의존 또는 기생, 투기, 모험 그리고 심지어 폭력, 그중에서도 특히 약탈, 즉 직접적인 전쟁에서의 약탈이나 장기적인 재정적 약탈 등이 포함된다. 천민자본주의는 '윤리적' 규범을 결여하고 배금주의로 귀결된다. 천민자본주의는 "윤리적 규범 없이 배금주의적 입장에서 경쟁을 통해 가능한 한 단시일 내에 최대한의 부를 획득하고 이를 자랑하여 사회적인 인정을 받아 사회적 지위를 높이고자 하는 천민적 발상이 거의 모든 경제행위의 판단기준이 되는 천한 자본주의 체계"라고 정의할 수 있다. 소병희, 「한국적 천민자본주의에 관한 소고 1: 과시적 소비의 생성과정」, 『국민경제연구』 19/1996, 85~111쪽, 여기서는 86쪽.

(1) 에리식톤 콤플렉스

에리식톤은 그리스 신화에 등장하는 오만하고 불경스러운 부자이다. 대지와 곡물의 여신 데메테르(Demeter)에게 봉헌된 신성한 땅에는 거대한 떡갈나무가 한 그루 있었는데, 에리식톤은 그 나무에 깃들여 있는 숲의 요정들의 간청에도 불구하고 그 나무를 도끼로 찍어 쓰러뜨렸다. 이에 분노한 데메테르는 기아의 여신 리모스에게 에리식톤이 끝없는 허기를 느끼는 저주를 내리도록 했다. 그리하여 에리식톤은 먹어도 먹어도 배가 고팠기 때문에 그 많은 재산을 다 팔아버리고 끝내는 자신의 외동딸까지 팔아넘겼다. 그러나 아무리 해도 채워지지 않는 허기로 인해 자신의 몸까지 다 뜯어먹고 마침내는 이빨만 남아서 딱딱거렸다.

내가 보기에 에리식톤 콤플렉스는 돈과 물질적 부에 대한 무한한 욕망을 표현하는 데 더할 나위 없이 좋은 개념이다. 그것은 한국 자본주의의 정신을 표현하는 더할 나위 없이 좋은 개념이다.

그런데 이처럼 돈과 물질적 부에 대한 무한한 욕망을 표현하는 에리식톤 콤플렉스를 가지고 자본주의 정신을 규정하는 것은 베버의 자본주의 이론과 정면으로 충돌하는 것처럼 보인다. 왜냐하면 우리는 『프로테스탄티즘의 윤리와 자본주의 정신』에서 다음과 같은 주장을 접하기 때문이다.

"영리욕", "이윤 추구", 화폐 취득, 그것도 가능한 한 많은 화폐 취득을 추구하는 것 자체는 자본주의와 전혀 상관이 없다. 이러한 추구는 웨이터, 의사, 마부, 예술가, 매춘부, 부패한 관리, 군인, 도적, 십자군, 도박사, 거지들 사이에 존재했고 또한 존재한다. 이는 그러한 추구의 객관적 가능성이 어떻게든 주어졌고 또한 주어진 동서고금의 "모든 종류와 상황의 인간들" 사이에서 그래왔다고 할 수 있다. 자본주의에 대한 이와 같은 천진난만

한 개념 규정은 이미 육아실에서 배우는 문화사 수준에서 영원히 불식되어야 할 것이다. 무제한적으로 영리를 탐하는 것은 자본주의와 아무런 상관이 없으며, 자본주의 "정신"과는 더더욱 그러하다. 자본주의는 오히려 이러한 비합리적인 충동의 **억제**, 또는 적어도 합리적 조절과 동일할 수 **있다**. 물론 자본주의는 지속적이고 합리적인 자본주의적 경영을 통한 **이윤** 추구, 즉 끊임없이 **재생되는** 이윤인 **수익성**의 추구와 동일하다. 왜냐하면 자본주의는 반드시 그러해야만 하기 때문이다. 즉 경제 전체가 자본주의적인 질서 안에서는, 수익성을 획득할 수 있는 기회를 지향하지 않는 자본주의적 개별 기업은 몰락할 수밖에 없을 것이다.[54]

결론부터 말하자면, 돈에 대한 무한한 욕망의 억제, 또는 적어도 합리적 조절에 의해 자본주의 정신을 규정하는 베버의 방식과 돈에 대한 무한한 욕망에 의해 자본주의 정신을 규정하는 우리의 방식은 전혀 충돌하지 않는다. 왜냐하면 베버가 말하는 자본주의 정신은 인류 역사에 등장한 모든 자본주의에 보편적으로 나타난 정신이 아니고 서구의 근대 산업 자본주의에 특유한 정신인 반면, 우리가 말하는 자본주의 정신은 한국의 근대 산업자본주의에 특유한 정신이기 때문이다. 단 하나의 자본주의가 존재하는 것이 아니라 수많은 자본주의가 존재하듯이, 단 하나의 자본주의 정신이 존재하는 것이 아니라 수많은 자본주의 정신이 존재한다.

그렇다면 극단적으로 상이한 이 자본주의 정신 가운데 어떤 것이 맞고 어떤 것이 틀리는가? 그 둘 가운데 어떤 것이 바람직하고 어떤 것이 바람직하지 않은가? 이러한 가치판단은 사회학과 같은 실증적 경험과학의 과제가 아니다. 바로 여기에 문제의 핵심이 있다. 경험과학은 가치자유의 관점에서 서구 근대 자본주의 정신과 한국 근대 자본주의 정신이 어떻게 다

---

54 막스 베버, 앞의 책(2010), 15~16쪽.

르며, 이 두 역사적 개체가 어떤 다른 역사적 맥락과 사회적·경제적 구조 및 문화적 배경에서 형성되고 발전했는가를 추적하고 설명해야 한다. 이 경우 우리는 한국 근대 자본주의 정신을 베버가 연구한 서구 근대 자본주의 정신과 비교함으로써 보다 잘 이해할 수 있다. 베버는 우리를 비추어보는 '거울'이 될 수 있다.

(2) 다시 한 번: 누가 그를, 우리를 배고프게 했나

우리에게는 돈과 물질적 재화에 대한 무한한 욕망, 즉 에리식톤 콤플렉스가 있다. 바로 이것이 한국 자본주의의 정신인 것이다. 그리고 이 정신의 가장 전형적이고 상징적인 경우가 바로 이명박인 것이다. 베버 식으로 말하자면, 이명박은 한국 자본주의의 정신, 즉 에리식톤 콤플렉스의 이념형인 것이다. 그는 이 에리식톤 콤플렉스의 세계에서 성공했고 그 세계에서 몰락했다.

그렇다면 여기에서 다음과 같은 질문을 던질 수밖에 없다. 이명박을, 그리고 우리를 배고프게 한 기아의 여신 리모스는 누구인가? 한국 자본주의의 정신인 에리식톤 콤플렉스는 누구에 의해, 그리고 어떤 과정을 통해서 형성되었는가?

이에 대한 답을 찾는 가장 좋은 방법은 에리식톤 콤플렉스의 이념형인 이명박, 보다 정확히 말하자면 그의 삶을 통하는 것이다. 그런데 한 가지 문제점이 있으니, 그것은 그의 삶 그 자체를 관찰해서는 답을 찾을 수 없다는 사실이다. 왜냐하면 이명박 자신이 에리식톤 콤플렉스를 주조한 것이 아니기 때문이다. 그에게 이것은 '콘텍스트'로 주어진 것이고, 그의 삶은 바로 이 콘텍스트 속에서 쓰인 '텍스트'이다. 이제 우리가 할 일은 이명박의 삶이라는 텍스트를 통해 그 콘텍스트가 되는 한국 자본주의의 정신을 구명하는 작업이다. 먼저 텍스트부터 살펴보기로 한다.

이명박은 일제강점기인 1941년 일본 오사카에서 목장 노동자인 아버지와 독실한 기독교 신자인 어머니 사이에서 4남 3녀 중 다섯째로 태어났다. 해방 직후 귀국하여 포항에서 가난한 어린 시절을 보냈다. 낮에는 엿장사, 뻥튀기장사, 과일장사 등을 하면서도 3년 내내 장학금을 받으면서 야간 상업고등학교를 졸업했다. 고등학교를 수석으로 졸업한 후에는 가족과 함께 서울로 올라와 막노동을 하면서도 혼자 대학입시를 준비해 또래 학생들보다 1년 늦은 1961년 고려대 경영학과에 입학했다. 어머니가 좌판 일을 하던 이태원 시장 상인들의 도움을 받아 등록금을 마련했으며, 매일 새벽 이태원 시장의 쓰레기를 치우는 일을 하면서 학업을 이어갔다. 학교에서 돌아오면 곧바로 어머니 일을 도와야 했다. 2학년 1학기를 마치고 생활고를 피해 자원입대하려 했으나 기관지 확장증으로 논산훈련소에서 귀가 조치되면서 병역이 면제되었다. 3학년 때인 1963년에는 상대 학생회장에 당선되었으며, 1964년에는 총학생회장 직무대행으로 한·일 국교정상화를 반대하는 6·3시위를 주동했다가 내란선동죄라는 죄목으로 대법원에서 징역 3년에 집행유예 5년을 선고받고 서대문형무소에서 1964년 6월 말부터 그해 10월 말까지 6개월간 복역했다.

이명박은 1965년에 대학을 졸업했지만, 학생시위를 주동한 경력으로 인해 취업에 어려움을 겪었다. 우여곡절 끝에 1965년 6월 현대건설에 입사했는데, 이때부터 이른바 샐러리맨 신화가 시작되었다. 입사 5년 만에 이사(1971년), 10년 만에 부사장(1975년), 12년 만에 사장(1977년)이 되었다. 인천제철과 한국도시개발(현 현대산업개발) 대표이사도 겸했다. 그리고 입사 23년 만인 1988년에 현대건설 회장직에 올랐다. 이명박은 현대라는 재벌, 그것도 이 재벌의 중추적인 기업인 현대건설에서 20대에 이사, 30대에 사장, 40대에 회장이 되었던 것이다. 그의 샐러리맨 신화는 두 편의 드라마로 제작되기도 했다. 그 하나는 1990~91년 KBS 2TV에서 방영된 「야망의 세월」이고, 다른 하나는 2004년 MBC에서 방영된 「영웅시대」이다.

이명박은 1992년 현대건설을 떠나 민주자유당에 입당하면서 정계에 입문했다. 그해 전국구 공천을 받아 제14대 국회의원에 당선되었다. 1995년의 지방선거 때에는 서울시장에 도전했으나 민주자유당 후보 경선에서 정원식 전 국무총리에게 패했다. 그러나 1996년 15대 총선에서는 당시 청문회 스타였던 노무현과 4선이던 이종찬을 누르고 정치1번지 서울 종로에서 당선되는 파란을 일으켰다. 그러나 공직선거 및 부정선거방지법 위반 혐의로 피소되어 재판이 진행 중이던 1998년 2월 의원직을 사직하고 미국으로 건너가 1년간 조지워싱턴 대학에서 객원연구원으로 지냈다. 1999년 4월 대법원에서 벌금 400만 원이 확정되었으나, 2000년 8월 광복절 특사로 사면·복권되었다. 2002년에는 서울시장에 당선됨으로써 정치적으로 화려하게 부활했으며, 재임 기간 동안 청계천 복원, 서울시 대중교통 환승체제 구축, 서울광장 조성 등의 사업을 추진하여 대권 도전의 발판을 마련했다. 이어서 2007년에는 '실천하는 경제 대통령'을 슬로건으로 하고 '7·4·7'을 핵심으로 하는 선거공약을 내세움으로써 2위와 역대 최대 표차인 531만 표차로 압도적인 지지를 받으며 당선되었다. 그리고 2018년 3월 22일에는 역대 대통령 중 네 번째로 구속되는 신세가 되었다.

이제 텍스트에서 콘텍스트로 시선을 돌려 보기로 한다. 우리는 해방 이후 한국사의 축소판과도 같은 이 한 인간의 생애에서 — 적어도 우리의 논의를 위해서 — 두 가지 중요한 사실을 관찰할 수 있다. 첫째, 이명박의 샐러리맨 신화는 박정희 정권하에서 본격적으로 추진된 근대화 과정에서 탄생했다는 사실이다. 둘째, 이명박의 집안은 매우 가난했다는 사실이다.

먼저 이명박의 샐러리맨 신화와 근대화 과정의 관계를 살펴보기로 한다. 이명박이 현대건설에 입사하여 샐러리맨 신화를 쓰기 시작한 1965년은 박정희 정권 아래에서 1962년의 제1차 경제개발 5개년 계획과 더불어 근대화가 본격화된 지 얼마 안 되는 시점이었다. 이 근대화는 국가-재벌 동맹자본주의에 기반하는 환원적 근대화로서 박정희가 그 '총사령관'이 되었고 정주영을 비롯한 재벌들이 그 '야전사령관'이 되었다.[55] 이명박은 박정희 정권이 종말을 고하기 2년 전인 1977년에 36세의 나이로 현대

건설 사장이 되었다. 그가 47세의 나이로 현대건설 회장이 되는 1988년
에는 비록 박정희 체제가 더 이상 존재하지 않았지만, 국가-재벌 동맹자
본주의에 기반하는 환원적 근대화의 발전논리는 여전히 주효했다. 아니
심지어 진보정부라고 하는 김대중 정부와 노무현 정부에서도 마찬가지였
다. 이렇게 보면 이명박의 샐러리맨 신화는 국가-재벌 동맹자본주의에 기
반하는 환원적 근대화의 틀에서 일구어진 것이라고 할 수 있다.

흔히 경제개발 5개년 계획으로 실현된 박정희의 환원적 근대화를 한
강의 기적이라고 일컫는다. 그렇다면 정주영이 맨손으로 일군 현대가
1978년에 세계 100대 기업 안에 들게 된 것을 현대의 기적이라고 일컫을
수 있을 것이다.[56] 그렇다면 이명박이 무일푼에서 30대에 현대건설의 사
장이 되고 40대에 회장이 된 것은 'MB의 기적'이라고 일컫을 수 있을 것
이다. 그를 가리켜 샐러리맨의 신화라고 하지 않는가? 이를 각각 거시적
기적, 중시적 기적, 미시적 기적이라고 할 수 있을 것이다.

물론 이 세 차원의 기적은 국가-재벌 동맹자본주의에 기반하는 환원
적 근대화의 틀에서 가능했다. 그런데 이를 가능케 했던 또 한 가지 중요
한 요소가 있었으니, 그것은 이 근대화를 추동한 정신, 즉 한국 자본주의
의 정신이었다. 그것은 구체적으로 돈과 물질적 부에 대한 무한한 욕망,
즉 에리식톤 콤플렉스였다. 이 정신을 주조한 것은 국가-재벌 동맹자본주
의에 기반하는 환원적 근대화를 주도한 세력이었다. 그것은 다름 아닌 국
가, 보다 정확히 말하자면 박정희 정권이었다. 박정희는 가난을 극복하고
잘살아 보자는 구호 아래 돈과 물질에 대한 개인의 무한한 욕망을 자극
하여 에리식톤 콤플렉스가 형성되도록 했으며, 이렇게 형성된 자본주의
정신은 급속한 산업화와 경제성장을 가능케 했다. 그리고 재벌들, 특히 정

---

55 국가-재벌 동맹자본주의에 기반하는 환원적 근대화의 총사령관과 야전사령관에
     대해서는 제2부 제4장 제2절을 참조.
56 이에 대해서는 제2부 제4장 제3절을 참조.

주영은 기업적 차원에서 에리식톤 콤플렉스를 구현했다. 이명박은 박정희 주도의 환원적 근대화가 본격화한 시점부터 국가-재벌 동맹자본주의의 가장 핵심적인 야전사령관인 정주영 밑에서 현대그룹의 가장 핵심적인 기업 현대건설에서 에리식톤 콤플렉스를 체화하고 내면화함으로써 샐러리맨 신화를 창조할 수 있었다. 이명박은 "1970~80년대 개발한국의 전설"이 되었다.[57]

사실 이명박이 정치적으로 성공했던 것, 즉 국회의원이 되고 서울시장이 되고 마침내 대통령이 될 수 있었던 것도, 그가 경제적 영역에서 일군 신화 덕분이었다. 먼저 기업인 이명박이 정계에 입문할 수 있었던 것은, 정주영 현대그룹 명예회장이 통일국민당을 창당하여 대선에 출마하려고 하자 민주자유당이 샐러리맨의 신화이자 현대건설 회장으로 있던 이명박을 영입해 맞불을 놓으려 했기 때문이다. 이를 발판으로 이명박은 국회의원과 서울시장이 될 수 있었고, 심지어 대통령까지 될 수 있었던 것이다. 그리고 이렇게 정계에 입문한 이명박이 정치적으로 성공할 수 있었던 것은 그의 정치적 경륜이나 능력 또는 비전이라기보다 그가 그 이전에 경제적 영역에서 보여 준 능력과 성공, 그리고 이미지 때문이었다는 사실이다. 이명박이 제17대 대통령 선거에서 2위 후보와 압도적인 표차로 당선될 수 있었던 이유는, 그가 샐러리맨 신화의 주인공으로서 우리를 더 잘살게 해 줄 수 있다고 유권자들이 생각했기 때문이다.

이미 앞에서 언급한 바와 같이, 이명박 신화는 두 편의 드라마 「야망의 세월」과 「영웅시대」의 소재가 되었으며, 이 드라마들은 다시금 이명박의 정치적 성공에 일조했다. 먼저 1990~91년에 제작된 드라마 「야망의 세월」은 "박정희 정권과 개발독재를 미화한다는 비판도 있었지만 많은 시청자들은 무일푼에서 일어나 고난과 역경을 이겨내고 한국의 발전을 일궈

---

57 한민, 『슈퍼맨은 왜 미국으로 갔을까: 방구석 문화 여행자를 위한 58가지 문화 패키지여행』, 부키 2018, 300쪽.

낸 한 영웅의 이야기에 공감했다. 드라마는 대박을 쳤고 작중인물의 모델인 이명박의 인기도 같이 올랐다. 이명박이 정치를 시작하고 서울시장과 대통령까지 될 수 있었던 배경에는 드라마 「야망의 세월」의 영향이 적지 않았을 것이다."[58] 그리고 이명박이 서울시장으로 재직하던 2004년에 제작된 드라마 「영웅시대」는 「야망의 세월」의 확장판이라고 할 수 있다. "전작 「야망의 세월」보다 시청률은 낮았지만 「영웅시대」는 서울시장이던 이명박에게 '영웅'이라는 이미지를 부여하며 그의 업적을 재조명하는 효과를 낳았다. 드라마가 방영되고 3년 뒤, 청계천 효과와 함께 이명박은 대한민국 17대 대통령이 된다." 물론 드라마 두 편이 한 사람을 대통령으로 만들었다고 할 수는 없다. 그러나 "드라마에서 그려낸 '영웅의 신화'는 당대 한국인들의 욕망을 훌륭하게 자극했다. 빈주먹으로 시작해서 개발시대에 젊음을 보내고 어느 정도 부를 일군 한국인들은 더 큰 성공을 원했고, 그것을 실제로 이룬 한 사람의 정치인에게 자신들의 욕망을 투사했던 것이다."[59]

이명박은 '이명박정희'라는 표현이 있을 정도로 박정희의 연속선상에 있었다.[60] 아니 이명박을 '제2의 박정희'라고 해도 지나친 말은 아닐 것이다. 이 둘은 경제주의, 개발주의, 성장주의, 친(親)재벌주의 등과 같은 환원근대적 이념을 공유했다. 이명박의 '7·4·7'은 박정희 정권에서 설정된 근대(화)의 가치가 그 정점에 달하고 근대(화)의 방정식이 가장 세련되고 정치된 형태로 표현된 것이다. 이 근대(화)의 가치는 —제2부 제3장에서 자세히 논하게 되는 바와 같이— 돈과 물질적 부, 그것도 가급적 많은 돈과 물질적 부이며, 근대(화)의 방정식은 이것을 양적인 지표로 표현하는

---

58 같은 책, 300쪽(존칭어를 평서어로 바꾸었음).
59 같은 책, 301쪽(존칭어를 평서어로 바꾸었음).
60 물론 이명박만이 박정희의 연속선상에 있었던 것은 아니다. 이미 앞 장에서 살펴본 바와 같이, 박정희 정권에서 정착된 환원근대의 원리는 그 이후의 정권에서 극복되지 못하고 오히려 더욱더 공고해지고 확대되었다.

것이다.

　박정희가 경제개발주식회사의 CEO였던 것처럼,[61] 이명박은 주식회사 대한민국의 CEO였다. 이명박은 정치를 통치가 아니라 경영으로 이해했다. 그러니까 국가를 기업으로 이해했던 것이다. 1995년에 출간된 자서전 『신화는 없다』[62]에서 이명박은 1992년 초 현대건설 회장직을 사직하고 정계에 입문하던 시점을 회상하면서 다음과 같이 말하고 있다.

　　70년대 후반경부터 외국에 나갈 때마다 발견하게 되는 변화가 있었다. 즉 세계의 정치가 통치의 개념이 아니라 경영의 개념으로 바뀌고 있다는 점이었다. 국가관리가 아니라 국가경영이었다. …… 싱가포르나 말레이시아가 특히 그러했다. 정치 지도자들은 모두 경영자였다. 지방자치의 선진국인 미국과 일본도 마찬가지였다. 지방분권은 곧 지방경영이라는 인식을 세계는 20년 전부터 실천에 옮긴 것이다. …… 통치와 경영의 차이는 실로 크다. 통치라는 정치 개념 아래에서 권력을 가진 자는 자신이 나라의 주인이라는 생각을 갖는다. 공복(公僕)이라는 말은 이론일 뿐이다. 통치 정치 아래에서 공직자들은 국민 위에 군림한다. …… 그러나 경영 개념을 도입한 정치는 그렇지 않다. 자치 지역 혹은 국가를 위해 더 많이 벌고 벌어들인 것을 국민이라는 고객에게 환원한다는 인식을 한다.[63]

61　이에 대해서는 제2부 제3장 제2절을 참조.
62　이명박이 이 제목을 선택한 것은, 자신을 신화라고 말하는 것에서 착안한 것이다. 아마도 이명박은 신화는 없다고 말함으로써 자신의 신화를 보다 극적으로 보이고자 했던 것 같다. "그러나 신화는 그것을 신화라고 명명하는 사람들, 신화를 밖에서 보는 사람들에게만 신화일 뿐이다. 그 안에 있는 사람에게 그것은 겹겹의 위기와 안팎의 도전으로 둘러싸인 냉혹한 현실이다. 나는 나를 가로막던 위기와 도전 앞에서 우회하지 않고 정면에서 돌파했다. 이 돌파력을 사람들은 신화라고 부르는 것 같다." 이명박, 『신화는 없다』, 김영사 1995, 15쪽.
63　같은 책, 32쪽. 물론 이명박과 박정희 사이에는 간과할 수 없는 결정적인 차이점이 존재한다. 박정희는 경제개발주식회사의 CEO였지만, 이명박과 달리 '강력한' 통치력을 갖고 있었다. 이명박은 통치가 아닌 경영을 하려고 했지만, 박정희는 통치

내가 보기에는 이명박이 그토록 염원하던 한반도 대운하 사업과 이 사업이 극심한 반대에 부딪쳐 좌절되자 그 대신 추진한 4대강 (살리기) 사업도 박정희와의 연속선상에서, 보다 정확히 말하자면 경부고속도로 건설 사업과의 연속선상에서 이해할 수 있다. 이명박은 경부고속도로가 전국을 일일생활권으로 묶는 국토의 대동맥으로서 급속한 산업화와 경제성장의 밑거름이 되어 '한강의 기적'을 가능케 했다고 평가한다.[64] 박정희의 경부고속도로는 근대화된 조국의 토대가 되었다는 것이 이명박의 평가인 것이다. 이명박은 대통령으로서 이에 상응하는 평가를 받고 싶었다. 그는 한반도 대운하를 건설하여 선진화된 조국의 토대를 놓았다는 평가를 받고 싶었다. "나는 선진화된 조국의 미래를 꿈꿨다. 운하를 통해 우리 상품이 세계로 뻗어나가는 모습을 상상하면서, 운하 주변의 관광과 레저를 통해 우

를 통한 경영을 하려고 했다. 이명박과 박정희는 경영이라는 점에서 공통점을 보여 준다. "건설회사 CEO 출신 대통령이라는 그[이명박]의 기업경영 방식 자체가 개 발연대의 박정희 리더십과 별 차이가 없었다. 박정희가 포항제철이나 경부고속도로 를 직접 지휘했듯이, 이명박도 그런 방식에 익숙한 기업인이었다. 서울시장 시절의 청계천 사업이 그랬고, 대통령이 되어서 대운하 추진에 그토록 매달렸던 것도 맥을 같이한다. 그는 일종의 프로젝트 매니저나 개발사업자 같은 역할에 능했고, 또 한 그것에 집착했다." 이장규,『대한민국 대통령들의 한국경제 이야기 2: 노태우 대 통령부터 이명박 대통령까지 민주화 25년』, 살림 2014b, 178쪽. 그러나 박정희와 이명박은 국가 통치라는 점에서 차이점을 보여 주는바, 그 대표적인 경우가 한반도 대운하 사업과 4대강 (살리기) 사업이다. "공을 들였던 대운하 사업이 좌절되자, 이 명박은 이를 4대강 사업으로 대신했다. 아마 박정희 시대 같으면 반대나 저항에 구 애받지 않고 대운하 사업을 뚝딱 해치웠을 것이다. 더욱이 4대강 사업쯤은 걱정할 필요도 없이 단숨에 추진되었을 것이다. 이명박도 박정희 식으로 밀어붙였다. 토목 공사는 타의 추종을 불허하는 자신의 전공 분야가 아닌가? …… 그러나 세상이 변해서 전문성이 떨어지는 시민단체나 아무 상관없는 노동계까지 가두시위에 나 섰다. 4대강 사업을 정부 계획대로 추진하면 나라가 망하는 것처럼 결사적으로 반 대하는 상황이 한참 동안 벌어졌다. 국회의원들도 이를 정치 쟁점화하면서 반대에 앞장섰다. 박정희는 국회를 도외시할 통치능력이 있었고, 당시는 그것이 통했던 때 였다. 하지만 세상은 달라졌다. 이명박은 박정희 리더십을 벤치마킹했으나 능력의 한계와 여건의 변화를 감안하지 못했던 것이다." 같은 책, 178~79쪽.

64 이명박,『대통령의 시간 2008~2013』, 알에이치코리아(RHK) 2015, 54, 58쪽.

리 국민의 삶의 질이 높아지는 모습을 그렸다. 물길을 따라 지역 갈등의 벽도 허물어져 통합된 국민의 모습을 내다보았다."[65] 요컨대 이명박은 박정희가 제1의 경제기적을 일궜다면 자신은 제2의 경제기적을 일궜다는 평가를 받고 싶었던 것이다.

이 대목에서 한 가지 매우 흥미로운 점은, 이명박이 박정희도 운하 건설을 추진했음을 언급하면서 자신의 한반도 대운하 사업의 타당성과 정당성을 부여하려 했다는 사실이다. 이명박은 2015년에 출간된 자서전『대통령의 시간 2008~2013』에서 말하기를, "1970년 8월 9일과 12일자『조선일보』보도에 의하면 당시 건설부는 박 대통령의 지시로 인천-서울-영월을 잇는 내륙 주운 건설을 검토하는 '한강유역 조사사업보고서'를 작성하고 대대적인 4대강 정비 계획을 발표했다. …… 1971년에는 미국 내무부와 공동으로 한강운하를 연구했으며, 1978년에는 버지니아 주에 주둔하는 미국 공병단에 의뢰해 한강운하에 대한 현지조사와 예비조사 등이 담긴 '남한강 주운 계획보고서'를 작성했다. …… 이 보고서에는 운하 건설에 1조 원가량의 비용이 들 것으로 예측했다. 이는 당시 국가예산인 4조 원의 25퍼센트에 육박하는 수준이었다. 막대한 자금이 소요되는 대규모 공사인데도 불구하고 박 대통령은 미래를 내다보고 운하를 건설해야 한다고 말했다. 이후 운하 건설이 본격적으로 검토되었으나 박 대통령의 서거로 잠정 중단되고 말았다."[66]

그런데 이명박은 건설을 매개로 박정희뿐만 아니라 정주영과도 밀접하게 연결된다. 이는 단순히 정주영과 이명박이 함께 현대건설에 몸담으면서 근대화와 경제성장의 일익을 담당했다는 사실만을 의미하지 않는다. 정주영과 이명박은 건설에 대한 표상을 공유하고 있었다. 정주영에게 건설은 인간의 사회 창조력의 표현이며, 따라서 건설인은 이 사회적 창조력

---

65 같은 책, 557~58쪽.
66 같은 책, 551~52쪽.

을 표현하는 인간으로 발전할 수 있다.[67] 이명박도 건설을 창조라고 생각한다. 이는 그가 1965년 6월 현대건설 면접을 치를 때의 다음과 같은 일화를 보면 잘 드러난다. 이명박에 따르면, 당시 면접관 중 한 명이던 정주영 사장은,

'현대건설'이라고 새겨진 작업복을 입고 가운데에 앉아 있었다. 기업체 사장이라기보다는 야전군 사령관처럼 거침없고 자신감이 넘치는 모습이었다. …… 내가 이름을 대자 정 사장은 내 이력서를 보다가 내 얼굴을 쳐다보았다. …… "건설이 무엇이라고 생각하나?" …… 예상치 못한 질문이었다. 그러나 나도 모르게 대답이 튀어나갔다. "창조라고 생각합니다." …… "왜 그런가?" …… "무에서 유를 창조하기 때문입니다." …… "그 사람 말은 잘 하는구먼." …… 정 사장은 잠깐 미소를 띠었다. 그러나 잠시 뒤, 옆에 있는 임원들을 향해 던진 말은 영 딴판이었다. …… "요즈음은 말만 번지르르한 건달들이 많아." …… 신상에 관한 몇 마디 질문이 더 있었다. 면접관들은 나의 학생운동 전력에 대해 알고 있는 눈치였다. 그러나 그 문제에 관해서는 내색조차 하지 않았다. …… 면접을 치르고 결과를 기다리자니, 1차 결과를 기다릴 때보다 조바심이 더했다. 내 몸과 마음은 일할 준비가 되어 있는데 세상은 그것을 거부하고 있다. 그러니 밖으로[해외로] 나가야 했다. 지금이 바로 그 기회였다. …… 그리고 정주영 그 사람, 거침없이 자신만만하고 '건설이 곧 창조'라는 내 대답에 미소를 띠던 그 모습이 이상한 매력을 주었으며, 그와 함께라면 뭔가를 할 수 있을 것 같다는 예감이 나를 들뜨게 만들었다.[68]

이처럼 이명박이 '건설이 곧 창조'라는 자신의 답변에 미소를 띠던 정주

---

67 이에 대해서는 제2부 제4장 제3절을 참조.
68 이명박, 앞의 책(1995), 90~91쪽.

영에게 강하게 끌렸다면, 정주영은 그렇게 말한 이명박에게 강하게 끌렸던 것 같다. 이명박에 따르면 후일 전국경제인연합회(전경련) 회장이 된 정주영은 강연할 때마다 이 말을 언급하곤 했다고 한다.[69]

이명박은 일, 일, 일, 즉 노동에의 헌신이라는 점에서 정주영과 공통점을 보인다. 정주영은 불퇴전의 정신력을 갖고 불면불휴(不眠不休)의 노력을 했으며, 현대의 직원들에게도 이를 요구했다.[70] 이명박도 다르지 않았다. 이명박은 하루에 네 시간(새벽 1시~새벽 5시)밖에 안 자고 16시간 이상 일했으며, '월화수목금금금'을 외치면서 주말에도 일했다고 한다. 그는 직원들에게도 자신의 노동윤리를 요구했다. 다음과 같은 일화는 이를 단적으로 보여 준다. 이명박은 1968년 3월 태국 고속도로공사를 마치고 귀국해 현대건설 중기사업소의 관리과장으로 발령을 받았다. 당시 경부고속도로 건설공사에 필요한 장비를 지원하는 중기사업소는 전쟁 때 무기를 만드는 병기창 이상으로 숨 가쁘게 돌아가야 했기 때문에, 이명박은 출근시간을 7시에서 6시로 앞당겼다고 한다. 남직원들은 투덜거리면서 잘 따라 주었지만, 여직원들은 다음과 같이 만만치 않게 저항했다고 한다.

> "우리 여사원들은 6시 출근이 너무 힘듭니다. 남자들은 세수만 하고 나오면 되지만, 우리들은 화장을 하는 데만 최소한 30분이 걸립니다. 남자들보다 30분 늦게 출근하게 해주십시오." …… 나[이명박]는 흔들릴 수가 없었다. …… "남자들 퇴근이 보통 저녁 9, 10시인데 여러분은 보통 저녁 7, 8시에 퇴근하니까 저녁에 시간이 많이 남을 것입니다. 그러니 여유가 있는 저녁 시간에 기초화장을 다 해놓고 자면 되잖아요? 아침에 일어나 이만 닦고 나오면 예쁜 얼굴도 유지하면서 남자들과 함께 일과를 시작할 수 있습니다." …… 여직원들은 기가 막혔는지 더 이상 말을 잇지 못하고 돌아가

---

69 이명박, 앞의 책(2015), 45쪽.
70 이에 대해서는 제2부 제4장 제3절을 참조.

버렸다. 지금이라면 말도 안 되는 이야기일 터이지만, 우리 세대들은 이런 노력으로 가난을 이겨왔다.[71]

이러한 이명박의 노동윤리는 박정희가 설파한 환원근대적 노동윤리, 즉 중단 없는 전진과 휴식 없는 노력을 해야 한다는 노동윤리와 전적으로 부합하는 것이다. 박정희의 환원근대적 노동윤리는 정주영의 불면불휴의 노력과 이명박의 하루 16시간 이상의 노동 및 '월화수목금금금'으로 기업적 차원과 개인적 차원에서 가장 이상적으로 구현되었던 것이다.

이어서 이명박의 집안이 매우 가난했다는 사실이 근대화 과정과 갖는 관계로 우리의 사회학적 시선을 돌려보기로 한다. 이미 앞에서 이명박의 생애를 간략하게 소개하면서 언급한 바와 같이, 이명박은 아주 가난한 집안의 자식으로 어린 시절과 대학 시절을 보냈다. 이명박이 국민학교(초등학교)에 다닐 때에는 온 가족이 생업 전선에 뛰어들었지만, 끼니 잇는 것조차 어려웠다. 당시 그의 가족은 술지게미를, 그것도 제일 나쁜 것을 주로 먹었다. 술지게미란 곡식으로 술을 빚어 술을 짜내고 남은 찌꺼기로, 음식 가운데 가장 값이 쌌다.[72] 이명박의 집안이 얼마나 가난했는지는 그의 자서전 『신화는 없다』(1995)에 나오는 다음의 두 구절만 봐도 짐작하고도 남음이 있을 것이다. 이명박은 말하기를,

> 물론 학교에 도시락을 싸 가는 것은 꿈도 꿀 수 없었다. 점심시간에 다른 아이들이 도시락을 먹는 동안 배고픔을 참지 못하여 뱃속에 펌프 물을 퍼 넣어 보지 않은 사람은 그 고통을 알지 못할 것이다. 그리고 그 물이라는 것이 아무리 많이 마셔도 공복감을 해소하지는 못한다는 것도 굶어 보지 않은 사람은 모를 것이다.[73]

---

71 이명박, 앞의 책(1995), 113~14쪽.
72 같은 책(1995), 42쪽.

이어서 말하기를,

> 국민학교 고학년 때 나는 이미 안 해 본 일이 없었다. 성냥개비에 황을 붙여 팔기도 했고, 군부대 철조망 밖에서 김밥을 팔기도 했으며, 밀가루 떡을 만들어 팔 때는 헌병에게 잡혀 매도 맞았다. 굶기를 밥 먹듯이 하고, 굶은 주제에 하루 왕복 네 시간을 걸어 학교에 다니다 보니, 아무리 어린 나이라지만 중학 시절에 내 몸은 이미 결딴나고 있었다.[74]

이명박과 마찬가지로 정주영도 가난했다. 정주영의 집안은 필설로 형언할 수 없을 정도로 가난했다. 이명박의 자서전과 정주영의 자서전은 가난이라는 점에서 교차한다. 다만 가난의 공간이 도시와 두메산골이라는 차이만 있을 뿐이다. 그리고 박정희도 이명박, 정주영과 마찬가지로 가난했다. 박정희는 가난을 자신의 은인이자 스승이라고 했다.[75]

이명박이 정주영처럼 그리고 박정희처럼 가난했다는 사실은 우리의 논의를 위해서 함의하는 바가 매우 크다. 왜냐하면 방금 앞에서 언급한바 박정희가 설파한 환원근대적 노동윤리, 즉 중단 없는 전진과 휴식 없는 노력을 해야 한다는 노동윤리는, 궁극적으로 더욱더 많은 경제성장을 이룩하여 가난을 극복하고 한 번 잘살아 보자는 가치이념으로 귀결되기 때문이다. 박정희가 국가라는 거시적 차원에서 제시한 이 노동윤리와 가치이념을 기업이라는 중시적 차원에서 가장 이상적으로 구현한 것이 정주영이라면, 개인적 차원이라는 미시적 차원에서 가장 이상적으로 구현한 것은 이명박이었다. 이명박은 박정희와 정주영이 융합된 인격체로서 그 누구보다도 에리식톤 콤플렉스를 철저히 체화하고 내면화함으로써 박정

---

73 같은 곳.
74 같은 책, 43쪽.
75 정주영과 박정희의 빈곤에 대해서는 제2부 제4장 제3절을 참조.

희 및 정주영과 더불어 고도의 경제성장을 이끈 주역이 될 수 있었다.

그런데 이런 식의 분석과 설명은 한 가지 결정적인 난관에 부딪치게 되는데, 그것은 다름 아닌 종교 때문이다. 이명박은 독실한 기독교, 보다 정확히 말하자면 개신교 신자이다. 기독교는 돈과 물질적 부 그리고 이에 대한 탐욕을 맘몬(Mammon)이라고 칭하며 신과 더불어 섬길 수 없는 대상이라고 설파한다. 예컨대 신약성서의 「마태복음」 제6장 제24절에서는 다음과 같이 가르치고 있다.

누구든 두 주인을 섬기지 못할 것이니, 혹 이 주인을 미워하고 저 주인을 사랑하거나 혹 이 주인을 중하게 여기고 저 주인을 경하게 여김이라. 너희는 하나님과 맘몬을 겸하여 섬기지 못하느니라.

또한 신약성서 「누가복음」 제16장 제13절에서는 가르치고 있다.

집 하인이 두 주인을 섬길 수 없나니, 혹 이 주인을 미워하고 저 주인을 사랑하거나 혹 이 주인을 중하게 여기고 저 주인을 경하게 여김이라. 너희는 하나님과 맘몬을 겸하여 섬기지 못하느니라.

이명박은 이처럼 맘몬을 신과 함께 섬길 수 없다고 가르치는 기독교의 독실한, 그 누구보다도 독실한 신자이다. 그는 모태신앙으로 어려서부터 기독교의 세례를 듬뿍 받으면서 성장했다. 그가 새벽 5시면 일어나는 것도 어린 시절부터 붙은 습관인데, 이는 어머니의 새벽기도 덕분이라고 한다.[76] 이러한 어머니는 가난과 더불어 이명박의 스승이었다.[77] 이명박은 서울시 강남구 신사동에 위치한 대형교회인 소망교회(신자 수 약 7만 명)의

---

76 이명박, 앞의 책(1995), 103쪽.
77 같은 책, 35쪽 이하.

장로로 시무하면서 집권 초 소망교회 출신 인사들을 대거 공직에 등용해 '고소영(고려대·소망교회·영남) 정부'라는 신조어를 낳기도 했다.[78] 이때 한국 사회에 연고주의의 또 다른 형태인 '교연' 또는 '교맥'이 존재한다는 사실이 명백하게 드러났다. 물론 교연 또는 교맥은 이명박에 의해 처음 형성된 것이 아니라 이미 오래전부터 작동하다가 그로 인해 수면 위로 떠오른 것뿐이다. 한국의 교회는 거대한 인맥공장이다.[79] 또한 이명박은 현대건설 회장 때부터 전국 방방곡곡의 교회에서 신앙을 간증했다(이에 대해서는 곧 다시 논의가 있을 것이다). 그리고 이명박은 국가조찬기도회에서 무릎을 꿇고 기도했다. 지난 2011년 3월 3일 강남 코엑스에서 제43차 국가조찬기도회가 열렸는데, 이때 이명박과 부인 김윤옥은 "무릎을 꿇고 하나님 앞에 죄인의 심정으로 통성 기도하자"는 한국기독교총연합회 회장 길자연 목사의 인도에 따라 무릎을 꿇고 기도했다. 대통령이 국가조찬기도회에서 무릎을 꿇고 기도한 것은 그것이 처음이다.[80]

그런데 내가 보기에 이명박의 신앙심을 잘 드러내 주는 것은 뭐니 뭐니 해도 그가 서울시장으로 재직하던 시절에 대한민국의 수도 서울을 하나님에게 봉헌한 사실일 것이다. 이명박은 지난 2004년 5월 30일 밤 9시부터 31일 새벽 4시까지 '서울의 부흥을 꿈꾸는 청년연합'이 서울 장충체육관에서 주최한 '청년·학생 연합기도회'에 참석하여 이 행사의 하이라이트인 '서울을 하나님께 드리는 봉헌서'를 낭독했다. 서울특별시장 이명박 장로 외 '서울의 부흥을 꿈꾸며 기도하는 서울 기독청년 일동'의 명의로 작

---

78 소망교회는 이명박이 현대건설 사장으로 있을 때 외상으로 지어줬다고 한다. 이것이 비자금 조성 통로라는 의혹이 일기도 했는데, 교회의 재정장부를 확인할 길이 없어서 그 진위는 판단할 길이 없다. 김진호, 『권력과 교회: 강남순·박노자·한홍구·김응교 대담』, 창비 2018, 39쪽.

79 같은 책, 102쪽 이하.

80 김상구, 『믿음이 왜 돈이 되는가?: 종교, 믿음을 팔고 권력을 사다』, 해피스토리 2011, 285쪽.

성된 봉헌서의 전문은 다음과 같다.

> 흐르는 역사 속에서 서울을 지켜주신
> 하나님의 사랑과 섭리하심에
> 감사와 영광을 돌리며,
> 대한민국의 수도 서울은
> 하나님이 다스리시는 거룩한 도시이며,
> 서울의 시민들은 하나님의 백성이며,
> 서울의 교회와 기독인들은
> 수도 서울을 지키는 영적 파수꾼임을 선포하며,
>
> 서울의 회복과 부흥을 꿈꾸고 기도하는
> 서울 기독 청년들의 마음과 정성을 담아
> 수도 서울을 하나님께 봉헌합니다.[81]

이처럼 이명박이 ─ 서울을 하나님에게 봉헌할 정도로 ─ 신앙심이 매우 깊은, 그것도 어려서부터 신앙심이 매우 깊은 기독교인이라면, 그리고 그 기독교가 신과 맘몬을 더불어 섬길 수 없다고 설파한다면, 이명박이 돈과 물질적 부에 대한 무한한 욕망을 갖지 않았어야 하는 것이 논리적으로 보인다. 아니면 적어도 비리와 범죄로 부를 축적하지 않았어야 하는 것이 논리적으로 보인다. 그러므로 우리가 제시한 명제, 즉 이명박은 에리식톤 콤플렉스가 극명한 형태로 표출된 경우라는 명제는 이명박이 기독교 신자라는 사실에 의해 반증되는 것으로 보인다. 그러나 실상은 입증된다. 아니 강화된다.

---

81 『오마이뉴스』(2004년 7월 1일).

이 역설을 어떻게 설명할 수 있는가? 결론부터 말하자면, 이명박의 사고와 행위를 지배한 기독교는 에리식톤 콤플렉스와 길항작용의 관계가 아니라 상승작용의 관계에 있다. 그것은 에리식톤 콤플렉스를 성화(聖化)한다. 이명박의 사고와 행위를 지배하는 기독교는 한국의 근대화 과정에서 철저하게 한국화된 기독교이다. 한국화된 기독교는 방금 인용한바 신약성서에 증언된 종교가 아니라 국가화되고 기업화된 세속적 교회로서 국가-재벌 동맹자본주의의 이데올로그이자 전도사로 기능해 온 종교이다. 한국의 개신교는 국가 교회이자 기업 교회로서 환원적 근대화의 지상목표인 경제성장을 신과 신앙의 이름으로 축복하고 신성시해 왔다. 그것은 에리식톤 콤플렉스의 성화(聖化)이다. 그리고 한국의 개신교는 스스로 이 환원근대적 이념을 체화하고 내면화함으로써 급속한, 아니 가히 기적이라 할 만한 교회성장을 이룩해 왔다.[82]

이명박의 사고와 행위를 지배한 기독교가 철저하게 세속적 가치로 채색된 종교라는 사실은, 무엇보다도 그가 한 신앙 간증을 보면 명백하게 드러난다. 정두언 전 국회의원에 따르면,

이명박은 현대건설 회장 때부터 교회에 신앙 간증을 다녔다. 그의 신앙 간증은 사실상 그의 책 『신화는 없다』를 푸는 것이었다. 이명박은 보통 모태신앙에 대한 이야기로 간증을 시작한다. 찢어지게 가난했던 어린 시절, 중학생 풀빵 장사, 이태원 환경미화원, 대학 입학과 한일회담 반대시위로 투옥, 현대 입사, 고속성장의 주역 등등으로 전개되는 이야기는 정말 감동적이고 흥미진진하다. 청중들은 울었다 웃었다 하며 시간 가는 줄 모른다. 나 역시 수십 차례 동행하며 반복해서 들은 이야기임에도 불구하고, 들을 때마다 가슴이 뭉클해져 눈시울을 붉힐 정도였다. 이런 내용이 조금씩 알려지자 전국 각지의 교회에서 이명박을 초청했다. 처음에는 큰 교회에서

---

82 이에 대해서는 제5장을 참조.

하다가 나중에는 여러 교회가 합동으로 체육관을 빌려서까지 초청했다. …… 잘 알려지지 않아서 그렇지, 이명박의 신앙 간증은 안철수가 했던 청춘콘서트 이상으로 호응이 컸다. 이명박은 간증을 통해 안철수의 청춘콘서트보다 훨씬 더 오랜 기간, 더 많은 사람을 만났다. 간증을 하기 위해 제주도까지 전국 방방곡곡을 다녔으니 대선에 출마하기 오래전부터 이미 전국에 대선 인프라를 깔아놓은 셈이다. 특히 이명박은 전라도 쪽에 신앙 간증을 많이 갔다. 호남은 기독교세가 강하지만 정치적으로 보면 한나라당 취약 지구가 아닌가? 이명박은 간증을 내세워 오래전부터 호남 공략을 시도했다고 볼 수 있다.[83]

이 인용구절의 후반부를 보면 알 수 있듯이, 정두언 의원은 이명박의 신앙 간증을 대선과의 연관 속에서 진술하고 있다. 그러나 우리의 논의를 위해서 중요한 것은, 신앙 간증의 소재와 그에 대한 개신교 신자들의 반응이다. 결론부터 말하자면, 성(聖)의 영역에서 전개되는 '드라마'인 신앙 간증의 소재가 속(俗)의 영역에서 전개되는 두 드라마 「야망의 세월」과 「영웅시대」의 소재와 전혀 다르지 않으며, 또한 전자에 대한 개신교 신자들의 반응은 후자에 대한 일반 시청자들의 반응과 전혀 다르지 않다. 정두언 전 국회의원의 말마따나, 이명박의 신앙 간증은 사실상 그의 자서전 『신화는 없다』를 이야기로 푸는 것이다. 이 자서전은 어머니의 기도만 빼면 찢어지게 가난한 이명박이 갖은 고난과 역경을 극복하면서 대학까지 졸업하고 현대건설에 입사해 샐러리맨 신화를 일구는 세속적·자본주의적 '스토리텔링'으로 채워져 있다. 청중인 개신교 신자들에게 이 스토리텔링은 가슴이 뭉클할 정도로 감동적이고 흥미진진하게 와닿았다. 그들은 울

---

83 정두언, 『잃어버린 대한민국의 시간: MB부터 박근혜까지, 난세에 희망의 정치를 말하다』, 21세기북스 2017, 56~57쪽('MB'라는 표현을 '이명박'으로 바꾸었음을 일러둔다).

었다 웃었다 하며 시간 가는 줄 몰랐다. 이명박의 세속적·자본주의적 성공은 개신교 신자들에게 신의 축복으로 와닿았던 것이다. 그들도 이명박과 마찬가지로 세속적·자본주의적 성공에 대한 욕망을 갖고 있었다. 이렇게 보면 이명박의 신앙 간증에 대한 개신교 신자들의 반응은 두 드라마 「야망의 세월」과 「영웅시대」에 대한 일반 시청자들의 반응과 조금도 다르지 않음을 알 수 있다. 이미 앞에서 언급한 바와 같이, 「야망의 세월」과 「영웅시대」의 시청자들은 빈손으로 일어나 온갖 고난과 역경을 이겨 내고 고도성장의 주역이 된 한 영웅의 이야기에 공감했다.

방금 앞에서 인용한 구절에 이어 정두언 전 국회의원은 이명박의 자서전 『신화는 없다』를 다음과 같이 평가하고 있다.

'신화는 없다'가 의미하는 것은 스토리텔링이다. 이명박은 스토리텔링이 있는 사람이다. 그 결정체요, 완성품이 바로 『신화는 없다』였다. 스토리텔링은 정치인에게 긴요하고도 강력한 무기다. 스토리텔링이 없는 사람은 잘 나가다가도 막판에 힘을 못 쓴다. 인물은 괜찮은데 무언가 알맹이가 빠진 것 같은 느낌이다. 그 알맹이가 바로 스토리텔링이다.[84]

요컨대 이명박은 전국 방방곡곡의 교회를 다니면서 신앙을 간증할 정도의, 그리고 개신교 신자들의 뜨거운 호응을 불러일으킬 정도의 종교적·신학적 스토리텔링이 있는 사람이고, 그의 자서전 『신화는 없다』가 바로 이 스토리텔링의 결정체요 완성품이라는 것이다. 그런데 이 종교적·신학적 스토리텔링은 결국 자본주의적 가치와 욕망으로 채워진 세속적 스토리텔링이다. 그것은 종교적·신학적 논리로 포장된 세속적·자본주의적 스토리텔링이다. 그리하여 속이 성이 되고 성이 속이 된다. 그것은 속의 성

---

84 같은 책, 57쪽('MB'라는 표현을 '이명박'으로 바꾸었음을 일러둔다).

화이며 성의 속화이다. 이 성화된 속이자 속화된 성은 다름 아닌 한국 자본주의의 정신이다. 그것은 에리식톤 콤플렉스이다. 바로 이 정신, 이 콤플렉스가 청중들로 하여금 수십 차례 반복해서 들음에도 불구하고 들을 때마다 가슴이 뭉클해져 눈시울을 붉히도록 만드는 것이다.

이 모든 것은 맘몬(돈과 물질적 부)이 신이 되고 신이 맘몬이 되는 한국 개신교와 밀접한 관계에서 이해할 수 있다. 이 한국 개신교의 세속적·자본주의적 특징이 가장 극명하게 드러나는 것이 여의도순복음교회 조용기 목사의 이른바 '삼박자 구원론'이다. 이 구원론에 따르면 예수 그리스도를 믿으면 누구나 영적으로 구원받고 물질적으로 부요해지며 육체적으로 건강해진다. 이를 '조용기주의'라고 명명할 수 있다.[85] 이명박은 박정희와 정주영, 그리고 조용기주의로 대표되는 개신교가 융합된 인격체로서 그 누구보다도 에리식톤 콤플렉스를 철저히 체화하고 내면화함으로써 박정희 및 정주영과 더불어 고도의 경제성장을 이끈 주역이 될 수 있었다. 그러나 바로 이 에리식톤 콤플렉스로 인해 그가 쓴 샐러리맨 신화는 결국 몰락하고 말았다. 이명박이 희대의 탐욕범이 되는 데에는 에리식톤 콤플렉스와 길항작용을 하지 못하고 오히려 상승작용을 한 한국의 세속적·자본주의적 개신교도 일정한 '지분'이 있다. 이 개신교의 '이념형'이 바로 '조용기주의'이다.

---

85   이에 대해서는 제2부 제5장 제3절을 참조.

제2부

한국 자본주의 정신의 계보학

이렇게 해서 우리는 한국의 자본주의 정신인 에리식톤 콤플렉스, 즉 돈이나 물질적 부를 가능한 한 많이 획득하려는 욕망, 또는 달리 표현하자면 무한한 경제적 욕망이 어디에서 기인하는 것인가를 알게 되었다. 한국인들에게 이 에리식톤 콤플렉스를 불어넣어 준 기아의 여신 리모스, 그러니까 한국의 리모스는, 어느 한 개인이나 집단이 아니라 한국의 환원적 근대화를 주도한 세력이다. 보다 구체적으로 말하자면 국가와 재벌 그리고 개신교이다. 그러니까 한국의 리모스는 복합적 집단인 셈이다. 비유적으로 표현하자면, 한국의 리모스는 한국적 근대라는 하나의 몸통에 국가, 재벌, 개신교라는 세 개의 머리를 가진 기아의 여신인 것이다. 바로 이 한국적 기아의 여신이 한국인들에게 끝없는 배고픔을 불어넣었던 것이다. 국가가 자본주의 정신을 주조했고, 재벌이 자본주의 정신을 구현했으며, 개신교가 자본주의 정신을 성화했다. 제2부에서는 국가, 재벌, 개신교를 통해 에리식톤 콤플렉스를 계보학적으로 추적하기로 한다.

제3장

국가, 자본주의 정신을 주조하다

　한국의 리모스의 세 머리 가운데에서 주도적인 위치를 점하는 것은 단연 국가이다. 국가가 자본주의 정신을 주조했기 때문이다. 이 국가의 역할은 자본주의 정신의 심리학적 토대, 자본주의의 형성, 강화, 및 항구화라는 네 단계로 나누어 살펴볼 수 있다. 첫째, 박정희 정권의 빈곤 담론에 의해 자본주의 정신의 심리학적 토대가 갖추어졌고, 그 토대 위에서 경제 개발 5개년 계획을 추진하는 과정에서 자본주의 정신이 태동했고, 이렇게 태동한 자본주의 정신은 박정희 정권의 '제2경제'에 의해 강화되었으며, 이렇게 태동하고 강화된 자본주의 정신은 그 후에 극복되기는커녕 오히려 'N만 달러 시대'에 의해 항구화되고 확대되었다.

1. 박정희 정권의 빈곤 담론: 자본주의 정신의 심리학적 토대

　5·16 군사쿠데타로 집권한 후 이른바 조국 근대화를 주창하고 나선 박정희 정권은 이를 뒷받침하고 보다 효율적으로 추진하기 위해 근대화 담론을 발전시켰다. 물론 박정희 정권이 근대화 담론을 '발명한' 것은 아니

다. 이미 1950년대 말부터 미국발 근대화론이 수입되었다. 그러나 그 파장과 의미는 매우 제한적인 것이었다. 근대화 담론이 정치적·사회적 지배 담론이 된 것은 박정희 정권에 들어와서이다. 그것도 5·16 군사쿠데타 직후부터가 아니라 집권 후 2년이 훨씬 지난 1963년 대선 국면을 전후해서이다. 그 이전에는 이른바 '혁명 담론'이 지배적인 담론이었다. "사실 쿠데타 세력의 혁명 담론은 뚜렷한 구심이 없었다고 할 수 있다. 개혁, 재건, 경제 자립, 도의 확립, 구악 일소 등 수많은 언설이 등장했지만 체계적으로 통합되지 않은 것이었다. 박정희도 도의, 경제, 민주주의, 민족주의 등의 문제를 산만하고 절충적으로 제시하고 있었을 뿐이다. 그러나 1963년 민정이양을 위한 대통령 선거와 국회의원 선거를 앞두고 쿠데타 세력은 더 이상 막연한 혁명 담론만으로 상황을 주도하기 힘들 것이라는 판단을 내리고 있었다. 선거 국면은 원하든 원하지 않든 쿠데타 세력으로 하여금 대중정치에 뛰어들 것을 요구하였고 그들은 인민주의적 대중정치의 언설을 구사하기 시작했다. 특권층, 귀족 등으로 지칭된 야당에 대한 공격은 선거용이라 하더라도 사회적 적대와 계급적·계층적 갈등을 첨예화시킬 수 있는 위험한 담론전략일 수 있었다. 쿠데타 세력이 이 위험한 전략을 정정하는 방법으로 택한 것은 개발과 전략, 즉 근대화 담론의 전면적 제시였다. 이러한 맥락에서 1963년 선거 국면은 근대화 담론 형성에 매우 중요한 배경이 된다고 할 수 있다."[1]

요컨대 민정이양을 위한 1963년 대통령 선거와 국회의원 선거를 전후로 박정희 정권이 정당성을 획득하기 위한 담론, 즉 정당화 담론이 혁명 담론에서 근대화 담론으로 전환되었던 것이다. 그 후 근대화 담론은 박정희 정권의 지배적인 담론으로 자리매김하면서 근대화를 추동하는 중요한 요소가 되었다.

---

1 황병주, 「박정희 체제의 지배담론: 근대화 담론을 중심으로」, 2008 (한양대학교 박사학위논문), 102쪽.

그렇다면 박정희 정권이 전개한 근대화 담론은 어떠한 모습인가? 그것은 이 정권이 추구한 환원적 근대화에 의해 결정되고 채색될 수밖에 없었다. 근대화는 특정한 가치와 목적을 향해 미래로 나아가는 운동, 그러니까 발전 과정을 의미했으며, 따라서 이 발전적 운동에 의해 극복되어야 할 부정적인 현실이 설정되어야 했다. 그것은 이른바 후진성이다. 그러니까 근대화는 후진성을 극복하는 발전적 운동의 과정, 즉 탈후진 과정으로 이해되었던 것이다. 이렇게 해서 근대화 담론과 후진성 담론은 '이항대립 구도'를 형성하며 서로를 강화하는 관계에 있게 되었으며, 그 결과 근대화 담론은 '탈후진-근대화'의 골격을 갖추게 되었다. 이제 모든 문제가 탈후진-근대화의 구도에 의해 재구성되고 재배치되었다.[2]

여기에서 중요한 것은, 후진성을 어떻게 파악하느냐이다. 왜냐하면 그에 따라 근대화의 방향과 방법이 수립되고 그 속도가 결정되며 전 근대적 주체가 근대화에 필요한 근대적 주체로 재구성되기 때문이다.

자명한 일이지만 후진성은 정치, 경제, 사회, 문화 등 다양한 영역에서 문제시될 수 있다. 실제로 1950년대에는 다양한 형태의 후진성이 개진되었으며 그것을 극복하기 위한 방안도 경제발전, 의식혁명, 사회개혁, 원조 확대, 민족적 자긍심과 주체성의 확립 등 다양한 형태로 제시되었다. 심지어 실존주의적 침잠이나 패배주의와 자기모멸 같은 도피나 좌절감이 대두되기도 했다.[3] 그러나 박정희 정권에서는 후진성이 경제적 영역으로 환원되었다. 왜냐하면 박정희 정권은 국가-재벌 동맹자본주의에 기반하는 급속한 산업화와 경제성장을 추구했고, 이를 근대화로 간주했기 때문이다. 다시 말해 근대화가 경제발전으로 환원되었기 때문이다. 그 결과 박정희 정권에서는 빈곤이 후진성의 핵심으로 파악되면서 빈곤을 중심으로 하는 후진성 담론과 산업화와 경제성장을 중심으로 하는 근대화 담론

---

2 같은 글, 123쪽.
3 같은 글, 127~28쪽.

이 정립되었다.[4] 국가-재벌 동맹자본주의를 주축으로 급속한 산업화와 경제성장을 이룩하여 빈곤을 극복하고 국민소득이 높은 선진국으로 진입하는 '발전' 과정이 근대화로 실정되었다.

물론 1950년대와 1960년대의 경제적 상황을 감안하면 박정희 정권이 빈곤 중심의 후진성 담론과 경제발전 중심의 근대화 담론을 전개한 것은 상당히 합리적인 것이라고 볼 수도 있을 것이다. 1962년 2월에, 그러니까 아직 근대화 담론이 혁명 담론을 대신해 5·16 군사쿠데타 세력의 지배 담론으로 자리매김하기 전에 출간된 『우리 민족의 나아갈 길: 사회 재건의 이념』에서, 박정희는 통계 숫자를 제시하면서 우리 민족이 얼마나 가난하고 헐벗고 있는가를 '적나라하게' 보여 주고 있다.

> 지난 1960년에 나온 「대한민국의 경제개혁 방안에 관한 대미 각서」에 의하면 우리나라의 총 노동력은 900만 4,000명으로 잡고 완전 실업자를 130만 명으로 잡고 있다. 그러나 우리 정부가 경제개발 5개년 계획을 위해서 조사한 바에 의하면, 그 조사 연도인 1960년 말의 우리나라 실업자 수를 250만 명으로 보고 있다. …… 여기에서 우리가 알 수 있는 일은 물론 5·16 혁명 이후 국토 건설 사업을 비롯한 건설 사업과 완전고용 정책이 잘 실시되어 실업자가 많이 줄어들었지만 대체로 우리나라의 실업자의 수는 거의 100만 명을 헤아리고 있는 것이다. …… 실업자 수가 이렇게 많고 보니 통계 숫자로 나타난 우리 국민들의 평균 소득도 형편없는 수치를 보일 것은 너무도 뻔한 사실이다. …… 1949년 4월에서 그 이듬해 3월까지, 즉 1년 동안의 우리 국민의 평균 소득은 소위 '네이산 보고'에서 조사한 바에 의하면, 불과 70달러밖에 되지 않는다. 그런데 이 형편없는 소득도 그 가운데 67달러가 국민들이 실제로 벌어들인 소득이고, 나머지 3달러는 외국의 원조에서 얻어진 소득이라고 한다. …… 국민소득이 100달러 미만이라면

---

4 같은 글, 118쪽 이하.

세계에서 가장 낮은 소득이라고 생각된다. 더구나 전체 국민의 7할을 차지하고 있는 농민들의 가난함은 더욱더 심각하다. …… '농민연감'에 의하면 농민 한 가호당 1년 동안의 소득은 구화로 41만 8,700환인데 실제로 농민들의 한 가호당 1년 쓰는 경비는 그보다 많은 45만 3,500환으로 해마다 농민들은 한 가호당 3만 8,800환의 빚을 지고 있다는 것을 알 수 있다. 이러한 농촌의 가난함은 농민들로 하여금 농촌을 버리게 하고 있으며, 소위 농촌의 고리채를 낳게 한 원인이 되었던 것이다. …… 이러한 국민들의 형편없이 낮은 소득은 농촌의 빚투성이의 생활과 직업을 갖지 못한 사람이 많다는 사실을 증명해 주고 있다. …… 또 이것은 우리 겨레가 얼마나 가난하고 헐벗고 있나 하는 사실을 말해 주고 있으며 이러한 사회 형편은 곧 지난날의 자유당과 민주당이 나라 살림을 그르친 두드러진 본보기가 아닐 수 없다. …… 이와 같은 가난과 헐벗음이 나아가서는 도둑질과 살인, 협잡 등 사회의 각종 범죄의 직접적인 원인이 되었던 것이다. 또한 이러한 가난함이 공산주의가 침투해 들어올 수 있는 길을 마련한 허점이며, 자유민주주의 그 자체를 위협하는 적이었던 것이다.[5]

요컨대 당시의 1인당 국민소득은 세계에서 가장 낮은 수준인 70달러, 아니 보다 정확하게 말하자면 67달러밖에 되지 않기 때문에 국민들은 가난하고 헐벗으며 농민들의 경우에는 상황이 더욱더 심각하다는 것이 박정희의 논지이다. 그리고 그는 이 극단적인 빈곤에서 각종 사회악의 근원을 보았고 공산주의에 의한 자유민주주의 체제의 위협을 보았다.

그리고 1963년 초가을에, 그러니까 근대화 담론이 혁명 담론을 대신하여 쿠데타 세력의 지배 담론으로 자리매김해 나가던 시점에 출간된 『국가와 혁명과 나』에서, 박정희는 경제학 서적을 방불케 할 정도로 다양한

---

5 박정희, 『우리 민족의 나아갈 길: 사회 재건의 이념』(1962), 『한국 국민에게 고함』, 동서문화사 2005b, 313~480쪽, 여기서는 334~35쪽.

통계 숫자를 제시하면서 파탄에 직면한 민족경제를 '적나라하게' 보여 주고 있다. 거기에서 박정희는 1961년도 민주당 정권의 추가경정예산안을 통해 나라가 얼마나 가난했는가를 예증하고 있다. 1961년도 추가경정예산은 총 6,088억 환인데, 그 가운데 미국의 대충자금과 국내 자원이 각각 3,169억 환과 2,919억 환이다. 그러니까 전자와 후자의 비율이 52퍼센트 대 48퍼센트인 셈이다. "독립된 국가이면서도"— 이 상황에 대해 박정희는 판단하기를 —"통계상으로 보는 한국의 실제 가치는 48퍼센트에 불과한 것이었다. 바꾸어 말하면, 한국에 대한 미국의 발언권은 52퍼센트를 차지하고 우리는 그만큼 의존하지 않을 수 없다는 의미도 된다."[6] 또한 박정희는 미개발 후진국의 경제성장률이 보통 7~12퍼센트 선을 오르내리는 데 비하여 한국은 1960년대의 5~6년 동안 불과 4~5퍼센트의 경제성장률밖에 이룩하지 못했음을 지적하고 있다.[7] 그리고 박정희에 따르면, 무역의 경우에는 대부분을 제1, 2차 산업에 의존하고 있기 때문에 수출이 수입을 따르지 못하고 있다. "1959년 수출 총액은 불과 1,916만 불인데 대하여 수입 총액은 어떤가, 놀랍게도 수입 초과가 5,936만 달러인 7,852만 불이다. 연평균 약 5,000만 달러 선의 이 국제수지의 역조는 1955년 이래 5·16 혁명 때까지 그대로 지속되어 왔다."[8]

그런데 당시 빈곤 담론은 박정희 또는 쿠데타 세력의 전유물이 아니었다. 사실상 빈곤은 보편적으로 인식되고 강조된 문제였다. 예컨대 황금찬 시인(1918~2017)은 1965년 시집 『현장: 황금찬 시선』에 발표한 「보릿고개」에서 당시 한국 사회의 빈곤을 다음과 같이 시화(詩化)하고 있다.

---

6 박정희, 『국가와 혁명과 나』(1963), 『한국 국민에게 고함』, 동서문화사 2005c, 481~658쪽, 여기서는 487쪽.
7 같은 책, 489쪽.
8 같은 책, 499~500쪽.

보릿고개 밑에서
아이가 울고 있다.
아이가 흘리는 눈물 속에
할머니가 울고 있는 것이 보인다.
할아버지가 울고 있다.
아버지의 눈물, 외할머니의 흐느낌,
어머니가 울고 있다.
내가 울고 있다.
소년은 죽은 동생의 마지막
눈물을 생각한다.

에베레스트는 아시아의 산이다.
몽블랑은 유럽,
와스카라는 아메리카의 것,
아프리카엔 킬리만자로가 있다.

이 산들은 거리가 멀다.
우리는 누구도 뼈를 묻지 않았다.
그런데 코리아의 보릿고개는 높다.
한없이 높아서 많은 사람이 울며 갔다.
— 굶으며 넘었다.
얼마나한 사람은 죽어서 못 넘었다.
코리아의 보릿고개,
안 넘을 수 없는 운명의 해발 구천 미터
소년은 풀밭에 누웠다.
하늘은 한 알의 보리알,
지금 내 앞에 아무것도 보이는 것이 없다.[9]

시인은 '코리아의 보릿고개'가 각 대륙을 대표하는 고산준령보다도 더 높다고 한다. 심지어 세계에서 가장 높은 에베레스트(8,848미터)보다도 높은 해발 9,000미터나 된다고 한다. 시인은 세계의 고산준령들은 안 넘어도 되지만 그보다 높은 '코리아의 보릿고개'는 '안 넘을 수 없는 운명'이며, 따라서 많은 사람이 울며 넘었고 죽어서 못 넘은 사람도 있다고 한다. 시인은 이 한없이 높은 운명의 고개를 넘을 때는 세상이 온통 먹을 것으로 보인다고 한다. 요컨대 시인은 한국이 세계에서 가장 가난한 나라라는 사실을 탁월하게 문학적으로 형상화하고 있는 것이다. 빈곤의 문학적 담론인 셈이다.

심지어 반(反)박정희 세력도 친(親)박정희 세력과 빈곤에 대한 문제의식을 공유하고 있었으며, 따라서 이 점에서 친박정희-반박정희의 구분은 사실상 무의미했다.[10] 예컨대 박정희 정권기 대표적인 저항 지식인이었던 김지하는 다음과 같이 당시의 상황을 술회하고 있다.

내 앞에, 내 안에, 내 벗들에게 '가난'이 살고 있었다. 5월 쿠데타의 주체들 앞에, 그들 안에, 그들의 동맹자들에게 '가난'이 살고 있었다. '가난'은 그 시대 최대 최고의 숙제였다. 나라도 어찌하지 못한다는 가난! 가난이 우리를 지배하고 있었다. 우리 모두가, 우리들 어느 누구도 찬성하지 않았던 5월의 군부 쿠데타가 슬그머니 시인받게 되었던 것도 가난 때문이었다. 가난에 대한 그들의 관심 때문이었다.[11]

---

9 황금찬, 『현장: 황금찬 시선』, 청강출판사 1965, 4~5쪽. 몇몇 표현은 오늘날의 맞춤법에 맞게 바꾸었음을 일러둔다.
10 황병주, 앞의 글(2008), 124~25쪽.
11 김지하, 「회고록: 4·19에서 10·26까지①」, 『월간 중앙』 2002년 7월호, 323쪽(김보현, 『박정희 정권기 경제개발: 민주주의와 발전』, 갈무리 2006, 110쪽에서 재인용).

그런데 가난한 대중의 절실한 관심사이자 요구인 빈곤 타파에 대한 태도에서 쿠데타 세력은 그 어떤 정치세력보다 더 적극적이고 인상적인 모습을 보여 주었다. 5·16 군사쿠데타의 주역은 해방 이후의 역사를 거울 삼아 "그들이 추구하는 경제개발을 '민족적인 것'으로 담론화하고 동시에 자신들을 애국적 개혁집단으로 내세울 수" 있었다. 그들은 "민족통일"을 자신들의 기획에서 배제하지 않았다. 그러나 '민족통일'을 앞세우면서 '경제'를 이야기한 것이 아니라 '경제'를 앞세우면서 '민족통일'을 말하였다." 이에 반해 쿠데타 세력에 저항하는 엘리트는 "내적 분파들의 구별을 떠나 '경제'와 관련해서 방어적이고 수동적이었다. 그들은 박정희 정권의 경제개발에 맞서는 적극적 대안기획을 1970년대에 이르러서야 본격적으로 제기하기 시작한다('민족경제론' 또는 '대중경제론')."[12]

아무튼 박정희 정권이 전개한 빈곤 담론은 경제발전으로 환원된 근대화를 추진하는 데에 결정적인 기여를 하게 된다. 왜냐하면 빈곤 담론을 통한 "주체의 호명", 즉 빈곤 담론에 의한 "빈곤한 주체의 구성" 또는 "주체의 빈곤화"는 산업화와 자본주의화, 그러니까 개발과 발전의 주체를 만들어내는 데에 매우 효율적이기 때문이다. 다시 말해 "물질적 재화의 결핍 상태를 중심으로 자신과 세계를 파악하는 주체야말로 자신과 세계를 개발하는 주체로 구성될 가능성이 매우 클 것이기 때문이다."[13]

이처럼 빈곤 담론이 근대화에 대하여 결정적인 의미를 갖는다면, 빈곤 담론을 주도하는 세력이 빈곤의 정도를 가급적 크게 설정하는 것이 자명한 이치이다. 실제로 박정희는 빈곤이 당시에 국한된 일시적인 현상이 아니라 한국의 반만년 역사 자체가 빈곤의 역사였다고 주장할 정도로 빈곤의 외연을 최대한 확장했다. 예컨대 박정희는 1963년 9월 28일에 행한

---

12 김보현, 앞의 책(2006), 111쪽.
13 황병주, 「1950~60년대 엘리트 지식인의 빈곤 담론」, 『역사문제연구』 37/2017, 519~74쪽, 여기서는 521쪽.

제5대 대통령 선거 유세에서 다음과 같이 말했다.

> 우리가 지난 역사를 회고해 볼 때에, 우리는 너무니 기난하게 살아왔습니다. 그 빈곤을 오늘 현재도 우리는 면치 못하고 있는 것입니다.[14]

또한 박정희는 1970년 1월 9일 연두기자회견에서 다음과 같이 말했다.

> 지나간 수세기의 역사를 돌이켜볼 때, 우리 민족은 항시 외세의 침략 속에서 민족적인 주체의식, 즉 자주적이며 자립적인 주체성을 뚜렷이 갖지 못하고 사대주의 사조에 젖어 있었으며, 또한 수세기 동안 고질적인 빈곤 속에서 체념과 침체와 퇴영 속에 살아왔습니다.[15]

그리고—한 가지 예만 더 들자면—박정희는 1973년 11월 22일 전국 새마을 지도자 대회 유시에서 다음과 같이 말했다.

> 우리 농촌의 가난이라는 것은 오천년래의 가난입니다. 이것은 우리가 아무리 노력을 하더라도 일이 년 또는 이삼 년 동안에 완전히 이 때를 벗을 수는 없는 것입니다. 여기에는 우리가 이 운동에 대한 뚜렷한 방향과 목표를 올바로 설정하고 우리가 꾸준하게 노력하는 그 길밖에는 없는 것입니다.[16]

---

14 대통령 비서실 (펴냄), 『박정희 대통령 연설문집 1 — 최고회의 편: 1961년 7월 ~1963년 12월』, 1973a, 527쪽.

15 대통령 비서실 (펴냄), 『박정희 대통령 연설문집 3 — 제6대 편: 1967년 7월 ~1971년 6월』, 1973c, 660쪽.

16 대통령 비서실 (펴냄), 『박정희 대통령 연설문집 5 — 제8대 편·상: 1972년 12월 ~1975년 12월』, 1976, 172~73쪽.

사실 박정희의 저작에서 이런 식의 논조는 얼마든지 더 찾아낼 수 있다. 이렇게 보면 박정희가 민족의 운명적 빈곤 또는 민족의 운명적 동반자인 빈곤을 타파하고 자주적인 민족경제를 건설하는 데에 5·16 군사쿠데타와 그에 이어지는 자신의 지배체제의 역사적 과업이 있다고 주장한 것은 자명한 일이라고 할 수 있다. 그는 『국가와 혁명과 나』에서 다음과 같이 주장하고 있다.

　　총력을 민족경제의 타개에 집결케 하고 부흥에 일로 매진이 있을 뿐이다. 하루라도 빨리 자주경제를 확립하고 내 살림을 내가 맡아 해나가는 숙원을 이룩하여야 한다. …… 1961년 5월 이전 본인으로 하여금 혁명을 거사케 한 직접적인 주요 목표가 바로 이것이었다. …… 자주! 그것은 오직 자주경제 이외에 잡을 그물이 없는 것이다.[17]

그리고 박정희는 1963년 8월 31일에 행한 제5대 대통령 후보 지명 수락 연설에서 다음과 같이 주장하고 있다.

　　이제 전 국민이 주동이 되어 의연히 일어서서 공화의 번영의 신천지를 이 땅 위에 건설할 때가 왔습니다. 대대로 이어온 우리의 땅을 우리들의 손으로 더욱 기름지게 가꾸어, 반만년 유구한 역사에 이루지 못한 선조의 꿈을 기어코 실현시켜야 할 것이며, 전진하는 역사에 발맞추어 새로운 민주 한국의 자주적 인간상을 창조하여야 할 것입니다. …… 우리의 적은 바로 가난 그것입니다. 새로운 바탕 위에 계획된 건설목표를 향하여 풍요한 자원을 개발하고 우리의 의욕과 지혜와 땀으로써 영원히 이 땅에서 빈곤을 구축하고 자유와 번영의 복지국가를 건설합시다.[18]

17　박정희, 앞의 책(2005c), 489쪽.
18　대통령 비서실, 앞의 책(1973a), 493~94쪽.

방금 인용한 구절의 두 번째 단락 첫 문장에서 드러나듯이, 박정희는 빈곤을, 보다 정확히 말하자면, 반만년의 유구한 역사를 관통한 빈곤을 반드시 무찔러야 하는 적으로 본다. 그와 그의 정권에게는 이른바 '삼대공적'(三大公敵)이 있는바, 그 첫째는 공산당이요, 둘째는 빈곤이요, 셋째는 부정부패이다.[19] 그런데 이 셋 가운데 가장 큰 공적은 다름 아닌 빈곤이다. 왜냐하면 "오늘날 한국이 직면한 모든 불안과 혼돈은 궁극적으로 그 태반이 '가난'에 있음은 다시 말할 필요조차 없기" 때문이다.[20] 구체적으로 "빈곤 속에 도의의 퇴폐와 부패가 깃들어 포악한 공산주의의 온상이 조성되며", 또한 "빈곤이 있는 곳엔 진실한 자유와 평등을 기대할 수 없고 참다운 사회정의가 실현될 수 없다."[21] 결국 빈곤은 가장 큰 악이면서 거의 모든 사회적 악의 근원이라는 것이, 따라서 빈곤을 극복하는 것이야말로 가장 큰 선을 이루면서 모든 사회적 선의 근원이 된다는 것이 박정희의 논지인 것이다. 그러니까 가장 큰 선을 이루면, 즉 영원히 이 땅에서 빈곤을 구축하면, 다른 모든 선, 즉 자유와 번영의 복지국가가 실현된다는 것이다. 그러므로 모두가 협력하여, 즉 우리의 의욕과 지혜와 땀으로써 선을 이루는 것이야말로 조국 근대화의 정언명령이자 지상명령이 된다는 것이다.

물론 한국의 반만년 역사 자체가 빈곤의 역사라는 박정희의 주장은, 엄밀한 경험적·실증적 연구에 기반하는 것이 아니다. 그것은 당시의 빈곤을 한국의 역사 전체로 일반화한 것일 뿐이다. 그것은 근대 산업자본주의적 생산력의 관점에서 한국의 역사 전체를 재구성한 것이다. 말하자면 그것은 산업자본주의가 발전한 선진국이라는 타자의 시선을 통해 '발명된' 빈

19 대통령 비서실 (펴냄), 『박정희 대통령 연설문집 2 ─제5대 편: 1963년 12월 ~1967년 6월』, 1973b, 1010쪽.
20 같은 책, 162쪽.
21 대통령 비서실, 앞의 책(1973a), 277~78쪽.

곤이며, 따라서 선진국이라는 타자가 주체화된 것이다.[22] 이렇게 보면 박정희의 빈곤 담론에는 이론적·과학적 타당성과 설득력을 결여한다고 할 수 있다.[23]

그러나 우리의 논의를 위해서 중요한 것은 이 빈곤 담론이 이론적·과학적 타당성이나 설득력을 갖느냐 안 갖느냐 하는 문제가 아니라 그것이 경제성장을 지상목표로 하는 환원적 근대화에 대해 갖는 실천적 의미이다. 내가 보기에 이 실천적 의미는 심리학적 효과와 사회학적 효과의 두 단계로 나누어 살펴볼 수 있다.

먼저 빈곤 담론이 갖는 심리학적 효과이다. 만약 박정희가 빈곤은 유사 이래 민족의 운명적 동반자임을 주장하는 선에서 멈추었다면, 또는 — 황금찬의 시 「보릿고개」에 빗대어 말하자면 — 빈곤은 에베레스트산보다 높은 해발 9,000미터의 고개이지만 해마다 넘어야만 하는 — 시시포스의 신화와도 같은! — 운명의 고개임을 주장하는 선에서 멈추었다면, 만

22 황병주, 「박정희 체제 근대화 담론의 식민성」, 임지현 외 엮음, 『근대 한국, '제국'과 '민족'의 교차로』, 책과함께, 2011, 255~89쪽, 여기서는 261, 265쪽. "이러한 맥락에서 쿠데타 세력은 빈곤을 '발견'한 것이라고 할 수 있었다. 그들은 빈곤을 발명한 것은 아니었지만 그것을 발견하여 특정한 담론체계를 통해 재구성하여 빈곤의 일반화로 재현한 것이었다. 가난은 말 그대로의 가난이 아니라 후진성, 전 근대성 등을 함축하고 있는 대중적 레토릭으로 보아야 한다. 그것은 절대적 의미의 가난이 아니라 상대적 의미의 가난이며 서구 근대, 선진국에 대한 후진성의 콤플렉스를 의미하는 것이다. 다시 말해 근대를 인정하고 받아들인 순간 필연적으로 야만, 전 근대, 후진성, 빈곤이 따라서 인정될 수밖에 없는 식민-피식민, 선진-후진, 주체-타자의 이항대립적 가치질서에 편입됨을 의미한다. 그런 의미에서 가난은 발명된 것이다. 그런 의미에서 가난은 타자의 시선으로 구축된 주체, 주체화된 타자의 자기인식이라고 할 수 있었다. 가난은 당연하게도 계급, 계층에 따라 상이한 현실이었을 것이고 무엇보다 그 느낌, 인식이 다를 수밖에 없다. 문제는 그것을 전체 사회, 민족, 국가의 수준으로 추상해서 말할 수 있는 어떤 위치, 지점이다. 박정희는 그것을 민족, 국가 수준에서 일반화된 진술로 말하고 있다. 이 집합적 빈곤인식이라는 추상을 전유할 수 있을 때 비로소 '빈곤의 정치학'이 작동하게 될 것이다." 황병주, 앞의 글(2008), 131쪽.
23 김덕영, 앞의 책(2014), 313쪽.

약 그랬더라면 개인들은 완전히 숙명론적 절망감과 자포자기에 빠졌을 것이다. 삶과 미래에 대한 희망과 용기를 완전히 상실했을 것이다. 그러나 박정희는 거기에서 멈춘 것이 아니라 한걸음 더 나아가 국가-재벌 동맹자본주의의 주도하에 운명적 빈곤을 타파하고 자주적 민족경제를 건설하고 선진국이 되어서 우리도 한 번 잘살아 볼 수 있다고 주장했다. 사실 전자의 주장은 후자의 주장을 위한 '도움닫기'였을 뿐이다.

이로써 심리학적 반전, 그것도 아주 극적인 심리학적 반전이 가능해졌다. 왜냐하면 빈곤은 일시적 현상이 아니라 민족의 운명적 동반자라는 주장으로 완전히 숙명론적 절망감과 자포자기에 빠질 수도 있었던 개인들이 그 타파가 가능하다는 주장에서 삶과 미래에 대한 더없이 큰 희망과 용기를 얻을 수 있게 되었기 때문이다. 전자의 주장이 개인들을 생각할 수 있는 가장 큰 절망감과 자포자기에 빠뜨릴 수 있었다면, 후자의 주장은 그에 상응하여 개인들로 하여금 삶과 미래에 대하여 생각할 수 있는 가장 큰 희망과 용기를 줄 수 있었다. 전자에 가장 큰 부정(마이너스)의 값이 결부될 수 있었다면, 후자에는 가장 큰 긍정(플러스)의 값이 결부될 수 있었다. 그 둘의 절댓값은 같았다. 다만 그 방향이 다를 뿐이었다. 전자의 주장에 의해 형성된 그 막대한 마이너스 방향의 심리적 에너지는 후자의 주장에 의해 플러스 방향으로 전환될 수 있었다. 그리하여 개인들은 국가-재벌 동맹자본주의가 주도하는 환원적 근대화에 필요한 근대적 주체로 자신을 재구성하려는 아주 강력한 의지를 갖게 되었다. 그러니까 산업화와 자본주의화의 주체로 거듭나려는 아주 강력한 의지를 갖게 되었다.

게다가 단순히 빈곤을 극복하는 것이 아니라 선진국이 되어서 한 번 잘살아 보는 것이 경제발전의 목표로 제시되었기 때문에 개인들은 그것이 가능하도록 철저하고도 근본적으로 근대적 주체, 즉 산업화와 자본주의화의 주체로 변모될 의지를 갖게 되었다. 다시 말해 그들은 온몸을 바쳐서 경제발전에 헌신할 의지를 갖게 되었던 것이다. 박정희는 『국가와 혁명과 나』에서 국민들에게 다음과 같이 호소하고 있는데, 이는 바로 그런 식으로 조성된 심리학적 구도에서나 가능하고 의미를 가질 수 있는 것이다.

'피와 땀과 눈물을 흘리자!'

기름으로 밝히는 등은 오래가지 못한다.
피와,
땀과
눈물로
밝히는 등만이 우리 민족의 시계를 올바르게 밝혀 줄 수 있는 것이다.[24]

그리고 박정희 정권의 빈곤 담론에서는 개인, 가족 또는 계급이 아니라 국가 또는 민족이 빈곤의 주체로 설정된다. 빈곤한 것은 특정한 개인이나 가족 또는 계급이 아니라 국가 또는 민족 전체이다. 방금 앞에서 언급한 '개인들'은 국가주의적 또는 민족주의적 의미에서의 개인들이다. 그들은 어디까지나 국가 또는 민족이라는 전체의 부분인 한에서만 의미를 갖는 존재들이다. 사실 한국의 반만년 역사 자체가 빈곤의 역사라는 가정에는 이미 그러한 의미가 내포되어 있다. 우리의 국가 또는 민족은 빈곤하며, 그것도 일시적으로가 아니라 반만년이라는 장구한 역사가 빈곤으로 점철되었다는 것이다.

이처럼 국가나 민족을 빈곤의 주체로 설정하게 되면, 사회적 통합을 기하면서 탈후진-근대화 담론을 전개할 수 있다. 만약 특정한 개인들이나

---

24 박정희, 앞의 책(2005c), 643쪽. "우리에게 필요한 것이 있다면 그것은 우리 모든 국민의 피와 땀과 눈물과 내핍과 근면이 있을 뿐입니다. 이 길만이 우리가 재건할 수 있는, 잘살 수 있는 길이라고 저는 확신하는 바입니다." 대통령 비서실, 앞의 책(1973a), 527쪽.

가족들 또는 계급(들)이 가난하다고 하면 사회적 갈등이 야기될 수밖에 없다. "[그 가운데에서도] 가장 위험한 것은 계급이었다. 비교의 주체가 계급이 된다는 것은 곧 사회의 통합성을 심각하게 위협힐 것이며 빈곤은 가장 위험한 비교의 놀이가 될 것이다. 게다가 이 위험한 비교 놀이는 해방 공간과 전쟁을 통해 등골이 서늘하도록 경험한 바이며, 전쟁을 통해서도 결코 해결될 수 없었고 4·19라는 민주주의 담론 속에서도 악몽처럼 나타나기도 했던 것이다."[25] 그러므로 빈곤의 주체는 국가와 민족으로 설정되어야 하며, 그 비교의 대상은 서구의 근대화된 선진국들로 설정되어야 했던 것이다. 이렇게 해서 박정희 정권은 근대 자본주의 사회의 기본적인 계급구도인 자본-임노동 관계를 자본과 노동의 병진으로 대체할 수 있었다.[26]

이어서 빈곤 담론이 갖는 사회학적 효과이다. 박정희 정권의 빈곤 담론으로 조성된 개인들의 그 막대한 심리적 에너지는 국가-재벌 동맹자본주의가 주도하는 환원적 근대화에 필요한 생산적인 노동력으로 전환되었다. 물론 박정희 정권의 빈곤 담론으로 조성된 심리적 에너지의 사회적 전환 또는 빈곤 담론이 가져온 심리학적 효과의 사회학적 전환은 자동적이고 기계적으로 이루어진 것은 결코 아니다. 그 과정에서는 한편으로 지속적인 계몽적 담론, 즉 인간개조와 정신혁명 등을 강조하는 담론이 그리고 다른 한편으로 유교와 교육이 결정적인 역할을 했다.[27]

---

25 황병주, 앞의 글(2008), 126~27쪽.

26 같은 글, 100쪽.

27 여기서는 지면 관계상 이 문제를 자세하게 다룰 수는 없다. 특히 유교와 교육이 한국의 근대화에 대해 갖는 의미는 광범위하고 체계적인 연구가 필요하다. 향후 나의 중요한 과제로 남겨둔다. 인간개조와 정신혁명은 박정희, 앞의 책(2005b), 317쪽 이하; 박정희, 앞의 책(2005c), 625쪽 이하; 황병주, 앞의 글(2008), 141쪽 이하를 참고할 것. 그리고 유교와 교육에 대해서는 김덕영, 앞의 책(2014), 158쪽 이하를 참고할 것.

2. 경제개발 5개년 계획: 자본주의 정신의 태동

박정희 정권의 근대화는 1962년부터 경제개발 5개년 계획과 더불어 본격적으로 추진되었다. 그리고 그것은 국가-재벌 동맹자본주의와 경제발전으로 환원된 근대화였다. 박정희 정권은 경제제일주의를 표방하는 경제개발주식회사였고 박정희는 이 경제개발주식회사에 취임한 CEO였으며, 그에 따라 정부 직제도 경제개발주식회사처럼 완전히 새롭게 편성되었다. 집행부를 새로이 조직할뿐더러 이사회와 기획실을 설치하며 내부 감사와 평가 기능도 추가했다. 이때 하드웨어든 소프트웨어든 한국 정부의 기본 틀이 갖추어졌다.[28] 이렇듯 경제개발주식회사 체제 아래에서 추진된 경제개발 5개년 계획은 민족의 역사적·운명적 동반자인 빈곤을 타파하고 선진국이 되어서 한 번 잘살아 보기 위하여 전(全) 국민이 동원된 국가적 발전 프로젝트였다. 다시 말해 경제개발 5개년 계획은 "우리 조상들로부터 물려받은 가난이라는 유산을 완전히 때를 벗기고, 우리가 잘사는 근대조국을 만들어보고자 하는" 작업이었다.[29]

흔히 경제개발 계획 하면 박정희 정권을 생각하고 박정희 정권 하면 경제개발 계획을 생각한다. 이 둘은 서로를 지칭하고 설명하며 수식하는 말이다. 그러나 사실 경제개발 계획은 박정희 정권의 전유물이 아니었다. 그것은 민주당 정권에도 있었고, 심지어 자유당 정권에도 있었다. 그러나 박정희 정권에 들어와서야 비로소 경제개발 계획이 본격적으로, 그리고 장기적이고 체계적으로 추진되면서 한국 사회를 결정적으로 각인하게 되었다. 바로 이런 연유로 박정희 정권과 경제개발 계획이 동의어처럼 쓰이는 것이다.

---

28 이장규, 『대한민국 대통령들의 한국경제 이야기 1: 이승만 대통령부터 전두환 대통령까지 산업화 40년』, 살림 2014a, 94~95쪽.
29 대통령 비서실, 앞의 책(1973b), 1055쪽.

경제개발 계획은 이승만의 자유당 정권 초기인 1949년부터 입안되기 시작했으며, 1951년부터 1956년까지 다섯 차례나 경제개발 계획이 입안되었다. 그러나 이때까지의 계획들은 대부분 미국으로부터 더 많은 원조를 받아 낼 목적으로 입안된 것으로서, 기존의 계획을 수정하거나 여러 경제부처의 계획을 종합한 수준이었다.[30] 그러다가 1950년대 후반부터 한국 정부의 관리들은 경제개발 계획에 본격적으로 관심을 갖기 시작했는데, 그 이유로는 미국 정부가 무상원조를 감축한다는 방침을 세우고 한국 측에 장기적인 경제개발 계획의 수립을 촉구한 사실과 한국 사회 내부에서 경제개발 계획의 실시에 대한 공감대가 확산되고 있었다는 사실을 꼽을 수 있다.[31] 1958년 4월 1일 '부흥부' 산하에 '산업개발위원회'가 설치되어 경제개발 계획의 수립을 담당했다. 산업개발위원회는 1959년 1월에 시안을 작성하여 그해 4월에 국무회의에 제출했다. 그러나 1960년 3월로 예정된 정·부통령 선거에 몰두한 이승만 정권은 무려 1년이나 처리를 미루다가 선거가 끝난 후 한 달 만인 1960년 4월 15일에서야 '산업개발 3개년 계획'을 채택·발표하였다. 4·19 민주화 혁명이 일어나기 4일 전이었으니, 그 계획은 곧바로 폐기될 수밖에 없었다.[32]

매우 흥미롭게도 민주당 정권은 4·19 민주화 혁명으로 집권했음에도 불구하고 집권 초기부터 경제제일주의를 표방하고 나섰는데, 이는 ─ 이미 앞에서 논한 바 있는 ─ 빈곤 타파에 대한 대중의 열망을 반영한 것이었다. 장면 총리는 공식적 연설에서 다음과 같이 경제제일주의를 강조했다.

---

30 박태균, 『원형과 변용: 한국 경제개발 계획의 기원』, 서울대학교출판부 2007, 297~98쪽. 같은 책, 299쪽에는 이 계획들의 특징이 도표로 일목요연하게 정리되어 있다.

31 같은 책, 298쪽; 김보현, 앞의 책(2006), 99쪽.

32 박태균, 앞의 책(2007), 300쪽 이하; 김보현, 앞의 책(2006), 99쪽.

우리는 4월 혁명을 통해 오랫동안 자유와 민주주의를 찾았습니다. ……
그러나 4월 혁명의 진정한 과업은 민생 안정을 바탕으로 한 줄기찬 경제발
전이 없다면 실효를 거둘 수 없습니다. 그래서 새 정부는 경제제일주의를
표방하고 나섰습니다.[33]

이러한 경제제일주의를 실현하기 위해 민주당 정권은 경제개발 5개년
계획을 추진하였다. 그러나 신속하지도 않았고 적극적이지도 않았다. 민주
당 정권은 경제정책의 제1순위를 미국과의 공조에 두었기 때문에 미국의
요구 사항을 처리하는 것을 우선시했으며, 지속적인 내분으로 인해 과제
를 안정적이고 일관되게 처리할 수 없었다. 장면 총리는 정권이 수립되고
3개월 후인 1960년 11월 산업개발위원회에 경제개발 5개년 계획을 작성
하라는 지시를 내렸다. 그러나 본격적으로 작업이 시작된 것은 그로부터
4개월이 지난, 그러니까 집권 후 7개월이 지난 1961년 3월이었으며, 다시
그로부터 2개월여 후인 5월 15일에 계획안이 확정되었다. 5·16 군사쿠데
타가 일어나기 바로 전날이었다.[34]

경제제일주의를 표방하고 나선 장면 민주당 정권에 대해서는 전체적
으로 다음과 같은 평가를 내릴 수 있을 것이다. "장면 정권은 집권 초기
부터 '경제제일주의'를 표방하면서 일면 대중의 생활고 개선에 적극적으
로 임할 것 같은 인상을 주었다. 그러나 실제로는 이듬해에 쿠데타를 맞
이하기까지 9개월여 동안 이권 다툼에 따른 정쟁으로 개각을 세 차례나
하면서 경제현황을 정확히 파악하지 못한 채 임시방편적·전시적 경제정
책들을 시행하는 데 그쳤다. 장면 정권의 경제정책들은 미국 정부의 권고
를 수용하는 견지에서 시장기구의 가격변수들(환율과 금리, 공공요금 등)을
현실화하는 '소극적 관리'에 초점을 맞추었고 이 경향의 결과는 물가상승

---

33 이장규, 앞의 책(2014a), 47쪽에서 재인용.
34 김보현, 앞의 책(2006), 104쪽.

33 이장규, 앞의 책(2014a), 47쪽에서 재인용.
34 김보현, 앞의 책(2006), 104쪽.

과 사회구성원들의 생활고 악화였다. 대중의 생활상이 몇 가지 개혁적 조치들에 의해서 단기간 동안 현저하게 달라지기는 쉽지 않다. 따라서 장면 정권의 정책들은 최소한 대중에게 '희망'을 불어넣는 것들이어야 했다. 그러나 '국토개발사업'을 제외하면 그들에게 긍정적으로 받아들여질 만한 정책은 없었다. …… 그나마 그것도 성과가 좋지 않았다."[35] 요컨대 장면의 민주당 정권은 빈곤 타파라는 대중의 열망을 저버리고 현상유지 정책을 추구함으로써 대중에게 희망을 줄 수 없었다. 대중에게 장면 정권이 이승만 정권과 다르게 보이는 것이 있었다면, 그것은 대통령 중심제 정부가 아니라 의원내각제 정부라는 사실뿐이었다.[36]

이처럼 민주당 정권이 대중에게 전혀 희망을 줄 수 없는 상황에서 5·16 군사쿠데타가 일어났다. 4·19 민주화 혁명으로 탄생한 민주당 정권과 달리 불법적인 군사정변으로 집권한 관계로 정당성이 부재한 박정희 정권은 절망과 기아선상에서 허덕이는 대중에게 시급한 민생고 해결과 국가 자주경제 재건이라는 희망을 선사하고 그 반대급부로 정치적 정당성을 획득하고자 했다.[37] 그리하여 민주당 정권과 마찬가지로 경제제일주의를 내세웠고 이를 경제개발 계획을 통해 실현하려고 했다. 박정희 정권은 경제개발 계획의 수립과 실시를 제2의 혁명과업으로 설정할 정도로 경제발전에 사활을 걸었으며, 따라서 불법으로 탈취한 무소불위의 권력을 이용해 신속하고도 강력하게 경제개발 계획을 추진해 나갔다. 민주당 정권과 달리 박정희 정권은 경제개발 계획을 일사천리로 밀어붙였다.[38]

박정희 정권은 5·16 군사쿠데타 직후 건설부의 명의로 경제개발 계획

---

35 김보현, 앞의 책(2006), 102~03쪽.

36 같은 책, 104쪽.

37 1961년 5월 16일 '군사혁명위원회'의 이름으로 발표된, 이른바 '포고문'에는 총 6개 항으로 이루어진 '혁명공약'이 들어 있는데, 그 가운데 네 번째는 "절망과 기아선상에서 허덕이는 민생고를 시급히 해결하고 국가 자주경제 재건에 총력을 경주할 것이다"이다.

안을 발표했는데, 이는 민주당 정권의 경제개발 계획을 그대로 베낀 것으로서 별다른 반응을 얻지 못했다. 이에 '국가재건최고회의'는 1961년 7월에 종합경제재건계획안을 발표했는데, 이는 '건설부안', 그러니까 민주당 정권의 경제개발 계획을 몇 군데 손본 것에 불과했다. 이어서 1961년 10월에는 이 '최고회의안'에 일정한 조정을 가한 '경제기획원안'이 완성되었는데, 이것은 최고회의안과 대체로 유사했다. 이 경제기획원안은 곧바로 군정 각의에 상정되어 약간의 수정이 가해져 1962년 1월 제1차 경제개발 5개년 계획으로 발표되었다.

박정희 정권의 일사천리로 밀어붙이기 식 경제개발 계획은 정부 조직 개편에서도 엿볼 수 있다. 박정희 정권은 집권 후 단 2개월 만에 경제정책을 총괄·지휘하는 부서인 경제기획원을 신설했다. 이 점에서 박정희 정권과 장면 정권은 극단적인 대조를 이룬다. 사실 장면 정권에서도 그와 같은 정부 조직 개편을 시도했다. 산업개발위원회에 경제개발 5개년 계획을 작성하라는 지시를 내린 시점에 장면 정권은 정부 조직 개편안을 발표했는데, 그 핵심은 '경제개발부'의 신설에 있었다. 이는 산업개발위원회가 갖고 있는 문제점 때문이었다. 산업개발위원회는 부흥부 산하의 조직이기 때문에 다른 경제부처들보다 상위에서 경제정책을 총괄·지휘할 수 없었다. 그리하여 경제개발 계획을 추진하면서, 보다 정확히 말하자면 그 일환으로 경제개발부를 신설하려고 했던 것인데 6개월여 국회에서 입법 처리되지 못하고 있다가 쿠데타가 일어나면서 무산되고 말았다.[39] 아무튼 이모든 것의 결과로 군사쿠데타가 일어난 지 불과 7개월 만인 1962년 1월에 제1차 경제개발 5개년 계획이 시작되었다.

여기에서 우리의 논의에 대해 중요성을 갖는 것은 다음의 두 가지이다. 경제개발 5개년 계획의 추진에 따르는 빈곤과 발전의 관계가 그 하나이

38   박태균, 앞의 책(2007), 315쪽.
39   같은 책, 308쪽; 김보현, 앞의 책(2006), 104쪽.

고, 경제개발 5개년 계획의 목표와 성과가 표현되는 방식이 그 다른 하나이다.

먼저 빈곤과 발전의 관계이다. 잘 알려져 있다시피, 박정희 정권기인 1962년부터 시작된 경제개발 5개년 계획은 김영삼 정권기인 1996년까지 총 7차에 걸쳐 24년간 추진되었다. 박정희가 1979년에 세상을 떠났으니까 그는 무려 총 4회에 걸쳐 17년간 전(全) 국민이 동원된 국가적 발전 프로젝트를 진두지휘했던 셈이다. 말하자면 경제개발 5개년 계획은 박정희 정권과 동일시해도 큰 무리는 없을 것이다. 이 시기에 경제성장은 '한 강의 기적'이라고 불릴 정도로 비약적이었다. 멀리 갈 것도 없이 제4차 경제개발 5개년 계획이 진행 중이던 1978년에 출간된 『민족중흥의 길: 민족사의 분수령에 서서』의 제4장 「고도 산업사회에의 도전」에서 박정희가 한 다음과 같은 말을 보면 여러 차례에 걸친 경제개발 5개년 계획으로 경제가 어느 정도로 성장했는지를 가늠할 수 있을 것이다.

> 우리는 이미 이 계획[제4차 경제개발 5개년 계획]의 첫 연도인 1977년에 당초의 계획보다 훨씬 빨리 100억 달러 수출의 목표를 달성하고, 쌀의 자급자족을 이룩하는 한편, 건국 후 처음으로 국제수지에서 흑자를 보는 등, 연이은 경제발전의 이정표를 세워가고 있다. …… 오늘의 세계에서 이른바 경제대국의 하나로 불리고 있는 서독이 수출 10억 달러에서 100억 달러에 이르는 데 11년이 걸렸고, 일본도 같은 목표를 달성하는 데 16년이 걸린 데 비해, 우리는 불과 7년이 걸렸을 뿐이다. 한때 우리보다 몇십 년이 앞섰던 일본이 1967년에 100억 고지를 넘은 것을 생각하면, 인구와 경제의 규모가 훨씬 작은 우리의 수출실적은 실로 자랑할 만하다. 우리나라의 수출 총액은 제1차 경제개발 5개년 계획이 시작되던 1962년만 해도 세계에서 겨우 72위였던 것이 1966년에는 57위로 올라섰고, 1970년에는 44위, 그리고 1976년에는 28위로 계속 뛰어올랐으며, 이제 100억 달러의 달성으로 산유국을 제외하면 당당히 17위를 차지하게 되었다.[40]

요컨대 자신의 통치 아래 전(全) 국가적 차원의 발전 프로젝트인 경제 개발 5개년 계획이 거의 20년에 걸쳐 추진된 결과 그 어떤 경제대국보다도 눈부신, 그야말로 기적적인 경제성장을 이룩했다는 것이 박정희의 논지인 것이다. 그렇다면 그는 5·16 군사쿠데타의 역사적 과업으로 설정한 경제혁명 또는 산업혁명이 달성되어 우리 민족이 반만년에 걸친 빈곤으로부터 해방되었다고 선언했는가? 결론부터 말하자면 그렇게 하지 않았다. 아니 그렇게 할 수 없었다.

물론 박정희는 온 국민이 피와 땀과 눈물을 흘리며 조국 근대화에 매진한 결과 이제는 웬만큼 잘살게 되었다고 주장했다. 아니 주장할 수밖에 없었다. 왜냐하면 그 모든 헌신과 노력에도 불구하고 한국은 여전히 세계에서 가장 빈곤한 국가라고 한다면 개인들은 미래에 대한 희망과 용기를 잃게 될 것이며 그 결과 자신의 정권은 정당성을 상실할 수밖에 없었을 것이기 때문이다. 그러나 다른 한편 빈곤한 후진성을 벗어나 선진국에 진입했다고 주장할 수도 없었다. 왜냐하면 그럴 경우 국가-재벌 동맹자본주의에 기반하는 경제 중심의 환원적 근대화가 더 이상 의미를 갖지 못하게 될 것이며, 따라서 자신의 정권이 더 이상 정당성을 확보할 수 없게 될 것이 뻔했기 때문이다. 결국 발전 속의 빈곤이라는 역설적인 상황이 연출되었다. 빈곤과 발전의 변증법이 성립되었다. 다시 말해 "빈곤은 발전을 통해 극복되는 것이자 또한 그것을 위해 지속되어야 하는 것이기도 했다. 요컨대 빈곤은 발전의 대립물이라기보다 그것의 부속물에 가까웠다."[41]

그렇다면 박정희는 빈곤과 발전의 변증법이 언제까지 작동해야 후진성을 벗고 선진국에 진입할 수 있다고 했을까? 이 기간을 너무 짧게 잡아도 너무 길게 잡아도 자신이 주도하고 국가-재벌 동맹자본주의에 기반하

---

40 박정희, 『민족중흥의 길: 민족사의 분수령에 서서』(1978), 『한국 국민에게 고함』, 동서문화사 2005e, 777~890쪽, 여기서는 843쪽.

41 황병주, 앞의 글(2017), 554쪽.

는 환원적 근대화에 효율적으로 대중을 동원하기 어렵게 될 것임은 자명한 이치이다. 제2차 경제개발 5개년 계획이 시작되는 해인 1967년 제6대 대통령 신거에 즈음하여 행한 일련의 유세(4월 18일의 전주 유세, 4월 22일의 부산 유세, 4월 23일의 대구 유세)에서, 박정희는 빈곤-발전-변증법의 유효기간을 제3차 경제개발 5개년 계획이 끝나는 시점, 즉 1976년으로 제시했다. 그러니까 빈곤과 발전의 변증법에 의해 추동되는 근대화 운동의 기간을 15년 정도로 잡았던 것이다. 이 일련의 연설, 아니 대면적(對面的) 근대화 담론에서 박정희는 후진국에서 선진국으로 가는 근대화 운동을 목포 또는 부산에서 열차를 타고 서울로 가는 여행에 비유하고 있다. 우선 박정희는 제1차 경제개발 계획이 눈부신 발전을 가져왔다고 평가하고 있다. "지금 제2차 세계대전 이후에" ― 예컨대 4월 18일 전주 유세에서 말하기를 ―

후진국가 여러 나라에서 경제개발 계획을 추진해서 특히 5개년 계획이다, 또는 7개년 계획이다 하는 것을 추진해 왔습니다. 그런데 이 사람이 알기로는 제2차 대전 이후 후진국가에서 경제개발 계획을 해가지고, 이것이 성공했다 하는 나라가 불과 다섯 손가락을 꼽을 그런 정도밖에 되지 않습니다. 성공했다는 것은 주로 뭣을 기준으로 해서 애기하느냐 하면, 원래 책정한 계획 목표에 약 80퍼센트 이상 목표 달성을 하면, 이 경제계획은 성공했다고 이렇게 통상적으로 보는 것입니다. 그렇다면 우리가 지난번에 실시한 이 제1차 5개년 계획은 계획 목표에 95퍼센트 이상 달성을 했으니까, 이것은 누가 보든지 성공한 사업이라고 보지 않을 수 없습니다.[42]

그리고 4월 23일의 대구 유세에서도 이와 유사한 논리를 찾아볼 수 있

---

42 대통령 비서실, 앞의 책(1973b), 1026쪽.

다. 거기에서 박정희는 지난 5년간 동남아시아의 평균 경제성장률이 3.9퍼센트라고 언급한 후 그것과 비교하면서 한국의 발전상을 소개하고 있다.

물론 동남아시아의 평균 수치 가운데에는 우리 한국과 일본, 이러한 나라들이 다 들어 있습니다. 우리 한국만 따로 떼어서 지난 5년 동안 매년 평균 우리나라의 경제가 얼마만큼 성장을 했느냐 하면, 9.5퍼센트가 늘어났습니다. 그러니까 동남아시아의 평균치보다 배가 훨씬 넘도록 우리나라의 경제가 많은 성장을 했다 이것입니다. 작년 1966년 1년 동안만 잡아가지고 말씀드린다면, 작년에 우리나라의 국민총생산의 경제성장지수가 11.9퍼센트입니다. 세계 제1위를 점령하는 것입니다. 그러니까 작년 일 년 동안에 전 세계에서 경제가 가장 많이 성장한 나라는 대한민국이라 이런 이야기입니다.[43]

요컨대 국가-재벌 동맹자본주의에 기반하는 경제 중심의 환원적 근대화인 경제개발 5개년 계획이 한 번 실시된 결과로 경제가 급속히 성장했다는 것이 박정희의 논지인 것이다. 그러나 이 눈부신 발전은 곧바로 빈곤과 변증법적 결합을 하게 된다. 예컨대 4월 18일의 전주 유세에서 박정희는 다음과 같이 대중을 설득하고 있다.

그런데 제1차 5개년 계획이 성공적으로 완수가 되었는데, 왜 아직까지 우리의 살림살이가 그리 좋아지지 못하고 가난한 사람이 많으냐 하는 이런 얘기를 하는 사람도 있습니다. 이것을 유권자 여러분들이 잘 아셔야 합니다. …… 우리가 제1차 5개년 계획을 한번 해서 당장 부자가 되는 그런

43 같은 책, 1054쪽. 4월 22일의 부산 유세에는 다음과 같은 내용이 나온다. "그동안 우리들은 많은 증산을 했습니다. 많은 수출을 했습니다. 건설을 많이 했고, 또한 이 건설이 진행 중에 있다는 것은 국민 여러분들이 누구나 다 피부로 느낄 정도로 잘 아실 줄 압니다." 같은 책, 1042쪽.

계획은 아닙니다. 또 이 계획 자체가 그렇지도 않은 것입니다. 또 한번 해서 부자가 되는 그런 계획이 이 세상에는 있지도 않습니다. 우리가 수백 년 수천 년 동안 물려받은 이 가난을 완전히 달피를 하고 우리가 잘사는 나라가 되자면, 우리가 모두 부자가 되자면, 5개년 계획을 한번 하고 또 두 번 하고 세 번쯤은 해야 됩니다. …… 우리는 제1차 5개년 계획을 끝마치고 제2단계 지금 제2차 5개년 계획을 금년부터 추진을 하고 있습니다. 제2차 5개년 계획이 끝나면 우리의 살림살이가 훨씬 좋아질 것입니다. 그렇게 되더라도 우리가 전부 다 부자가 될 수는 없습니다. 제3차 5개년 계획을 한번 더 해야 돼요. 원래 제1차 5개년 계획의 목표가 우리 국민소득이 제1차 5개년 계획을 하기 전에는 약 70불, 미국 돈으로 따져서 한 70불 정도 되는 것을, 5개년 계획이 끝나면 약 1백불 정도까지 끌어 올려보자, 이런 목표로 우리가 추진을 한 것입니다. 그러나 실제 계획이 끝난 작년 말에는, 우리는 계획 목표보다도 훨씬 초과된 120불대를 지금 넘고 있는 것입니다. 이러한 숫자로 보더라도 우리 계획 자체는 성공적으로 이루어졌지만, 우리의 살림살이는 아직 갑자기 부자가 될 수 없습니다. 아직도 우리의 살림살이에는 여러 가지 어려움과 궁핍한 점과 문제점이 많이 남아 있다고 하는 것을 국민 여러분들이 잘 아셔야 되겠습니다. 우리가 지금 추진하고 있는 이 경제계획을 예를 들어서 말씀을 드린다면, 여러분들이 목포에서 서울 가는 열차를 타고 서울로 지금 여러분들이 가신다고 이렇게 생각하시면 됩니다. …… 여러분들이 서울에 도착해야 여러분들이 부자가 될 수 있습니다. 그런데 지금 우리가 어디까지 왔느냐, 여러분들 지금 어느 부근까지 오신지 아시겠습니까? 여러분들이 전부 기차를 타고 계시는데 보는 사람에 따라서 다소의 견해의 차이가 있을지 모르지만, 이 사람의 짐작으로서는 서울 가는 열차가 지금 대략 이리역 부근에 와 있다고 나는 이렇게 봅니다. 전라북도 이리역, 그런데 열차를 타고 있는 사람이 왜 빨리 서울에 도착하지 않느냐 하고 아무리 발버둥 쳐봤자, 열차가 서울에 도착해야 서울이 되는 거지, 이리에서 왜 서울에 아직 도착하지 않느냐고 아무리 불평을 하더라도 이것은 도리가 없는 것입니다. 따라서 우리가 제2차 5개년 계획을 지금 추진하고 있는 것을 그대로 추진을 해서 이것이 성공이 되면, 그때쯤 되면 열차가 어디쯤 도착하겠느냐, 대전을 지나서 조치원을 지나서 아마 천안 부근까지 가리라고 나는 이렇게 봅니다. 이것은 내가 대략 무슨 뭐 적당히 짐작해서 하는 얘기가 아니라, 거의 비슷하게 맞는 얘기입니다. …… 다음에 제3차 5개년 계획을 한번 더 해야만 기차가 한강 다리를 넘어서 서울에 도착을 합니다. 그때 가면 우리가 다 잘살게 됩니다. 부자가 됩니다. 그때 가면 우리나라는 아시아에 있어서는 가장 으뜸가는 공업국가가 됩니다. …… 아시아에서 일본이 일등이냐, 한국이 일등이냐, 서로 다툴 정도의 그런 수준이 된다 이겁니다. 거기까지 우리는 지금 추진하고 있는 이 사업을 계속 강력하게 추진을 해야 됩니다.[44]

이러한 논리는 그로부터 4년 뒤인 1971년 제7대 대통령 선거를 즈음한 유세에서도 그대로 반복된다. 그해 4월 25일 서울 유세에서 박정희는 다음과 같이 말하고 있다.

현재 우리나라는 전 세계의 개발도상국가 가운데에서도 가장 모범적인 국가라는 평을 받고 있습니다. 지난 10년 동안에 전 세계 120여 개국 중에서 어느 나라가 경제성장이 가장 빨랐느냐 하는 것을 유엔과 세계은행에서 통계를 내어 보았더니, 가장 경제성장이 빠른 국가 중에서도 우리 대한민국이 세 번째에 들어갔습니다. 또 어느 나라의 수출성장이 제일 빨랐는가 하면, 120여 개국 중에서 우리 대한민국이 단연 제1위에 올라섰습니다. 이것을 우리가 올림픽 경기와 비교해 본다면, 경제성장과 수출에 있어서는 우리 대한민국이 금메달과 동메달을 땄다고 할 수 있습니다. …… 그러나 국민 여러분! …… 우리는 이것으로 만족을 해서는 안 되겠습니다.

---

44 대통령 비서실, 앞의 책(1973b), 1026~28쪽.

왜냐하면 우리 경제가 그동안 고도의 성장을 했다고는 하지만, 이제 겨우 우리나라의 국민소득이 200불을 조금 넘을 정도입니다. 1인당 국민소득이 1,000불, 2,000불, 3,000불, 4,000불을 넘는 선진국가가 얼마든지 있습니다. 그러니까 200불을 넘는 국민소득을 가지고 절대로 만족해서는 안 되겠습니다. 지난 10년 동안에 우리가 땀 흘려 노력을 하여 많은 성장은 했지만, 원래 우리나라의 경제적인 바탕이 빈약하였기 때문에, 우리의 국민소득은 겨우 200불 정도밖에 넘지 못했습니다. 우리는 이것으로 만족해서는 안 되겠습니다. 몇 년 동안 더 노력을 해야 되겠습니다.[45]

그러나 빈곤과 발전의 변증법적 운동은 제3차 경제개발 5개년 계획이 끝나는 1976년에 종결되지 않았다. 아니 종결될 수 없었다. 만약 그리되면 박정희 정권은 존립근거와 정당성을 상실하게 될 것이기 때문이었다. 그것은 영속적인 운동으로 전환되어야 했다. 이는 무엇보다도 『민족중흥의 길: 민족사의 분수령에 서서』(1978)의 제4장 「고도 산업사회에의 도전」에서 박정희가 한 말을 보면 확연하게 드러난다. 거기에서 박정희는 "우리 국민의 자질을 더욱 발휘하여 경제의 고도성장을 지속시켜 나감으로써" 이 땅에 풍요로운 고도 산업사회를 이룩해야 한다고 역설하면서,[46] 다음과 같이 말하고 있다.

물론, 고도성장이 앞으로도 가능하며, 과연 우리가 고도 산업사회를 그렇게 빨리 이룩할 수 있느냐 하는 데 대해서는 의문을 제기하는 사람도 더러 있는 것 같다. 그러나 문제는 우리들의 정신적 자세와 노력이다. 이제 우리도 웬만큼 잘살게 되었으니 적당히 해두자는 식의 이완이 생긴다면, 더 이상의 발전은 어렵게 되고, 앞으로 더욱 치열해질 국제 경쟁에서 또다시

---

45 대통령 비서실, 앞의 책(1973c), 1107쪽.
46 박정희, 앞의 책(2005e), 847쪽.

낙오함으로써 그간 땀 흘려 이룩한 성장의 성과마저 수포로 돌아가고 말 것이다.

우리보다 수십 배의 국민소득을 가진 나라들은 현재의 수준에 만족할 수도 있겠지만, 그동안 가난을 탈피하기 위해 피땀 어린 노력을 기울여 온 우리로서는 현 단계에서 발전의 속도를 늦출 수는 없다. 모처럼 선진국의 대열에 올라설 수 있는 이 천재일우의 기회를 스스로 포기하고 그만 여기서 주저앉고 만다면, 우리에게는 또다시 중흥의 기회가 찾아오지 않을 것이다. …… 그동안 우리가 이룩한 개발의 성과는 우리의 출발 당시의 실정에 비해 크다고 할 수 있을 뿐, 평화통일과 민족중흥을 이룩하겠다는 우리의 목표에는 아직도 미흡하다. 우리는 선진 경제대국들에 비해 아직도 뒤떨어져 있으며, 그들의 수준에 도달하기 위해서는 앞으로 10여 년이 중요한 고비라고 할 수 있다. 우리의 현실이나 국제 정세는 우리가 이룩한 성과로 자위하거나 만족할 수 있는 여유를 허용치 않고 있으며, 오직 지속적 성장을 위한 부단한 노력을 요구하고 있다.[47]

결국 박정희 정권하에서 개인들은 빈곤과 발전의 영원한 변증법적 운동에 포획되었다. 그리하여 개인들은 빈곤에서 벗어나 잘살아 보기 위해 근대화 과정에 참여해 피와 땀과 눈물을 흘리며 경제발전을 위해 헌신적으로 일했고 그에 따라 점차적으로 형편이 나아지기는 했지만 여전히 빈곤에서 벗어나지 못한 상태라고 생각하게 되었다. 왜냐하면 빈곤은 절대적인 것이 아니라 상대적인 것으로 제시되었으며, 그 비교의 대상은 우리보다 수십 배의 국민소득을 가진 선진 경제대국들이었기 때문이다. 경제성장과 수출 증가에서 선진국들을 제치고 금메달과 동메달을 따도 그들에 비하면 수십 배나 빈곤한 상태에 머물 수밖에 없었다. 개인들은 먹어

---

47 같은 곳.

도, 아니 먹으면서도 배고픔을 느끼게 되었다. 먹지 못해서 배고픈 것이 아니라 더 많이 먹어야 한다고 생각하기 때문에 배고픈 것이었다. 개인들은 결코 충족될 수 없는 물질적 재화에 대한 욕망을 충족하기 위해 더욱 더 열심히 일하게 되었지만, 거기에 상응하여 물질적 욕망도 점점 더 커지게 되었다. 원래 100이던 욕망이 200이 되고, 300이 되고, 1,000이 되고 ……. 그리하여 무한한 발전을 통한 무한한 물질적 욕망의 충족 그 자체가 삶의 목표가 되었다. 부단히 피와 땀과 눈물을 쏟으며 일함으로써 지속적으로 성장하는 것 그 자체가 삶의 목표가 되었던 것이다.

이어서 경제개발 5개년 계획의 목표와 성과가 표현되는 방식이다. 이 국가적 발전 프로젝트의 성과는 경제성장률, 1인당 국민소득, 수출 증가율, 수출액으로 표현되었다. 예컨대 경제성장률 10퍼센트, 1인당 국민소득 1,000달러, 수출 증가율 20퍼센트, 수출액 100억 달러 하는 식이었다. 말하자면 근대화가 경제발전으로 환원되었고 이 경제발전은 다시금 양적 경제지표, 보다 정확히 말하자면 화폐적 경제지표로 환원되었던 것이다.

이처럼 화폐적 경제지표로 환원된 근대는 내가 보기에 다음과 같은 두 가지 중차대한 의미를 갖는다. 첫째, 근대화의 목표와 성과가 경제성장으로 환원됨에 따라 한편으로 근대의 정치적·사회적·문화적 가치 등 근대의 경제 외적 가치와 다른 한편으로 근대의 경제적 가치 중에서도 경제성장 외적 가치가 도외시되고 사상되었으며, 그럼으로써 경제 외적 가치나 경제성장 외적 가치를 주장하거나 추구하는 개인이나 집단은 근대화에 역행하는 반근대적 세력으로 낙인찍히고 억압되었다. 둘째, 이처럼 통계적 방법에 의해 근대화의 유일한 가치로 인식된 경제성장이 다시금 화폐적 경제지표로 환원됨에 따라, 그러니까 근대가 화폐적 가치로 수렴함에 따라 또는 근대가 화폐화됨에 따라, 가능한 한 많은 돈이나 물질을 획득하는 것이 빈곤을 극복하고 선진국이 되어 한번 잘살아 보려고 피와 땀과 눈물 그리고 내핍과 근면으로 매진하는 근대화의 유일한 목표이자 의미가 되어버렸다. 말하자면 잘살기 위해 필요한 수단인 돈이나 화폐적 가치를 가급적 많이 획득하는 것이 잘사는 것 그 자체와 동일시되었던 것이다. 모든 선의 물적 토대가 되어야 하는 돈과 물질이 선 그 자체가 되어버렸던 것이다. 이른바 부자가 되는 것이 선 그 자체가 되어버렸던 것이다. 수단이 목적이 되고 가치가 되는 이른바 목적론적 전도 또는 가치론적 전도가 일어났던 것이다.

이를 박정희와 더불어 목포에서 서울로 가는 열차 여행에 비유해 볼 수 있다. 목포에서 이리(익산), 대전, 조치원, 천안 등에 도착하면 해당 도시와 그 주변 지역을 관광하면서 자연, 역사, 문화, 예술 또는 특산물을 체험해서는 절대로 안 된다. 그러니까 여행 그 자체를 즐겨서는 절대로 안 된다. 즐겨야 할 것은 오직 도착 그 자체이다. 오로지 도착 그 자체가 목표이며, 따라서 한 역에 도착하면 조금도 지체하지 말고 다음 역을 향해 출발해야 한다. 그 각각의 역명(驛名)은 100달러 역, 200달러 역, 300달러 역, 1,000달러 역이다. 중단 없는 전진과 휴식 없는 노력을 통해 100달러 역으로, 200달러 역으로, 300달러 역으로 …… 달려야 한다. 종착역에 도착하면 다시 여행을 시작해야 하는데, 이때에는 역명이 1,000달러 역, 2,000달러 역, 3,000달러 역 등으로 바뀔 것이다. 결국 열차를 타고 목포에서 서울로 가는 개인들의 존재는 철저하게 생산적 노동과 그 결과의 양적 표현, 즉 돈으로 환원되었다.

이렇게 해서 한국 자본주의에 독특한 에토스, 즉 한국 자본주의의 정신이 생성되었다. 에리식톤 콤플렉스가 생성되었던 것이다. 그런데 이 에리식톤 콤플렉스는 근대화가 진행되면서 극복된 것이 아니라 오히려 점점 더 강화되었다. 1960년대에는 100달러 정도에 불과하던 욕망이 1970년대에는 1,000달러로 커졌다. 그리고 김영삼 정권에서는 1만 달러로, 노무현 정권에서는 2만 달러로 그리고 이명박 정권에서는 급기야 4만 달러로 커졌다. 이처럼 에리식톤 콤플렉스가 급격한 산업화와 경제성장을 통해 정치적 정당성을 획득하려는 노력이 박정희 정권에 국한되지 않고 그 이후의 정권들에도 연결되면서 더욱더 커지게 된 이유는, 이 정권들도 박정희 정권에서 시작된 환원근대의 기조를 그대로 유지했기 때문이다. 그들도 원칙적으로 경제개발주식회사의 틀에서 벗어나지 못했다. 요컨대 한국 자본주의에 독특한 정신인 에리식톤 콤플렉스는 경제발전 그 자체를 목적으로 추구한 환원적 근대화의 사회심리학적 귀결이었던 것이다.

3. 제2경제: 자본주의 정신의 강화

여기에서 이른바 '제2경제'를 잠시 살펴볼 필요가 있다. 제2경제는 1967년 11월 박정희가 주창하였다. 당시 박정희는 공화당 관계자들에게 다음과 같은 지시를 내렸다. "웬만큼 이룩되고 있는 물질 면의 성장에 비해 정신적인 분야의 성장이 따르지 못해 그 사이에 커다란 갭이 있으며, 그 갭이 물량 면의 고도성장을 저해하고 근대화 작업이 결과적으로 절름발이가 될 우려가 있으니 이 문제를 검토해 보라." 바로 이것이 제2경제론이 대두된 배경이다. 당시 경제기획원 장관이던 박충훈이 1967년 11월 11일에 처음으로 제2경제라는 용어를 사용하고 12월에는 「제2의 경제 및 경제발전을 저해하는 제 요소와 그 개선방안」이라는 보고서를 작성했지만 별반 주목을 받지 못했다. 그러다가 1968년 1월 15일의 대통령 연두기자회견을 통해 본격적인 주목을 받기 시작했다.[48] 거기에서 박정희는 제2경제를 다음과 같이 규정하고 있다.

종전에 우리가 말하던 증산이다, 수출이다, 건설이다, 소위 통념적인 경제를 하나의 '제1경제'라고 이름을 붙일 수 있다면, …… 눈에 보이지 않는

---

48 박태균, 「1960년대 중반 안보 위기와 제2경제론」, 『역사비평』 8/2005, 250~76쪽, 여기서는 267쪽; 조유재, 「박정희 정권의 제2경제운동의 전개와 성격」, 『숭실사학』 38/2017, 263~318쪽, 여기서는 270쪽(직접 인용은 박태균, 같은 곳).

정신적인 면이라든지, 또 우리의 마음가짐 등 우리 국민이 근대화를 하는 데 있어서의 철학적인 바탕 또는 기조 등을 '제2경제'라고 해볼 수 있지 않겠느냐 이러한 이야기입니다.[49]

그러니까 제1경제가 근대화의 눈에 보이는 외형적 측면 또는 물질적 측면을 가리킨다면, 제2경제는 근대화의 눈에 보이지 않는 정신적 측면, 마음가짐, 또는 철학적 토대를 가리킨다. 박정희는 "눈에 보이지 않는 형이상학적인 어떤 내용"이라는 표현도 사용한다.[50] 간단히 말해 제1경제가 조국 근대화의 물질적 기반을 가리킨다면, 제2경제는 조국 근대화의 정신적 기반을 가리킨다. 또는 달리 말해 제1경제가 경제적 근대화를 가리킨다면, 제2경제는 정신적 근대화를 가리킨다.

여기에서 한 가지 유념해야 할 점이 있으니, 그것은 박정희가 제2경제를 제1경제에 종속되는 것이 아니라 제1경제와 동등한 것으로 파악한다는 사실이다. 그에게 제1경제와 제2경제는 근대라는 동전의 양면과도 같으며, 따라서 양자가 균형적으로 발전하는 것이 진정한 의미의 근대화이다. 그리하여 '근대화=경제성장'이라는 등식을 착각이라고 단호하게 거부한다.[51] 이와 관련하여 박정희는 1968년의 연두기자회견에서 주장하기를,

지금 여러분들이 아시는 바와 같이 우리 민족의 당면한 지상명제가 조국의 근대화 작업이라고 나는 생각합니다. 우리가 실력을 배양해서 앞으로 중대시기에 대비해야 되겠습니다. 여기에 대해선 아무도 이의가 없으리라고 생각합니다. 그러면 이 근대화에 대한 정의 또는 개념에 대해서는 물론 우리가 말하는 경제건설 하나만을 가지고 근대화라고 하지 않습니다.

---

49 대통령 비서실, 앞의 책(1973c), 134쪽.
50 같은 곳.
51 같은 책, 133쪽.

…… 여기에는 정치·경제·사회·문화·교육, 또는 종교 모든 부문에 있어서
도 우리나라의 민주화 운동, 산업화 운동, 협동화 운동, 과학화 운동 또는
합리화 운동 등 이러한 것을 우리가 전개해야만 우리가 지금 주장하는 조
국의 근대화 운동이 된다고 생각합니다.[52]

박정희는 경제성장을 조국 근대화의 가장 중요한 핵심으로 간주하면서,
그 이유를 경제성장이 다른 모든 부문의 발전적 토대가 되기 때문이라고
한다. 계속해서 박정희는 주장하기를,

그런데 그 가운데에서 가장 핵심이 되는 것이 무엇이냐? 이것은 혹 딴
이의를 제기할 분이 있을지도 모르지만, 나는 우리의 근대화 운동에 있어
서 가장 핵심이 되는 것은 경제건설과 경제개발이라고 봅니다. 우리가 다
른 부분에 있어서 모든 발달이 지지부진하고 사회적인 여러 가지 마찰이
많이 일어나고 또 개혁에 저해를 가져오는 가장 큰 요인은 빈곤하고 가난
하고 자본이 부족하기 때문에 오는 원인이 대부분입니다.[53]

그렇다면 지금까지 우리가 고수해 온 견해, 즉 박정희 정권은 국가-재
벌 동맹자본주의에 기반하는 경제 중심의 환원근대를 추구했다는 견해
는 자기모순에 빠지고 마는 것이 아닌가? 박정희는 근대화=경제성장이
라는 환원근대의 도식을 착각에 불과한 것이라고 비판하지 않았는가? 박
정희 정권은 경제적 근대화와 정신적 근대화를 균형적으로 추구했으며,
따라서 정치적·경제적·사회적·문화적·교육적·종교적 영역을 포괄하는,
그러니까 전(全) 사회적 영역을 포괄하는 근대화 운동을 전개하지 않았는
가?[54] 그리고 이 '포괄적' 근대화 운동을 민주화 운동, 산업화 운동, 협동

52 같은 곳.
53 같은 곳.

화 운동, 과학화 운동 또는 합리화 운동 등으로 실현하려고 하지 않았는가?

만약 정말로 그랬더라면, 한국의 근대(화)와 자본주의는 전혀 다르게 전개되고 자본주의 정신은 전혀 다른 모습을 띠게 되었을 것이다. 그러나 결론부터 말하자면, 박정희 정권의 근대화 운동에 대한 우리의 견해는 결코 자기모순이 아니다. 왜냐하면 제2경제는 국가-재벌 동맹자본주의에 기반하는 경제 중심의 환원적 근대화를 보다 강력하고 효율적으로 추구하기 위해 주창된 것이기 때문이다. 원래 제2경제는 ─박정희가 강조하는 바와 같이─ 제1경제를 뒷받침하기 위해서가 아니라 경제 외적 영역에서도 경제적 영역에서처럼 대중을 동원하고 통제하기 위해 주창된 것이다. 다시 말해 경제 외적 영역도 경제적 영역과 마찬가지로 국가주의적 지배체제에 편입시키기 위해 주창된 것이었다. 이처럼 경제 외적인 것이 경제적인 것과 동등한 의미를 가진다는(!), 그것도 경제 외적인 것이 경제적인 것처럼 동원과 통제의 대상이 된다는 점에서 후자를 제1경제라고 부르고 전자를 제2경제라고 부르는 것은 합당하고 일리가 있다고 할 것이다. 박정희 정권에서 제2경제는 단발성 담론으로 끝난 것이 아니라 정권적 차원에서 기획되고 장기적으로 추진된 국민정신계몽으로서 「국민교육헌장」, 유신체제 및 새마을운동으로 이어졌다. 이 용어는 1978년까지 사용되었다.[55]

그러나 다른 한편 제2경제는 ─박정희가 강조하는 바와 달리─ 제1경제를 뒷받침하며, 따라서 제2경제는 제1경제에 대해 종속적인 지위를 갖는다. 이 점에서 제2경제는 합당하고 일리가 있는 용어라고 할 것이다. 왜

---

54 당시 공화당 당의장이던 김종필도 1968년 신년대담에서 다음과 같이 제1경제와 제2경제의 관계를 규정했다. "조국 근대화의 물질적 기반을 제1의 경제라 한다면, 이를 제외한 정신적 바탕인 정치·경제·교육 등을 제2의 경제라 할 수 있다." 조유재, 앞의 글(2017), 270쪽에서 재인용.

55 같은 글, 264쪽.

냐하면 경제 외적인 것은 어디까지나 경제적인 것과의 관계 속에서 의미를 가지며, 그것도 종속적인 의미를 가지기 때문이다. 경제에 종속적인 것, 그러나 중요한 경제적 기능을 하는 것을 표현하기에 가장 적합한 용어는 당연히 제2경제일 것이다. 이렇게 보면 제2경제라는 용어와 관련하여 품기 쉬운 의문, 즉 왜 정신적 근대화를 가리키는 용어를 하필 제2경제라고 했을까 하는 의문, 그리고 그 말이 "부적당하다면 적당한 말로 고쳐도 무방하다고 생각한다", 또는 "더 좋은 어떤 용어를 언제든지 말해 주면 고칠 용의가 있다"[56]라는 박정희의 단서와 달리, 제2경제는 제대로 고른 용어라고 할 수 있을 것이다.

여기에서 우리의 관심을 끄는 것은 정권적 차원에서 기획되고 장기적으로 추진된 국민정신계몽으로서의 제2경제가 아니라[57] 제1경제를 뒷받침하는, 따라서 제1경제에 종속적인 것으로서의 제2경제이다. 그 이유는 제2경제가 한국 자본주의의 정신에 대해 중요한 의미를 갖기 때문이다. 우리는 박정희의 연설문에 나타난 제2경제에 논의의 초점을 맞추기로 한다.

박정희가 제2경제를 주창하던 1967년 말은 제1차 경제개발 계획(1962~66)이 성공적으로 마무리되고 제2차 경제개발 계획(1967~71)이 성공적으로 진행되던 시점이다. 이는 무엇보다도 국가-재벌 동맹자본주의와 빈곤을 극복하고 잘살아 보자는 대중의 물질적 욕망 때문에 가능한 것이었다. 그런데 경제개발 계획의 성공적인 추진으로 경제가 급속하게 성장함에 따라 빈곤과 발전의 영원한 변증법적 운동에 포획되어 생산적 노동에 헌신해야 할 개인들 사이에는 ─ 적어도 일부 집단이나 계층에서 ─ 이 운동을 벗어나 발전의 열매를 향유하려는 경향이 나타나게 되었다. 박정희 식으로 비유하자면, 목포에서 서울로 가는 열차 여행에서 개인들이

---

56 대통령 비서실, 앞의 책(1973c), 133~34쪽.
57 이에 대한 자세한 논의는 조유재, 앞의 글(2017)을 참조.

이리(익산), 대전, 조치원, 천안 등에 도착하면 해당 도시와 그 주변 지역을 관광하면서 자연, 역사, 문화, 예술 또는 특산물을 체험하려고 하는 경향이 나타나게 되었다. 그리하여 지속적인 경제성장에 대한 욕망, 즉 돈과 물질적 재화에 대한 무한한 욕망이 약화되었다. 에리식톤 콤플렉스가 약화될 위기에 처한 것이다. 한국 자본주의의 정신이 와해될 위기에 처한 것이다. 그리하여 국가-재벌 동맹자본주의에 기반하는 경제 중심의 환원적 근대화를 추동할 정신적 동인이 상실될 위기에 처한 것이다.

그런데 이를 경제적인 것, 그러니까 제1경제에 의해서 해결하기는 사실상 어려운 일이었다. 왜냐하면 근대화의 목표가 경제발전을 이룩하여 빈곤을 탈피하고 한번 잘살아 보는 것으로 제시되었으며, 따라서 그 발전의 열매를 향유하려는 욕구가 생겨나게 되었기 때문이다. 아니면 적어도 그와 같은 가능성이 생겨날 수밖에 없었다. 그리하여 경제개발주식회사 박정희 정권에게는 한편으로 이 향유에 대한 욕구를 제어하면서 다른 한편으로 돈으로 표현되는 물질적 재화에 대한 욕망을 지속적으로 자극하고 확대해야 하는 것이 무엇보다도 시급한 과제가 되었다. 다시 말해 개인들을 빈곤과 발전의 변증법적 운동에 영원히 포획해야 했다. 그렇게 해서 경제개발주식회사 박정희 정권의 존립근거와 정당성을 확보해야 했다. 결국 문제의 해결은 경제 외적인 것에서 찾아야 했다. 그것이 제2경제, 즉 정신적 근대화였던 것이다. 박정희 정권은 제2경제를 통해 자본주의 정신을 강화하려고 했던 것이다.

1968년 1월 15일 연두기자회견에서 박정희는 근대화, 경제성장 그리고 잘살아 보는 것의 관계를 다음과 같이 규정하고 있다.

우리나라의 근대화 운동에 있어서 가장 핵심이 되는 것은 우리의 봉건적인 농업국가체제로부터 우리나라를 빨리 근대적인 산업국가체제로 전환시킴에 있어서 오는 경제개발과 경제건설이 가장 핵심이 되어야 합니다. 그래서 지난 수년 동안 우리 국민들이나 정부가 여기에 대해서 많은 노력을 했고, 또한 많은 성과를 올렸다는 것도 사실입니다. 그동안에 증산도 많이 되었고 수출도 많이 늘었고 건설도 많이 되었습니다. 그런데 지금 근간에 와서 우리 국민들 중의 일부 층에서는 근대화라는 것이 '근대화=경제건설이다'라고 착각을 가진 분들이 혹 있지나 않은가 하는 염려도 생겨나는 것입니다. '근대화 운동이라는 것이 경제건설이다', '경제건설이라는 것은 빨리 생산을 하고 건설을 하고 돈을 많이 벌어서 우리가 잘 먹고 잘 입고 잘살면 된다', 거기까지도 좋습니다. 잘 먹고 잘사는 것도 '나만 잘 먹고 잘 입고 잘살면 된다. 남이야 어떻게 되든, 우리 이웃이 어떻게 되든, 우리 민족이 어떻게 되든, 우리 국가가 어떻게 되든, 그것은 아랑곳없다' 하는 이런 그릇된 사고방식은 우리가 경계해야 될 문제라고 생각합니다. …… 속되게 말한다면, 돈만 벌면 그만이다, 돈을 벌었으니까 그다음에 우리가 좀 사치를 해도 괜찮다, 내가 잘 벌어서 내가 잘살기 위해서는 남은 망해도 관계없다, 국가의 위신이고 체면이고, 이런 것은 문제시할 것 없다, 이런 어떤 풍조가 생겨서는 곤란합니다.[58]

이 연설문을 보면 박정희는 근대화의 궁극적인 목표를 잘 먹고 잘 입고 잘사는 것, 즉 물질적 풍요에서 찾으며 그에 따라 근대화의 핵심을 증산, 수출, 건설 등의 경제성장에서 찾고 있음을 알 수 있다. 그리고 국가와 국민들이 지난 몇 년 동안 합심하여 열심히 노력한 결과로 경제가 많이 성장했기 때문에 잘 먹고 잘 입고 잘살 자격이 있음을 시인하고 있다. 그런데 중요한 것은 잘 먹고 잘 입고 잘사는 주체를 개인이 아니라 집단, 궁극적으로 국가로 설정하고 있다는 점이다. 이는 박정희가 근대 산업자본주의 발전에 수반되는 또는 그 토대가 되는 경제적 개인주의를 전 근대적인 경제적 집단주의로 대체하려고 했음을 시사하는 대목이다. 그는 이 경제

---

58 대통령 비서실, 앞의 책(1973c), 133~34쪽.

적 집단주의를 정신적 근대화라고 부르는 것이다. 바로 이것이 제1경제와의 관계 속에서 이해되는 제2경제인 것이다. 1968년의 연두기자회견에서 박정희는 다음과 같이 강조하고 있다.

> 물론 나도 잘살아야 되겠지만 가난한 우리 이웃도 도와야 되겠고, 가난한 우리 민족이 보다 더 협력을 해서 모두 잘살아야 되겠고, 우리 국가가 부강한 나라로 빨리 발전을 해서 우리의 아름답고 우수한 고유의 문화와 민족의 역량을 발휘할 수 있는 그러한 터전을 만들어야 되겠고, 나아가서는 이러한 훌륭한 유산을 우리들 자손들한테까지 물려주어야 되겠다는 것이 바로 우리가 경제건설을 하고 조국을 근대화하자는 데 대한 근본 목적이고 이념입니다.[59]

박정희는 제1경제와 제2경제, 즉 경제적 근대화와 정신적 근대화에서 공히 빈곤과 발전의 변증법적 관계를 언급하고 있다. 그러나 다른 한편 제2경제에는 제1경제에서 찾아보기 힘든 점이 한 가지 눈에 띄는바, 그것은 ─ 방금 언급한 바와 같이 ─ 경제적 개인주의를 경계하고 저지하려는 의도이다. 경제적 개인주의란 간단히 말해 개인이 생산의 주체가 되는 동시에 소비의 주체가 되는 것을 의미한다. 이에 반해 경제적 집단주의란 개인들을 초월하는 사회집단, 특히 국가가 생산과 소비의 주체가 되고 개인들은 그 주체의 계획과 통제하에서 생산을 하고 소비를 하는 것을 의미한다. 근대 산업자본주의 사회에서는 아무리 국가가 개인들을 통제한다고 해도 경제성장에 따르는 소비성향의 증가를 막을 수 없으며, 그 결과로 경제적 개인주의가 확산되는 것을 막을 수 없다. 그리하여 제2경제에서는 소비가 악덕으로 설정된다. 이는 무엇보다도 1969년 1월 10일의 대

---

59 같은 책, 135쪽.

통령 연두기자회견을 보면 명백히 드러난다. 거기에서 박정희는, 꼭 한 해 전에 주창한 제2경제운동의 성과를 어떻게 평가하고 새해에는 어떠한 운동을 전개할 것인가라는 기자단의 질문에, 먼저 다음과 같이 일 년 동안 전개된 제2경제운동의 성과를 평가하고 있다.

　　작년 연말에 통계를 내보니 우리나라 국민들의 소비성향이 67년에 비해서 약간 줄었습니다. 즉 그만큼 우리 국민들이 절약을 많이 하고 있다 하는 것이 통계 숫자로 나타났습니다.
　　물론 이것이 작년에 우리가 한 제2경제운동의 효과가 여기에 즉각적으로 나타났다고 보지는 않습니다. 그러나 여하튼 우리 국민들이 작년에 여러 가지 운동을 여러 계층에서 전개를 했고, 우리 국민들이 스스로 자숙과 자각을 하는 그러한 풍조가 높아졌고, 좋은 예로서는 작년 연말에 크리스마스 등 여러 가지 풍경을 보더라도 우리 모든 국민들이 이런 면에 대해서 많이 자각을 하고 소비 절약을 하고 있다는 것을 우리는 알고 있습니다.[60]

이어서 박정희는 절미운동을 1969년에 전개할 제2경제운동의 예로서 제시하고 있다.

　　금년에도 우리는 작년에 계속해서 이러한 여러 가지 국민운동의 전개가 되고 또한 많은 효과를 거두어 주었으면 하는 것을 희망합니다. 예를 들면 …… 우리나라에서는 식량이 작년에 흉년이 들어서 외미를 많이 가져왔습니다. …… 그래서 지금 우리는 절미운동을 앞으로 하자, 쌀을 좀 덜 먹자는 이야기입니다. 지금 우리 국민들이 이것은 확실히 빠른 시일 내에 고쳐

60　같은 책, 429쪽.

야 된다고 생각합니다.[61]

박정희에 따르면 제2경제 없는 제1경제, 그러니까 정신적 근대화 없는 경제적 근대화는 "물질만능주의, 황금만능주의, 즉 물질이 제일이다, 돈이면 그만이다"라는 풍조로 귀결될 수밖에 없다.[62] 그런데 여기에서 중요한 점은 박정희가 정신적 근대화를 근대사회의 구성원리인 개인주의가 발전하는 것으로 파악하지 않고 오히려 그 개인주의를 저지하고 전 근대사회의 구성원리인 집단주의를 창달하는 것으로 파악한다는 사실이다.

이는 무엇보다도 1970년 1월 9일의 대통령 연두기자회견을 보면 명백히 드러난다. 거기에서 박정희는, 1970년대의 정신적 근대화를 이끌어갈 진정한 방향에 대해 말해 달라는 기자단의 주문에, 정신적 근대화를 '소아'(小我)와 '대아'(大我)의 관계로 설명하고 있다. 소아는 '나'라는 개인을 가리키는 반면, 대아는 '나'를 확대하고 연장한 국가 또는 민족을 가리키며, 따라서 국가와 민족에는 '나'와 '너'가 다 들어 있다.[63] 소아의 윤리관이 이기적 의식이라면, 대아의 윤리관은 공동운명의식과 연대책임의식이다. 박정희는 소아의 이기적 윤리관의 예로 방금 언급한 물질만능주의 또는 황금만능주의와 더불어, 부정부패, 사치풍조, 자조정신의 결여, 청소년 문제를 거론하고 있다.[64] 그리고 대아의 윤리관인 공동운명의식과 연대책임의식은 다음과 같이 사고하는 것을 의미한다. "국가가 잘되는 것은 결국은 내가 잘되는 것이며, 민족이 잘되는 것도 결국은 내가 잘되는 것이며, 국가를 위해서 내가 희생을 하고 봉사를 하는 것은 크게 따지면 나 개인을 위해서 봉사하는 것이고, 우리 자손을 위해서 희생하는 것이다.

---

61 같은 곳.
62 같은 책, 685쪽.
63 같은 책, 686쪽.
64 같은 책, 685~86쪽.

그렇기 때문에 우리가 국가를 위해서 충성을 하는 것은 미덕이다, 가장 보람 있는 일이다."[65] 이러한 대안의 윤리관에 입각하여 박정희는 조국 근대화와 민족중흥에 대해 다음과 같이 정의하고 있다.

> 우리가 말하는 조국 근대화나 민족중흥이라는 말도 그 속에 나오는 조국, 민족이라 하는 것은 '나'를 확대한 '대아'가 조국이요 또 민족인 것이며, 조국 근대화와 민족중흥에 우리가 혼연히 참여해서 봉사하는 것은 남을 위해서 하는 것은 아니라, 나 자신을 위해서 하는 것이고, 우리 후손들을 위해서 하는 일이다. …… 이러한 연대책임의식과 공동운명의식을 우리가 확실히 인식해야겠습니다.[66]

우리는 예의 그 1970년 대통령 연두기자회견에서 또 한 가지 매우 흥미로운 점을 발견할 수 있는데, 그것은 박정희가 정신적 근대화를 1968년 12월에 반포한 「국민교육헌장」과 연결하고 있다는 사실이다. 거기에서 박정희는 대아의 연대책임의식과 공동운명의식을 "정신적인 지표로 정리하여 밝힌 것"이 「국민교육헌장」임을 강조하고 있다. 잘 알려져 있다시피, 「국민교육헌장」은 1968년 12월 5일에 대통령의 이름으로 반포되었다. 그해 1월 15일의 대통령 연두기자회견에서 제2경제를 공식적으로 천명한 지 채 1년이 안 되는 시점이었다. 아무튼 박정희는 1970년 대통령 연두기자회견에서 국가와 사회에 대한 공동운명의식과 연대책임의식 그리고 소아의 승화를 통한 대아의 완성을 인간의 존엄성과 더불어 「국민교육헌장」을 관류하는 정신이라고 역설하고 있다.[67] 그러면서 말하기를,

---

65 같은 책, 686~87쪽.
66 같은 책, 688쪽.
67 같은 곳.

'나라의 융성이 나의 발전임을 깨달아' 이런 말이 있는데, 이는 나라가 잘되는 것이 내가 잘되는 근본이 된다. 나라라는 것은 '나'를 확대한 '대아'이기 때문에, 나라가 잘되는 것은 결국은 내가 잘되는 결과다, 이런 뜻인 것이며, 이 말은 내가 지금까지 말한 취지 바로 그것인 것입니다.[68]

그리고 계속해서 말하기를,

'또한 반공 민주 정신에 투철한 애국 애족이 우리의 삶의 길이며' 하는 구절이 있는데, 이 속의 애국 애족하는 것이 우리가 사는 [길이며] 결국은 내가 사는 길이다 하는 말[과] 같은 뜻의 말인데, 이런 말이 모두 우리 교육헌장 내에 명백히 명시가 되어 있습니다.[69]

박정희는 「국민교육헌장」의 정신을 생활화하고 하나하나 실천해 나가는 것이 바로 정신적 근대화라고 주장한다. 그러니까 — 인간의 존엄성을 지키면서(!) — 국가와 사회에 대한 공동운명의식과 연대책임의식을 갖고 소아를 승화시켜 대아를 완성하는 것이 박정희가 이해하는 정신적 근대화이다. 그것은 한마디로 전 근대사회의 구성원리인 집단주의를 실현하는 것이다. 결국 박정희가 말하는 정신적 근대화는 근대적인 것이 아니라 비근대적인 것, 아니 반근대적인 것이다.

이렇게 보면 경제적 근대화와 정신적 근대화, 즉 제1경제와 제2경제는 상호 모순적인 관계에 있다고 할 것이다. 왜냐하면 제1경제는 근대 산업 자본주의, 즉 근대화를 지향하는 반면, 제2경제는 집단주의, 즉 비근대화 또는 반근대화를 지향하기 때문이다. 그러나 박정희 정권이 추구하는 근대화, 그러니까 국가-재벌 동맹자본주의에 기반하는 경제 중심의 환원적

---

68 같은 곳.
69 같은 책, 689쪽.

근대화의 관점에서 보면 그 둘의 관계는 상당히 합리적이고 효율적인 것이었다. 왜냐하면 제1경제와 제2경제는 길항작용을 하면서 박정희 정권의 근대화 운동을 추동했기 때문이다.

먼저 제1경제는 빈곤을 극복하고 잘살아 보자는 구호 아래 개인들에게 돈과 물질에 대한 무한한 욕망을 자극하여 에리식톤 콤플렉스가 형성되도록 하고, 이를 생산적 노동으로 전환하도록 했다. 말하자면 제1경제는 욕망의 정치를 구사하면서 개인들을 근대적 산업자본주의 발전에 동원했던 것이다. 그러나 만약 개인들이 정말로 잘살아 보기 위해 경제성장의 산물인 돈과 물질에 대한 분배와 소비를 요구하게 된다면, 그러니까 자본주의적 욕망이 생산 단계를 넘어서 분배와 소비에까지 미치게 된다면, 국가-재벌 동맹자본주의에 기반하는 경제 중심의 환원적 근대화는 더 이상 추진하기가 어렵게 될 것이다. 사실 경제성장의 산물인 돈과 물질의 향유에 대한 욕망은 —박정희 자신도 인정했듯이! — 근대 산업자본주의가 발전함에 따라 자연스레 생겨날 수밖에 없다. 그리하여 박정희 정권은 개인들의 욕망이 생산 단계를 벗어나 분배와 소비에 미치는 것, 다시 말해 개인들이 에리식톤 콤플렉스에서 벗어나는 것을 저지할 필요성을 절감하게 되었다. 이 필요성에 의해 도입된 것이 바로 제2경제, 즉 정신적 근대화였던 것이다. 그것은 한마디로 금욕의 정치였다. 이처럼 박정희 정권은 욕망의 정치와 금욕의 정치를 적절하게 배합하면서 근대화를 추구했다.[70]

박정희가 말하는 제1경제와 제2경제는 각각 다음과 같은 연계 고리로

---

70 김보현, 앞의 책(2006), 157쪽(각주 62번). 이 욕망의 정치와 금욕의 정치의 배합은 '가마우지 효과'라는 용어로 표현하면 보다 명확하고 가시적으로 드러날 것이다. 중국의 깊은 산간에 사는 한 부족은 가마우지의 목을 끈으로 묶어 물고기를 삼키지 못하게 만든 뒤 가마우지가 물고기를 잡으면 목에 걸린 물고기를 빼내어 가로챈다고 한다. 한국인들은 가마우지처럼 열심히 물고기를 사냥하지만 그들의 목을 묶은 끈 때문에 사냥물을 삼키지 못하고 그들의 목을 끈으로 묶은 국가-재벌 동맹자본주의의 주도세력에게 빼앗기고 만다. 그리고 이 과정은 시시포스의 노동처럼 반복된다.

표현해 볼 수 있다.

제1경제	노동—돈—분배와 소비
제2경제	노동—돈

먼저 제1경제는 피와 땀과 눈물을 흘려 열심히 일하여 많은 돈을 벌어서 한번 잘살아 보는 것을 의미한다. 박정희 정권은 이를 통해 개인들을 자본주의적 인간형으로 재구성할 수 있었다. 그러나 환원적 근대화를 지속적으로 추진하여 정권의 정당성을 지속적으로 확보하기 위해서는 '돈 — 분배와 소비'의 연계 고리를 끊고 개인들의 행위를 '노동 — 돈'의 연계 고리에 국한해야 했으며, 이 문제를 해결하기 위해 도입한 것이 바로 제2경제였던 것이다.

물론 제1경제에도 '돈 — 분배와 소비'의 연계 고리를 끊을 수 있는 계기가 없었던 것은 아니니, 그것은 빈곤과 발전의 변증법이다. 이미 이 장의 제2절에서 상세히 논한 바와 같이, 박정희 정권은 급속한 경제성장을 이룩했지만 완전히 빈곤을 극복하기 위해서는 더 많은 경제성장이 필요하다는 논리를 전개하면서 지속적으로 경제개발 5개년 계획을 추진해 나갔다. 게다가 빈곤과 발전의 주체가 개인이 아니라 국가나 민족으로 설정되었기 때문에 경제적 집단주의에 의해 경제적 개인주의를 저지할 가능성도 얼마든지 있었다. 그러나 거기서는 개인들의 자본주의적 욕망을 자극하고 그들을 자본주의적 인간형으로 주조하는 것이 급선무였기 때문에 금욕의 정치를 구사하기에는 분명한 한계가 있을 수밖에 없었다. 더구나 상황에 따라서는 이 금욕의 정치를 배제한 채 근대화와 경제성장의 필요성을 역설해야 했다. 이 문제를 해결한 것이 바로 제2경제의 도입이었던 것이다. 제2경제는 대아와 공동운명의식 및 연대책임의식, 즉 집단주의를 강조함으로써 개인들의 자본주의적 욕망을 '노동 — 돈'의 연계 고리에 묶어둘 수 있었다.

이렇게 보면 제2경제는 한국 자본주의의 정신을 강화했으며, 그럼으로써 국가-재벌 동맹자본주의에 기반하는 환원적 근대화를 보다 효율적으로 추진하는 데에 기여했다고 결론지을 수 있을 것이나. 박정희 성권은 제1경제에서 빈곤-발전의 변증법을 통해 개인들을 근대적 자본주의가 요구하는 인간으로 '개조'할 수 있었다. 이것이 이른바 경제적 근대화였다. 그런데 자본주의적 인간은 근본적으로 개인주의적 성격을 띠기 때문에 국가가 근대화에 지속적이고 효율적으로 동원하고 통제하는 데에는 어려움이 따를 수밖에 없었다. 이에 박정희 정권은 제2경제에서 대아, 공동운명의식과 연대책임의식 등의 전통적 윤리의식을 통해 자본주의적·개인주의적 인간을 집단주의적 또는 공동체적 가치, 특히 국가주의적 또는 민족주의적 가치에 예속시켰다. 비유적으로 말하자면, 개인주의를 집단주의의 강력한 '중력장'에 가두어두고 자본주의적 생산노동에 필요한 만큼만 개인주의의 발전을 허용했다. 이것이 이른바 정신적 근대화였다. 그것은 또 한차례의 '인간개조'였으며, 이 이중적 인간개조의 결과로 개인들은 경제적으로는 근대를 지향하고 있었지만 문화적으로는 전통을 지향하게 되었다. 그것은 경제적 근대주의와 문화적 전통주의의 결합이었다.[71] 또는 달리 말하자면, 전통적 가치관과 근대적 자본주의의 타협이자 자본주의적 인간형의 한국적 변형이었다.[72]

내가 보기에는 이 자본주의적 인간형의 한국적 변형은 1970년부터 전개된 농촌 새마을운동에서 그 '이념형'을 찾아볼 수 있는데, 그 이유는 농촌이 (대)도시에 비해 규모가 작고 동질적이며 전통적 가치관의 영향이 큰 공동체이기 때문이다. 우리는 농촌 새마을운동에서 한국적으로 변형된

---

71 김덕영, 앞의 책(2014), 293쪽 이하.

72 최인이, 「1970년대 농촌 여성들의 자본주의적 개인 되기: 새마을 부녀지도자의 노동활동 경험을 중심으로」, 오유석 (엮음), 『박정희 시대의 새마을 운동: 근대화, 전통 그리고 주체』, 한울아카데미 2014, 72~108쪽.

자본주의적 인간의 가장 순수한 형태를 관찰할 수 있다. 예컨대 새마을 부녀지도자의 노동을 통해 '농촌 여성들의 자본주의 개인 되기'를 추적한 한 경험연구는 다음과 같은 결론에 도달하고 있는데, 우리는 거기에 전적으로 동의할 수 있다. "새마을지도자들, 특히 새마을 부녀지도자들은 당시 근대화를 절실히 추구하던 박정희 정부가 가장 원하던 바람직한 국민의 상이 아니었을까 하는 생각이 든다. 이들은 공동체 관념과 전통적 성역할을 받아들이고 그 틀 내에서 근대적 자본주의, 개인주의를 적절히 조화시켜 엄청난 양의 개인적 노동을 즐거이 감내하는 개인들이었다. 일반적으로 개인주의의 단점으로 다루어지는 원자화·파편화된 인간군이 아니라 공동체주의를 통해 타인과의 관계를 유지하면서 공동의 목표를 추구하고 그것을 통해 개인적 이윤 추구를 이루어가는 모습들은 당시의 새마을운동이 적어도 소득 증대와 농촌 근대화의 관점에서는 성공적이었던 이유를 어느 정도 설명해 준다고 할 수 있다."[73]

박정희 정권의 제1경제와 제2경제에 의해 한국적으로 변형된 자본주의적 인간은 한마디로 노동과 돈으로 환원된 인간이었다. 이에 대한 이념형 역시 새마을운동에서 찾아볼 수 있다. 국립영화제작소가 제작·배포한 홍보영화 중에 「쉬지 않는 농촌」이라는 것이 있다고 한다. "제목이 '쉬지 않는 ……'이다. 민요풍의 배경음악이 깔리면서 시작되는 이 영화는 실제 성공사례로 선정된 몇몇 마을과 학교를 탐방하는 식으로 구성된 14분짜리 다큐멘터리이다. 중간중간 마을의 원경을 가만히 비추는 경우를 제외하면, 시작부터 종결까지 영상은 일, 일, 일이다. 객토, 보리 밟기, 비닐하우스 재배, 홀치기 작업, 수편물 짜기, 인조진주 제작, 관상조 사육, 버섯 재배 등. 연령과 성별 구분 없이 등장인물들이 보여 주는 부지런한 손동작과 민첩한 눈 움직임, 힘차기도 하고 재빠르기도 한 도구와 기구의 이용법

73 같은 글, 104쪽.

등이 인상적이다."[74] 이 홍보영화의 내레이션도 영상과 마찬가지로 일, 일, 일이다.

생산소득사업에 온 힘을 기울이고 있는 농민들은 농한기에도 **쉬지 않고** 내일의 결실을 다져가기 위해 땀을 흘린다. …… 비닐하우스엔 아침부터 부락민들의 **바쁜 일손이 열기를 뿜는다.** 문전옥답이 있으면서도 겨울철이면 할 일 없이 도박이나 하며 농한기를 소일(消日)했던 이곳 부락민들이 비닐하우스에 손을 댄 건 불과 5, 6년 전. 그때만 해도 이 부락민들은 영세 농가를 면치 못했던 가난에 찌든 마을이기만 했다. 그러나 이젠 벼농사까지 삼모작의 농사를 지어내느라 **잠시도 쉴 사이가 없다.** …… 이젠 가난에서 **부자마을로 탈바꿈한 이들**은 땀 흘려 가꾼 결실의 기쁨을 만끽하며 80년도엔 농가소득 200만 원 목표를 세우고 **쉬지 않고 일하고 있다.** …… 이제 우리 농촌은 농한기가 없다. 농민들 스스로 **노는 일손 없애기 운동**을 활발히 벌여 지역성에 알맞은 부업을 선정해서 농한기에도 **쉬지 않고** 소득사업을 벌여나간다. …… 농한기가 되면 할 일 없이 마실로 소일하기가 일쑤이던 부녀자들까지 이제는 **돈벌이를 하기에 여념이 없다.** …… 140여 명의 부녀회원들이 홀치기 짜기에 참여해서 한 해 3,000여만 원이나 되는 큰돈을 벌어들이고 있다. 쉬지 않고 일하는 보람만큼 수익도 늘어 **바쁜 일손을 멈추지 않는다.** …… 자신과 신념 그리고 억척 같은 노력으로 가난을 물리친 부락민들. 올해 800만 원의 수익을 목표로 황금버섯을 따내는 **이들의 일손은 바쁘기만 하다**(국립영화제작소, 1976).[75]

---

74 김보현, 「박정희 시대 국가의 통치 전략과 기술: 1970년대 농촌새마을운동을 중심으로」, 오유석 (엮음), 『박정희 시대의 새마을 운동: 근대화, 전통 그리고 주체』, 한울아카데미 2014, 287~320쪽, 여기서는 311~12쪽.
75 같은 글, 312쪽에서 재인용(강조는 인용 논문에 있는 그대로이며, 이는 논문 작성자가 추가한 것이다).

이 내레이션대로 농촌이 열심히 일해 가난에서 벗어나 부자마을이 되었다면 이제 조금은 쉬어가면서 일하는 것이 정상적일 것이다. 왜냐하면 일은 삶을 위한 것이지 삶이 일을 위한 것은 아니기 때문이다. 그러나 새마을운동은 박정희가 언명한 중단 없는 전진과 휴식 없는 노력을 실천하는 근대화 운동이었고——역시 박정희의 표현대로——"일 자체에서 기쁨과 행복"을 찾는 "공동의 도장(道場)"이었다. 아니면 적어도 그것을 지향하고 있었다.[76]

그렇다면 새마을운동의 주체인 농민들에게는 노동 그 자체가 삶의 의미가 되었단 말인가? 그들에게 노동은 자기목적이 되었단 말인가? 결론부터 말하자면, 그렇지 않다. 농민들이 그처럼 '쉬지 않고' 일하게 된 데에는 무엇보다도 그들이 돈의 맛을 보았기 때문이다. 새마을운동으로 농업이 자본주의화되고 농가소득이 화폐화되면서 농민들 사이에서 돈과 수익성에 대한 관념과 감수성이 빠르게 확산되었고 폭넓고 깊게 각인되었을 것이다. 게다가 새마을운동의 성공을 평가하는 각종 매체도 가구별·마을별 연간 소득을 성공의 최고 지표로 삼았다. 돈이 평가의 제일 기준이었던 것이다. 예컨대 『월간 새마을』 1977년 12월의 목차는 다음과 같다.

[특집] 땀과 협동으로 이룬 결실: 우리도 최고 소득마을
과수와 낙농으로 310만 원/ 경기 시흥군 소래면 계수2리(60)
고등원예 재배로 180만 원/ 강원 춘성군 서면 신매리(62)
쌀·고추 증산으로 246만 원/ 충북 중원군 가금면 상구마을(64)
마늘·생강 재배로 259만 원/ 충남 서산군 근흥면 수룡마을(66)
호당 1만 평의 경지 320만 원/ 전북 부안군 백산면 신금마을(68)
경지 이용 고도화로 275만 원/ 경북 의성군 사곡면 화전1동(70)
배·밤 등 유실수로 256만 원/ 경남 울주군 삼남면 가천마을(72)

---

76 같은 글, 312~13쪽.

대학나무 키워 245만 원/ 제주 남제주군 서귀읍 신효마을(74)[77]

요컨대 각 마을과 주민들이 일정 액수의 돈으로 환원되었다. 그들의 삶은 노동으로 환원되었고 그 노동은 다시금 돈으로 환원되었다. 그들의 삶은 '노동 — 돈'의 연계 고리에 의해 지배되고 추동되었다. 이를 가능케 한 것은 빈곤과 발전의 변증법과 제1경제와 제2경제의 변증법이었다. 먼저 빈곤과 발전의 변증법은 —방금 인용한 —다음과 같은 내레이션에 잘 표현되어 있다. "이젠 가난에서 **부자마을로 탈바꿈한 이들**은 땀 흘려 가꾼 결실의 기쁨을 만끽하며 80년도엔 농가소득 200만 원 목표를 세우고 **쉬지 않고 일하고 있다**." 이 문장은 노동으로 점철된 삶을 통해 반만년에 걸친 빈곤은 극복했지만 더 많은 돈을 벌어 더 잘살기 위해서는 일, 일, 일을 해야 한다는 함의를 지니고 있다. 그리고 제1경제와 제2경제의 변증법은 1978년에 나온 『민족중흥의 길: 민족사의 분수령에 서서』 제3장인 「새마을운동과 국가 건설」 서두에서 한 박정희의 말에 잘 표현되어 있다. 거기에서 박정희는 말하기를, "지금 전국에서 추진되고 있는 새마을운동은",

우리 스스로의 힘으로 가난을 몰아내고 잘사는 나라를 만들기 위한 범국민운동이다. 잘산다는 것은 먼저 가난으로부터 탈피해서 모든 사람이 부와 인간애 속에서 여유 있고 품위 있는 문화생활을 영위하는 것이다. 나 혼자만이 아니라, 이웃끼리 서로 사랑하고 상부상조하면서 잘살아야 하며, 또 오늘의 우리 세대만이 아니라, 내일에 태어날 우리 후손들에까지 자랑스러운 유산을 물려줄 수 있어야 한다. 알뜰하고 아름답고, 살기 좋은 내 마을을 만들고, 나아가서 살기 좋은 내 나라를 만들자는 데에 새마을 운

---

77 같은 글, 314쪽(강조는 인용 논문에 있는 그대로이며, 이는 논문 작성자가 추가한 것이다).

동의 참뜻이 있다.[78]

아무튼 농촌 새마을운동에서 이념형적으로 구현된 자본주의적 인간형의 한국적 변형, 즉 노동과 돈으로 환원된 인간을 국가 전체로 확대하면 국민 전체의 삶이 노동으로 환원되고 그 노동이 다시금 돈으로 환원된 현상, 즉 '노동 — 돈'의 연계 고리가 보다 가시적으로 와닿을 것이다. 사실 박정희 정권의 근대화 담론은 이를 축으로 전개되었다고 해도 과언이 아니다. 이를 방금 앞에서 인용한 『월간 새마을』 1977년 12월의 "[특집] 땀과 협동으로 이룬 결실: 우리도 최고 소득마을"과 1976년 국립영화제작소가 제작·배포한 홍보영화 「쉬지 않는 농촌」에 빗대어 다음과 같이 표현해 볼 수 있을 것이다. "중화학공업의 건설과 공산품 수출의 증가로 1인당 국민소득 1,000달러: 대한민국 마을"; "이젠 가난에서 **부자나라로 탈바꿈한 이들**은 땀 흘려 가꾼 결실의 기쁨을 만끽하며 80년도엔 1인당 국민소득 2,000달러 목표를 세우고 **쉬지 않고 일하고 있다.**" 요컨대 1960년대 초부터 국가-재벌 동맹자본주의에 기반하는 경제 중심의 환원적 근대화가 본격적으로, 그리고 장기적으로 추진되면서 돈과 물질에 대한 무한한 욕망이 한국인들에게 체화되고 내면화됨으로써 그들의 행위를 각인하고 결정하게 되었다. 에리식톤 콤플렉스가 형성되고 정착되었다. 자본주의 정신이 형성되고 정착되었다.

물론 여기에서 다음과 같은 반론이 제기될 수 있을 것이다. 좁게는 농민들이 새마을운동에 참여한 것과 넓게는 한국인들이 근대화 운동에 참여한 것은 돈과 물질에 대한 무한한 욕망 때문이 아니라 조국 근대화와 민족중흥에 기여하려는 의지 때문이었다고 반론을 제기할 수 있을 것이다. 그들은 조국 근대화와 민족중흥의 주체였지, 욕망의 주체는 아니었다

---

78 박정희, 앞의 책(2005e), 822쪽.

고 말할 수 있을 것이다. 그들에게 돈은 조국 근대화와 민족중흥을 위한 중단 없는 전진과 휴식 없는 노력의 부산물이었지, 그 자체가 목적이나 가치는 아니었다고 말할 수 있을 것이다. 그들에게 진정한 목적이나 가치는 국가와 사회의 발전이었지, 돈과 물질적 풍요는 아니었다고 말할 수 있을 것이다. 실제로 그렇게 사고하고 행위한 개인이나 집단도 얼마든지 있었을 것이다. 예컨대 새마을운동에 참여한 많은 농민들의 기억 속에는 새마을운동을 통한 경제적 삶의 향상보다 근대화와 민족중흥의 주체로 인정받았다는 사실이 강렬한 인상으로 남아 있다고 한다.[79]

그러나 중요한 것은 새마을운동과 근대화가 지향한 근대가 경제로 환원되고 이 경제가 다시금 양적 성장과 돈으로 환원되었다는 사실이다. 이처럼 근대가 경제화되고 화폐화된 상황에서는 조국 근대화와 민족중흥이 궁극적으로는 경제성장 및 돈의 액수와 동일시될 수밖에 없었고 조국 근대화와 민족중흥을 위한 중단 없는 전진과 휴식 없는 노력이 경제성장과 돈의 액수에 의해 평가될 수밖에 없었다. 그러므로 경제성장과 돈에 대한 무한한 욕망이 없으면 진정한 조국 근대화와 민족중흥의 주체가 될 수 없었다. 조국 근대화와 민족중흥의 주체는 곧 돈과 물질에 대한 욕망의 주체였던 것이다. 이러한 상황에서 개인들이 에리식톤 콤플렉스에서 벗어나 사고하고 행위하는 것을 기대하기는 어려웠다.

4. N만 달러 시대: 자본주의 정신의 항구화

만약 한국 사회가 환원근대의 틀을 벗어났다면, 다시 말해 경제적 근대화에서 사회적 근대화로 넘어갔다면, 그리하여 사회가 경제의 식민지로부

---

79 황병주, 「박정희 시대의 국가와 '민중'」, 『당대비평』 12/2000, 46~68쪽, 여기서는 59쪽.

터 해방되고 근대의 경제화 및 화폐화가 종언을 고했더라면, 박정희 시대에 형성되고 정착된 에리식톤 콤플렉스가 극복될 수 있었을지도 모른다. 아니면 적어도 수정되거나 약화될 수 있었을지도 모른다. 그리고 실제로 그런 가능성이 주어지지 않은 것도 아니었으니, 그것은 다름 아닌 김영삼 정권이었다. 그러나 이른바 문민정부에서도 환원근대의 기조가 그대로 유지되면서 에리식톤 콤플렉스는 지속적인 것이 되었다. 그뿐만 아니라 김영삼 정권 때 '1만 달러 시대'라는 개념이 도입되고 그 이후의 정권들에서 '2만 달러 시대', '3만 달러 시대', '4만 달러 시대'로 '진화'하면서 에리식톤 콤플렉스는 항구화되었고, 보다 선명하고 세련되게 표현되었다. 이제 에리식톤 콤플렉스는 'N만 달러 시대'와 등치되었다. 그리고 더 나아가 '국제화' 및 '세계화'와 더불어 에리식톤 콤플렉스도 국제화되고 세계화되었다. 에리식톤 콤플렉스가 '선진화'되었던 것이다.

이 절에서는 에리식톤 콤플렉스의 항구화와 국제화 및 세계화의 계기가 된 김영삼 정권에 논의의 초점을 맞추기로 한다. 그리고 이어서 김대중 정권, 노무현 정권과 문재인 정권에 대해 간략하게 언급하기로 한다.

1993년 2월에 출범한 김영삼 정권은 개혁, 경제회복·경쟁력 강화 그리고 국가기강 확립을 천명했는데, 이는 사실 박정희 정권의 '경제민족주의적 발전주의 논리'와 크게 다르지 않은 것이었다. 그러나 김영삼 정권은 집권 초기에 '성역 없는 개혁', '중단 없는 개혁'을 내세우면서 강력한 개혁을 추진했기 때문에 성장지상주의는 크게 두드러지지 않았다.[80] 당시 대통령 지지도가 때로는 90퍼센트에 가까울 정도로 국민들은 김영삼 정권의 '개혁 드라이브'에 절대적인 지지와 환호를 보냈다. 심지어 한 방송사 코미디 프로가 청소년을 대상으로 실시한 인기인 조사에서 대통령이 스타 연예인들을 제치고 1위를 차지할 정도였다.[81] 그 이유는 이른바 문민정

---

80 윤상우, 「한국 성장지상주의 이데올로기의 역사적 변천과 재생산」, 『한국사회』 17(1)/2016, 3~38쪽, 여기서는 22쪽.

제3장 국가, 자본주의 정신을 주조하다 • 149

부의 성역 없고 중단 없는 개혁이 그동안 권위주의적 군사정권으로 인해 불가능했던 민주주의의 발전에 결정적인 계기가 될 것이라는 기대감 때문이었을 것이다.

그러나 이미 1993년 후반기부터 김영삼 정권의 개혁 드라이브가 퇴조하고 경제회복·경쟁력 강화가 전면에 등장하게 되었으며, 이는 이른바 '국제화'로 귀결되었다. 1993년 11월 미국 시애틀에서 개최된 '아시아 태평양 경제협력체'(APEC) 정상회담에 참석한 김영삼 대통령은 국제화를 국정목표로 선언했다. 이른바 '시애틀 국제화 선언'이었다. 정부는 국제화를 ― 1994년 8월 30일자 『국정신문』에 따르면 ― "무한경쟁시대를 맞이하여 세계 최고의 경쟁력을 갖춘 국제화 생존전략을 세워 21세기를 맞이해야 한다는 정치이념"으로 규정했다. 여기에서 말하는 무한경쟁시대란 구체적으로 국가들 사이에 무한한 경제경쟁이 벌어지는 시대를 가리킨다. 그것은 무한세계경제전쟁의 시대이다. 김영삼 정권은 이 무한세계경제전쟁에서 살아남아 선진국으로 진입할 수 있으려면 국가를 기업의 형태로 조직하고 국민을 '경제인'으로 조직함으로써 한국 경제의 경쟁력을 증대해야 한다고, 다시 말해 강력하게 국제화를 추진해야 한다고 설파했다. 이에 따라 정부의 정책도 '효율적인 정치, 행정', '기업의 경쟁력 강화를 위한 규제완화', '국제 경쟁력을 갖춘 인적 자원을 양성하는 교육개혁' 등과 같이 세계경제 전쟁터에서의 경쟁력 강화를 지향하게 되었다.[82] 결국 국제화는 과거의 경제주의와 성장지상주의의 또 다른 이름이었다.

그러나 애초 2년간 추진하겠다고 천명한 국제화는 대중의 지지를 상실하고 대안세력의 저항에 직면하여 불과 1년 만에 이른바 '세계화'에 자리를 내주게 되었다.[83] 1994년 11월 김영삼 대통령은 호주 시드니에서 열린

---

81 강명구·박상훈, 「정치적 상징과 담론의 정치: '신한국'에서 '세계화'까지」, 『한국사회학』 제31집(봄호)/1997, 123~61쪽, 여기서는 132쪽(각주 4번).

82 같은 글, 138~39쪽.

APEC(아시아 태평양 경제협력체) 정상회의 순방길에 세계화를 국정목표로 선언했다. 이른바 '시드니 세계화 선언'이었다. 그 과정은 하룻밤 새 '뚝딱'한, 그야말로 졸속이었다.[84] 그러나 세계화는 국제화와 다른 모습을 보여주었다. 먼저 세계화가 지향하는 미래국가는 '세계중심국가', '세계중심경영국가', '21세기 초일류국가' 등으로 국제화가 지향하는 미래국가보다 훨씬 더 '격상'된 것이었다. 예컨대 세계화추진위원회에서 1998년 1월에 발간한『세계화 백서』에 따르면 세계화는 우리나라가

> 경제대국, 문화대국, 정신대국, 도덕대국의 세계중심국가가 되는 것을 의미한다. 우리는 그동안 근대화·산업화를 통하여 세계의 주변국가에서 중간국가로 올라섰으나 여기에서 멈출 수는 없으며 한걸음 더 나아가 세계질서의 형성과 인류의 미래발전에 능동적으로 참여하는 세계의 중심국가가 되어야 할 것이며 이것은 그동안 추진하여 온 우리의 발전노력이 완결되는 의미를 가지게 된다.[85]

그리고 세계화는 국제화와 비교할 수 없을 정도로 국가적 지원을 받았다. 국제화추진위원회가 국무총리 자문기구였던 데 반해 세계화추진위원회는 대통령직속기구로 격상되었다. 1995년 2월 6일자『국정신문』에 따르면, 이 기구는 "각계각층의 최고의 지성인들로 구성된 위원회"로서 "각 과제를 책임지고 있는 장관들과 함께 그들의 체계적인 지식과 경험을 보태 더 생산적이고 발전적인 전략"을 세우는 과제가 주어졌다. 이 위원회를 실무적으로 지원하기 위해 총리행정조절실장을 단장으로 하는 세계화추

83　같은 글, 142~43쪽.

84　이 과정에 대한 자세한 논의는 다음을 참고할 것. 동아일보 특별취재팀,『잃어버린 5년 — 칼국수에서 IMF까지: YS 문민정부 1,800일 비화』, 제1권, 동아일보사 1999a, 258쪽 이하.

85　세계화추진위원회,『세계화 백서』, 1998, 27쪽.

진기획단이, 그리고 각 부처마다 민간인을 포함하는 세계화추진기획단이 설치되었다. 공보처에는 세계화홍보대책협의회를 설치하였는데, 그 주요 업무는 세계화실천의 범국민적 동참을 유도하는 데에 있었다. 국가에 의한 학술연구 지원도 세계화와 관련된 주제에 치중되었다. 이러한 국가적 지원에 편승하여 국제화 담론과는 비교할 수 없을 정도로 세계화 담론이 양산되었는데, 이에 재벌들도 "세계 경영 대우가 앞장서겠습니다", "세계 초일류기업 삼성이 있습니다", "이제 LG의 고객은 세계입니다", "세계 최고를 지향하는 현대" 등과 같은 광고를 통해 적극적으로 동참했다.[86]

그러나 이 모든 것에도 불구하고 세계화는 사실상 국제화와 별반 차이가 없었다. 왜냐하면 세계화도 국제화와 마찬가지로 무한경쟁시대와 국가경쟁력 강화가 핵심이었기 때문이다. 이에 따라 정치 분야에서는 '생산적인 정치', '작고 유능한 기업가형 정부', '세일즈 외교' 등이 제시되었다. 또한 교육 분야에서는 전문기능교육과 외국어 교육이 강조되었는데, 후자는 국제적 세일즈맨의 기본 소양을 갖추는 데 필요하기 때문이라는 것이다. 그리고 사회복지 분야에서는 '생산적 복지'가 주창되었는데, 이는 "경제성장에 부담을 주지 않는 범위에서의 복지"를 의미하는 것이었다.[87]

이렇게 보면 김영삼 정권의 국제화와 세계화는 환원근대적 성장지상주의라는 점에서 박정희 정권의 조국 근대화와 동질적임을 알 수 있다. 다만 이 환원근대적 성장지상주의가 국제적 또는 세계적 차원으로 '진화'했다는 차이점이 있을 뿐이다. 박정희 정권의 조국 근대화를 '제1근대화'라고, 김영삼 정권의 국제화와 세계화를 '제2근대화'라고 할 수 있다. "조국 근대화를 총력체제의 구축'으로 요약할 수 있는 박정희 정권 시기의 경제발전주의를 '(제1)근대화론'으로 부를 수 있다면, '다시 한 번 국가적 역량을 총집결하여 세계 최고의 경제대국으로 도약하자'로 요약되는 김영삼

---

86 강명구·박상훈, 앞의 글(1997), 143~44쪽.
87 같은 글, 142~43쪽.

정권 시기의 경제발전주의는 '제2근대화론'이라고 개념화할 수 있다. 다른 점이 있다면, 박정희 정권 시기의 근대화론이 빈곤 탈피라는 소극적인 목표를 지향한 데 비해, 제2근대화론은 세계중심경영국가, 초일류국가 등 적극적이고 현상 타파적인 목표를 제시하고 있다는 점이다. 그러나 '더 큰 몫을 위해 먼저 더 큰 떡을 만들자'(김영삼)는 성장우선주의를 지향한 점, 이를 위해 민주화와 재분배에 대한 요구를 유보시킨 점, 국가의 운영원리를 생산성과 효율성 혹은 경쟁력 강화로 제시한 점에서 양자는 같은 연장선상에 있다고 하겠다."[88]

제2근대화를 주도한 김영삼은 1993년 3월 19일 '신경제 관련 특별 담화문'에서 다음과 같이 말했다.

저는 오늘에 이르기까지 오직 이 나라의 민주화를 위해서만 힘써 왔습니다. 그러나 지금은 대통령으로서 이 나라 경제를 다시 일으켜 세우는 일이 역사적 사명이라고 믿습니다.[89]

사실 이 말은 제1근대화를 주도한 박정희가 1963년 초가을에 출간한

---

88 같은 글, 150쪽.

89 대통령 비서실 (펴냄), 『김영삼 대통령 연설문집 1: 1993년 2월 25일~1994년 1월 31일』, 1994, 100쪽. "저는 '신경제'를 건설하는 데"— 김영삼은 같은 글에서 말하기를 —"5년의 임기를 모두 바칠 것입니다. 저는 그것을 위해 '신경제 5개년 계획'과 '신경제 100일 계획'을 세워 실천에 옮기고자 합니다." 같은 책, 102쪽. 김영삼에 따르면, "신경제는 과거와는 다른 경제를 말합니다. 지시와 통제 대신에 참여와 자유가 바탕이 되는 경제입니다. 기업의 활동을 억제해 오던 많은 규제들이 대폭 줄어든 경제, 기업 활동이 자유로운 경제가 바로 신경제입니다." 같은 책, 101쪽. 이 점에서 김영삼 정권의 신경제는 박정희 정권이 추구한 '지도받는 자본주의'와 확연히 구별된다. 후자는 지시와 통제를 그 중요한 특징으로 한다. 그러나 경제적 기적을 추구한다는 점에서 그 둘은 수렴한다. 김영삼은 신경제 관련 특별 담화문을 다음과 같은 구절로 마무리하고 있다. "우리 모두 한국 경제 제2의 기적을 창조합시다. 그러기 위해서 우리 모두 '신경제'를 향해 다시 뜁시다." 같은 책, 106쪽.

『국가와 혁명과 나』에서 한 다음과 같은 말을 연상케 한다.

> 총력을 민족경세의 타개에 집결케 하고 부흥에 일로 매진이 있을 뿐이다. 하루라도 빨리 자주경제를 확립하고 내 살림을 내가 맡아 해나가는 숙원을 이룩하여야 한다. …… 1961년 5월 이전 본인으로 하여금 혁명을 거사케 한 직접적인 주요 목표가 바로 이것이었다. …… 자주! 그것은 오직 자주경제 이외에 잡을 그물이 없는 것이다.[90]

대통령이 되기 이전에는 경제성장 하나를 위해 민주주의를 억압하고 희생시킨 박정희의 군부독재정권에 맞서 싸운 '민주투사' 김영삼이 대통령이 되고 나서는 경제발전을 역사적 사명으로 보았듯이, 1961년 5월 이전에는 경제나 정치에 깊은 조예가 없이 오직 국토방위만을 위해서 힘을 쏟아오던 "단순한 군인" 박정희는 경제발전이라는 역사적 사명을 위해 군사쿠데타를 일으켜 정권을 장악했다.[91] 민주주의를 위해 투쟁한 김영삼과 민주주의를 억압한 박정희가 경제발전에서 수렴하고 있는 것이다. 한국적 환원근대의 독특한 풍경이다.

박정희의 제1근대화와 김영삼의 제2근대화는 선진국 진입을 목표로 했다는 점에서 공통적이다. 그리고 선진국의 기준도 국가경제의 수준과 규모, 그중에서도 1인당 국민소득이었다는 점에서 공통적이다.[92] 예컨대 박정희는 1979년 3월 27일 '소비절약 추진 범국민대회'에서 치사를 하면서 다음과 같이 말했다.

---

90 박정희, 앞의 책(2005c), 489쪽.

91 같은 책, 493쪽.

92 김종태, 「한국 발전주의의 담론 구조: 근대화, 세계화, 선진화 담론의 비교」, 『경제와 사회』 103/2014, 166~95쪽, 여기서는 174쪽.

154 ● 에리식톤 콤플렉스: 한국 자본주의의 정신

이제 우리 경제는 겨우 1인당 국민소득 천 불 선을 넘어섰습니다. 우리가 선진국 수준으로 부상하자면 적어도 3천 불 내지 5천 불 대로 올라가야 합니다. 그러기 위하여서는 또 한번 분발을 하고 근검절약하여 국력을 축적해야 할 시기라고 생각합니다.[93]

그리고 김영삼은 1995년 11월 30일 '제32회 무역의 날'에 연설하면서 다음과 같이 말했다.

수출산업의 주도에 힘입어 우리는 세계 12위의 무역국가로 뛰어오르면서 세계 11위의 경제규모와 국민소득 1만 달러의 나라가 되었습니다. …… 이제 우리는 내년 말까지 선진 경제권 진입을 뜻하는 OECD에 가입하는 것을 추진하고 있습니다. …… 우리는 21세기 초까지는 반드시 명실상부한 선진 경제대국이 되어야 합니다.[94]

방금 인용한 구절에서 드러나듯이, 김영삼은 21세기 초를 선진국 진입의 시기로 잡았다(박정희는 — 곧 다음 장에서 언급하게 되는 바와 같이 — 1980년대 또는 1990년대로 잡았다). 그러나 선진국, 그러니까 세계중심국가, 세계중심경영국가, 초일류국가를 목표로 한 김영삼 정권의 제2근대화 운동은 1997년 말에 한국전쟁 이후 최대 국난으로 불리는 경제위기로 귀결되었으며, 이 미증유의 경제위기는 한국 사회에 큰 '흔적'을 남겼다. 그런데 내가 보기에 김영삼 정권의 제2근대화는 한국 사회에 또 한 가지 큰흔적을 남겼으니, 그것은 다름 아닌 '1만 달러 시대'이다. 1995년 1인당

---

93 대통령 비서실 (펴냄), 『박정희 대통령 연설문집 16 — 추도 판: 1979년 1월 ~1979년 10월』, 1979b, 101~02쪽.

94 대통령 비서실 (펴냄), 『김영삼 대통령 연설문집 3: 1995년 2월 1일~1996년 1월 31일』, 1996, 536쪽.

국민소득이 1만 1,176달러가 되면서 이른바 1만 달러 시대가 열렸다.

이미 이 장의 제2절에서 자세하게 논한 바와 같이, 1962년부터 추진된 박정희 정권의 근대화 운동인 경제개발 5개년 계획의 성과는 경제성장률, 1인당 국민소득, 수출 증가율, 수출액 등의 화폐적 경제지표로 표현되었다. 근대가 화폐화되었던 것이다. 그리하여 다음과 같은 근대의 방정식을 얻을 수 있었다.

> 근대 = 경제성장률(퍼센트) + 1인당 국민소득(달러)
> + 수출 증가율(퍼센트) + 수출액(달러)

이를 보다 간략하게 표시하면 다음과 같다.

> 근대 = 퍼센트(퍼센트 1 + 퍼센트 2) + 달러(달러 1 + 달러 2)

이러한[95] 근대의 방정식은 근대의 축소화, 추상화 및 단순화와 가시화를 가능케 하며, 그 결과 근대의 가독성을 가능케 한다. 그리고 이 근대의 가독성은 전 근대적 세계관과 행위유형에 머물던 개인들의 시선을 근대로 돌리고 개인들로 하여금 그 근대를 지향하고 추구할 수 있게 만든다.

그것은 근대의 발견이다. 그러나 동시에 근대의 은폐이다. 왜냐하면 근대의 방정식은 그 간결성과 명확성에 힘입어 근대의 특정한 측면을 뚜렷하게 드러내지만, 다른 한편으로는 다른 측면들을 덮어버렸기 때문이다. 보다 정확히 말하자면, 드러내는 것보다 덮어버리는 것이 훨씬 더 많다. 왜냐하면 근대의 방정식을 구성하는 항(項)은 경제적 지표보다 훨씬 더

---

95 이 단락과 아래의 두 단락은 다음을 요약·정리한 것이다. 김덕영, 『국가이성비판: 국가다운 국가를 찾아서』, 다시봄 2016, 143~47쪽.

많기 때문이다. 그리고 경제적 측면, 즉 경제적 근대를 구성하는 항만 해도 방금 언급한 것보다 훨씬 더 많다. 그러므로 근대화는 비유적으로 말하자면 일차방정식이 아니라 고차방정식의 문제이며, 단 하나의 방정식이 아니라 여러 개의 방정식에 의해 표현된다.

아무튼 박정희의 근대화 담론은 방금 제시한 근대의 방정식을 축으로 전개되었다. 그러나 길다는 것이 흠이었다. 보다 강력한 효과를 위해서는 보다 간결하고 선명한 방정식이 필요했으며, 따라서 경제적 지표 가운데 특정한 항목(들)이 소거되어야 했다. 첫째, 경제성장률이 그것이다. 경제가 성장함에 따라 경제성장률은 떨어지게 마련이기 때문이다. 둘째, 한국의 수출 의존형 경제는 여러모로 비판을 받아왔기 때문에 수출 증가율도 점차로 효력이 떨어졌다. 그리고 수출액과 같은 천문학적 숫자는 일반인들의 경제적 관념에 너무 추상적이었다. 결국 1인당 국민소득이 보다 간결하고 선명한 근대의 방정식으로 가장 적합했다.

이 방정식이 처음으로 형성된 것이 바로 김영삼 정권 때였다. 이때 제시된 1만 달러는 그 후 노무현 정권에서 2만 달러로, 다시 이명박 정권에서 4만 달러로 불어났다. 그리고 국민소득이 높은 나라를 선진국으로 간주했다. 이 4만 달러는 박근혜 정권에서도 그대로 유지되었다. 박근혜 정권은 이명박 정권의 '7·4·7'과 매우 흡사한 '4·7·4'(성장률 4퍼센트, 고용률 70퍼센트, 1인당 국민소득 4만 달러)를 국정목표로 내걸고 이른바 '창조경제'를 국정운영 전면에 내세웠다. 결론적으로 말해, 김영삼 정권 이후 다음과 같은 방정식이 성립했던 것이다.

선진국 = (1인당 국민소득) N만 달러

이렇게 해서 선진국 담론과 N만 달러라는 근대의 방정식이 한국인들의 사고와 가치관을 지배하게 되었다. 물론 박정희도 국민소득이 높은 나라를 선진국으로 이해했으며, 그에 기반하는 선진국 담론을 갖고 있었다.

이 점에서 선진국 담론은 박정희 정권과의 연속선상에서 보아야 한다. 그러나 당시에는 선진국이 1인당 국민소득이 N만 달러와 동일시될 만큼 경제가 성장하지 못했다. 박정희는 빈곤 담론을 이용해 경제성장 중심의 근대화를 추진했다.

여기에서 잠시 김대중 정권과, 특히 노무현 정권을 언급할 필요가 있다. 이른바 진보정권이라는 이 두 정권에서도 환원근대적 성장지상주의가 그대로 유지되었다. 아니 어떤 점에서는 더 확대되고 강화되었다고 볼 수 있다. 먼저 김대중 정권은 1999년 초부터 '신지식인 찾기 운동'을 대대적으로 전개했다. 신지식인이란 학력과 상관없이 지식을 활용해 부가가치를 창출하는 사람을 가리킨다. 또한 2001년 1월부터는 교육부의 명칭을 교육인적자원부로 바꾸었다. 이는 국가의 교육정책이 기업의 생산수단의 하나인 인적 자원을 양산하는 데에 중점을 두게 되었음을 의미한다. 이른바 진보정권이라는 김대중 정권에서 교육과 지식, 그리고 인간을 경제적 가치로 환원하는 사태가 벌어졌던 것이다.[96]

그리고 노무현 정권은 '참여정부'를 표방하면서 참여와 개혁을 기치로 내걸었다. "그러나 출범한 지 불과 몇 달 만에 갑자기 이른바 '2만 달러 시대'[97]를 선언하고 나섰다. 노무현 대통령은 자신의 임기 내에는 힘들지만 늦어도 2012년까지는 2만 달러 달성의 토대를 마련하겠다고 했다. 그러자 모든 것은 이를 달성하기 위한 수단과 과정이 되고 말았다. 또한 모두가 앞다투어 이를 위한 방안을 제시했다. 2만 달러 시대를 달성하기 위한 견인차 또는 원동력을 IT산업에서 찾아야 한다, 생명공학에서 찾아야

---

96 김덕영, 앞의 책(2014), 103~04쪽.

97 이는 재계가 삼성경제연구원을 통해 노무현 대통령 당선인에게 전달한 의제이다. 이에 따라 노무현 정권은 '2만 달러 시대'를 국정목표로 삼고 참여와 개혁이라는 기치가 무색하게 집권 초반부터 이른바 '1만 달러의 덫'에서 벗어나기 위해 재벌을 국정의 동반자로 삼았다. 그리하여 대미·대북 관계는 진보적인 노선을 택한 반면, 사회경제정책은 보수적인 기조를 유지했다. 『경향신문』, 2007년 11월 21일.

한다, 무역에서 찾아야 한다, 우주개발에서 찾아야 한다, 소프트웨어 기술에서 찾아야 한다, 아니면 디지털 콘텐츠 산업에서 찾아야 한다. 지방 분권화도 대학의 개혁도 결국은 2만 달러 시대 달성을 위해서 필요하다. 2만 달러 달성을 위해서는 기술혁신이 이루어져야 하고, 대기업에 대한 규제를 풀어야 하며, 또한 2만 달러 시대에 걸맞은 노조의 리더십이 제시되기도 한다. 2만 달러 시대를 열기 위해서는 공직사회가 변해야 하고, 언론이 변해야 하고, 금융권이 변해야 하며, 또한 노사관계가 변해야 한다. 그뿐만이 아니다. 교육인적자원부는 2004년 3월 대통령에게 보고한 '주요 업무계획'에서 2만 달러 시대 도약을 위한 인적 자원의 개발을 주요 추진계획 가운데 하나로 설정했다."[98]

요컨대 노무현 정권기에는 환원근대적 경제주의 또는 성장지상주의를 추구했다기보다 아예 환원근대적 경제주의 또는 성장지상주의의 주술에 걸렸다고 말해도 지나친 말은 아닐 것이다. 이 주술은 한국인들의 사고와 행위를 지배하는 에리식톤 콤플렉스를 더욱더 깊게 만들었다. 그런데 사실 이 주술은 노무현 정권에서 생겨난 것이 아니다. 그것은 이미 박정희 정권과 더불어 시작되었다. 이때부터 한국인들은 에리식톤 콤플렉스라는 강력한 주술에 사로잡혀 왔던 것이다. 우리는 이 주술을 매우 역설적이게도 참여정부를 내세운 노무현 정권에서 가장 적나라하게 관찰할 수 있다. 그만큼 환원근대적 가치와 이상은 역사도 길고 한국인들의 의식 속에 깊이 뿌리를 내리고 있다. 이렇게 보면 우리는 다음과 같은 주장에 전적으로 동의할 수 있다.

박정희 체제와 87년 체제가 확연히 구별된다고 했지만, 그 구별은 사실 순전히 정치적 차원에만 해당한다. 정치적 민주화의 성과 위에 수립된 87년 체제 역시 경제적 차원에서 보자면 별로 달라진 것이 없다. 신자유

---

98 김덕영, 앞의 책(2014), 104쪽.

주의적 세계화의 현실 가운데에서 국가경제의 경쟁력은 여전히 초미의 관심사이고, 1987년 이래 김영삼 정권부터 현재 노무현 정권에 이르기까지 그 어떤 정부의 정책도 그로부터 자유로운 적이 없다. 국민소득 2,000달러를 외치던 박정희와 2만 달러를 외치는 노무현이 그 점에서 어떤 질적 차이를 지닐까? 경제적 차원에서 박정희 체제는 여전히 강력하게 존속하고 있다.[99]

그리고 이어지는 다음과 같은 주장에도 전적으로 공감이 간다.

> 문학평론가 백낙청은 박정희 시대를 평가하면서 그 시대를 관통하는 욕구를 '걸인의 철학'이라는 수사로 비유하였다. 먹고사는 문제를 해결하면 또 다른 종류의 욕구가 끊임없이 분출하는 원리를 그렇게 말하였다. 아울러 기본적인 의식주 문제가 해결된다고 해서 걸인의 철학에 물든 사람이 거기에서 탈피하는 일이 그렇게 간단치 않다는 것을 지적한다. 예컨대 '잘 먹고 잘살아 보자'는 욕구는 '더 잘 먹고 더 잘살아 보자'는 욕구로 진화할 뿐 정말 '잘사는 것'에 대한 성찰이 저절로 일어나는 것은 아니라는 것이다. …… 영화 「웰컴 투 동막골」에서 촌장이 말한 "뭘 잘 멕여야지!"라는 대사는 오늘 한국 정치인들의 즉각적인 환호를 받고 있다. …… 국민소득 2,000달러를 외쳤던 박정희와 2만 달러를 외치는 노무현은 별로 다르지 않다. 이런 현실을 보면 우리 사회는 여전히 '걸인의 철학'에 매여 있는 것 같다.[100]

---

99 최형묵, 「유신체제, 군사정권하의 한국 교회」, 『기독교 사상』 50(3)/2006, 200~14쪽. 여기서는 202~03쪽.
100 같은 글, 211쪽. '걸인의 철학'은 다음에 나온다. 백낙청, 「박정희 시대를 어떻게 생각할까」, 『창작과 비평』 128/2005, 287~97쪽.

마지막으로 이른바 촛불혁명으로 집권한 문재인 정부도 별로 달라 보이지 않는다. 문재인 정부는 '더불어 잘사는 경제'라는 새로운 목표를 설정하고 이를 추진하기 위한 각론으로 소득주도성장, 혁신성장, 공정경제라는 세 축을 제시했다. 그러나 이 역시 '잘살아 보세'와 성장주의의 틀에서 벗어나지 못하고 있다. 특히 혁신성장은 결국 국가-재벌 동맹자본주의 틀을 그대로 유지하면서 경제성장을 추진한다는 뜻으로밖에 읽힐 수 없다. 그 징후는 이미 여러 곳에서 나타나고 있다. 문재인 대통령은 지난 2018년 7월 인도 순방 중 아직 재판 중인 이재용 삼성 부회장을 만났으며, 혁신성장에 대한 가시적인 효과를 내야 하는 초조감 때문인지 수소경제를 운운하며 금산분리 완화, 원격의료 허용 등의 정책을 밀어붙이고 있다. 게다가 문재인 대통령은 지난 2018년 2월 1일 태양광 사업을 하는 한화큐셀을 찾아가서 "오늘 특별히 한화큐셀을 업어드리고 싶어서 이곳을 방문했다"며 "기업이 좋은 일자리를 많이 만들면 업어드리겠다는 말씀을 드린 적 있는데 약속을 지키기 위해 왔다"고 말했다고 한다.[101] 기시감이 들지 않는가? 문재인 정부 역시 성장지상주의라는 환원근대적 눈가리개를 벗지 못하고 있는 것이다. 아니 소득주도성장도 바로 이 눈가리개를 하고서 바라본다. 재벌개혁은 놔둔 채 영세 상공인들에게 최저임금을 강요함으로써 이른바 을과 을의 전쟁만 부추긴다. 케임브리지 대학 장하준 교수의 말대로, "다른 나라 같으면 자본가가 될 수 없는 사람들, 특히 너무 영세해서 자기 착취하는 이들까지 자본가로 만들어놓고 '최저임금을 주지 않으면 안 된다'고 하니 반발이 없을 수 없다."[102] 요컨대 문재인 정부는 남을 착취하는 재벌은 개혁하지 않은 채 자기를 착취할 수밖에 없는 사람들을 개혁의 대상으로 삼는 모순에 빠져 있는 것이다.
　이 환원근대적 눈가리개는 사법부에서도 관찰할 수 있다. 지난 2018년

---

101 『비즈니스 포스트』, 2018년 2월 1일.
102 『경향신문』, 2018년 7월 17일.

10월 5일 박근혜 전 대통령 측근에 뇌물을 건넨 혐의로 기소된 신동빈 롯데그룹 회장이 항소심에서 집행유예로 풀려났다. 원래 1심에서는 징역 2년 6개월의 실형이 선고되었으나, 항소심에서는 징역 2년 6개월에 집행 유예 4년이 선고되었다. 항소심 재판부는 1심 재판부와 마찬가지로 신 회 장이 박 전 대통령에게 면세점 특허를 청탁하는 대가로 박 전 대통령의 최측근인 최순실이 설립한 K스포츠재단에 70억 원의 뇌물을 건넨 혐의 를 유죄로 인정했다. 그러나 다음과 같은 이유를 대면서 집행유예를 선고 했다. "대통령의 요구에 불응할 경우 기업 활동 전반에 불이익을 받을 두 려움을 느낄 정도였다. 의사결정의 자유가 다소 제한된 상황에서 뇌물공 여 책임을 엄히 묻기는 어렵다." 이 과정은 이재용 삼성전자 부회장의 경 우에도 그대로 적용되었다. 지난 2018년 2월 5일에 박근혜 정부 국정농 단 사건으로 기소된 이재용도 항소심에서 집행유예로 풀려났다. 원래 1심 에서는 징역 5년의 실형이 선고되었으나, 항소심에서는 징역 2년 6개월에 집행유예 4년이 선고되었다. 항소심 재판부는 이재용이 박 전 대통령에게 36억 원의 뇌물을 건넨 혐의를 유죄로 인정했다. 그러나 정치권력의 요구 에 수동적으로 뇌물을 제공한 것이라고 판단해 집행유예를 선고했다. 한 국인들은 신동빈과 이재용에 대한 법원의 판결은 이른바 '재벌 3·5 법칙' 의 재현으로 간주한다. 이는 범죄 혐의로 기소된 재벌 총수들에게 1심에 서 실형을 선고한 후 항소심에서 징역 3년 이하에 집행유예 5년 이하를 선고함을 뜻한다(집행유예는 징역 3년 이하를 선고할 때만 가능하다).[103]

　문재인 정부의 친(親)재벌적 태도를 '우경화'로 보는 시각도 있다. 그러 나 그것은 결코 우경화가 아니다. 그것은 오히려 문재인 정부의 환원근대 적 본질이 드러난 것일 뿐이다. 그것은 문재인 정부도 박정희 정권부터 면 면히 이어져 내려오는 환원근대적 눈가리개를 하고서 경제, 재벌, 노동 등

103　『경향신문』, 2018년 10월 6일. '재벌 3·5 법칙'에 대한 자세한 내용은 다음을 참 　　고할 것. 『경향신문』, 2018년 8월 28일.

162 ● 에리식톤 콤플렉스: 한국 자본주의의 정신

의 문제에 접근한다는 사실을 적나라하게 보여 줄 따름이다. 이는 『파이낸셜 타임스』의 논조에도 잘 나타나 있다. 이 영국의 저명한 경제 일간지는 한국의 재벌 총수들이 집행유예로 풀려나는 사실을 보도하면서 다음과 같이 말했다고 한다. "한국 법원은 재벌들이 안 보이는 곳에서 어떤 일을 하던 경영을 계속하도록 도와주는 것이 국가 이익에 부합한다고 믿는 것 같다." 그러고는 "그러나 재벌들이 제대로 행동하고, 모든 국민에게 공평한 사법체계를 갖추는 게 국가 이익에 더 부합하지 않겠느냐"고 반문했다고 한다.[104] 이러한 환원근대적 눈가리개를 벗어던지는 첫걸음은 국가-재벌 동맹자본주의를 해체하고 그 정신인 에리식톤 콤플렉스를 극복하는 일이다.

104 『동아일보』, 2007년 9월 12일.

제4장
재벌, 자본주의 정신을 구현하다

이렇게 해서 우리는 국가라는 틀에서 한국 자본주의의 정신이 심리학적 토대를 갖추고 형성되고 강화되며 항구화되는 과정을 살펴보았다. 그것은 빈곤-발전의 변증법에 기반하는 돈과 물질적 재화에 대한 무한한 욕망이다. 국가-재벌 동맹자본주의의 또 한 축인 재벌은 이 에리식톤 콤플렉스를 기업의 차원에서 구현함으로써 급속하게 성장했는데, 이는 정주영의 현대에서 가장 명백하게 관찰할 수 있다. 국가적 차원에서 한강의 기적을 이야기할 수 있다면, 기업적 차원에서는 현대의 기적을 이야기할 수 있을 것이다. 박정희가 국가-재벌 동맹자본주의의 '총사령관'이었다면, 정주영은 '야전사령관'이었다. '생각하는 불도저' 정주영은 박정희와 마찬가지로 경제성장에 대한 욕망으로 충만했다.

1. 한강의 기적, 현대의 기적

1980년 5월 어느 날 문교부 체육국장이 현대그룹 회장 정주영에게 서울올림픽 유치 민간추진위원장 사령장을 전달했는데, 거기에는 정주영이 위원장으로 선출된 이유를 "무에서 유를 창조하고, 강인한 추진력과 번뜩

이는 기지로 '현대'를 세계적인 기업으로 키운 저력과 갖가지 신화를 남기면서 해외에 한국 기업의 위상을 제고시킨 능력을 높이 평가해서"라고 제시되어 있다고 한다.[1]

정주영의 판단에 따르면, 서울과 올림픽 유치 경쟁 도시인 나고야의 표대결에서 정부가 당할 망신을 민간인이 대신 당하도록 민간 경제인에게 추진위원장을 맡도록 한 것이며, 당시 전경련 회장이던 자신이 민간 경제단체의 장으로서 "망신 대용품"으로 뽑힌 것이다. 그리하여 당사자인 정주영에게 "듣기 과히 싫지 않은 말"로 사령장을 포장한 것이다.[2] 그런데 이 말은 단순한 수사용이나 아부용이 아니라 엄연한 사실이다. 왜냐하면 사령장의 표현대로 정주영은 무에서 유를 창조했고 현대를 세계적인 기업으로 키웠으며 갖가지 신화를 낳았기 때문이다. 정주영의 기업가적 업적은 현대의 신화, 아니 현대의 기적이라고 해도 지나친 말은 아닐 것이다.

정주영은 빈농의 아들로 태어나 소학교만 졸업하고 부친의 일을 돕다가 네 번이나 가출하여 밑바닥을 전전한 끝에 맨주먹으로 현대를 일구어 세계적인 기업으로 키웠다. 현대는 1976년 미국 경제 전문지 『포춘』(Fortune)에서 선정한 세계 500대 기업에 들어갔다. 그해에 현대건설은 10억 달러 건설수출탑, 현대조선은 9억 달러 수출탑을 받았다. 그로부터 불과 2년 뒤인 1978년에는 『포춘』이 세계 100대 기업을 선정하면서 현대를 98위로 꼽았다. 그리고 『워싱턴 포스트』는 현대가 1977년에 맺은 대외 계약고 19억 달러는 당해연도 세계 4위의 실적이라고 발표했다.[3]

아무튼 경제개발 5개년 계획으로 실현된 박정희의 환원적 근대화를 한강의 기적이라고 일컫는다면, 정주영이 이 근대화의 틀에서 이룬 기업가적 업적은 현대의 기적이라고 일컬을 수 있을 것이다. 전자를 거시적 차원

---

1 정주영, 『이 땅에 태어나서: 나의 살아온 이야기』, 솔 1998, 267쪽.
2 같은 곳.
3 같은 책, 246쪽.

에서의 기적이라고 일컬을 수 있다면, 후자는 중시적 차원에서의 기적이라고 일컬을 수 있을 것이다.

2. 박정희와 정주영: 국가-재벌 동맹자본주의의 '총사령관'과 '야전사령관'

이명박 전 대통령은 2015년에 출간된 자서전 『대통령의 시간 2008~2013』에서 이렇게 말하고 있다.

> 당시 경부고속도로 공사는 전투나 다름없었다. 대통령이 총사령관이었다면 정주영 사장은 야전사령관이었다. 그 치열한 전투 끝에 우리는 세계에서 가장 짧은 기간에 가장 값싼 고속도로를 건설할 수 있었다.[4]

당시 이명박은 현대건설의 건설 장비를 수리하는 중기사업소 관리과장으로 있었다.[5] 그러니까 경부고속도로 건설이라는 전투에서 가장 중요한 병기를 수리하는 '병기참모'였던 셈이다. 그런데 박정희와 정주영의 이 관계는 단순히 경부고속도로 건설이라는 전투에 국한된 것이 아니다. 이 둘은 국가-재벌 동맹자본주의의 총사령관과 야전사령관이었던 것이다. 물론 다른 재벌들도 박정희의 환원적 근대화 프로젝트를 기업적 차원에서 실현하는 야전사령관이었다. 그러나 그 가운데 가장 중요한 야전사령관이 바로 정주영이었던 것이다.[6] 그 이유는 정주영의 말대로 "1960년대 우리

---

4 이명박, 앞의 책(2015), 57~58쪽.
5 같은 책, 55쪽.
6 다음은 정주영을 "박정희의 돌격대장"이라고 비판하고 있다. 이완배, 『한국 재벌 흑역사: 한국 경제의 부끄러운 자화상 (상): 삼성·현대』, 민중의소리 2018a (개정증보판), 231쪽 이하.

나라의 근대화를 주도한 산업은 누가 뭐래도 건설업이었기" 때문이다. 박정희 정권은 제1차 경제개발 5개년 계획에서 사회간접자본 투자와 국가기간산업 투자에 역점을 두었다.[7] 현대건설은 창업한 지 불과 10년 만에 한국 건설업계의 최강자로 군림하였으며, 1960년에는 건설공사 수주에서 1위를 차지하게 되었다. 그리고 1970년대에 현대는 박정희 정권이 지향하는 중화학공업 정책, 즉 자주국방과 중후장대형 산업정책에 재빠르게 적응하면서 고도의 성장을 구가했다.[8]

아무튼 경부고속도로 건설공사에서 가장 중요한 역할을 한 것이 대통령 박정희와 현대건설 사장 정주영이었던 것이다. 그런데 내가 보기에 경부고속도로 건설공사는 더 나아가 국가-재벌 동맹자본주의가 가장 가시적이고도 명백하게 작동한 사례라는 점에서 매우 중요한 사회학적 의미를 갖는다. 경부고속도로는 "국토의 척추 간선도로로 수도권과 영남 공업권을 연결하고, 우리나라 양대 수출입항인 부산과 인천을 직결시키고, 전국을 일일생활권으로 만들어놓을 산업대동맥(産業大動脈)이었다. 공사비, 보상비. 조사 설계비, 외국인 용역 등을 포함 총 429억 원 중에서 공사비만 379억 3,300만 원이었던 이 건설비는 1967년도 국가 전체 예산의 23.6퍼센트에 달하는 규모였다." 또한 이 산업대동맥의 건설에는 현대를 비롯한 대림, 동아, 삼부, 극동 등 국내 굴지의 16개 건설업체와 육군 건설공병단 3개 대대가 참여했는데, 전 구간의 2/5를 현대가 시공했다. 그리고 인부 약 540만 명에 기능공 약 360만 명, 도합 900만 명의 연 인원이 공사에 동원되었다. 요컨대 경부고속도로 건설공사는 말 그대로 국력이 총동원된 "단군 이래 최대의 토목공사였다."[9] 그것은 1962년부터 전 국토에서 전개된 국가-재벌 동맹자본주의에 기반하는 경제 중심의 환원적 근대화가 시

---

7 정주영, 앞의 책(1998), 91쪽.
8 지동욱, 앞의 책(2006), 108~09쪽.
9 정주영, 앞의 책(1998), 116~18쪽.

간적으로 1968년 2월부터 1970년 6월까지 2년 5개월 동안에, 공간적으로는 고속도로 건설 현장에서 축약된 형태로 전개된 것이다.

그런데 경부고속도로 공사는 환원적 근대화의 축약판인 동시에 그 두 주축인 국가와 재벌 모두에게 모험이기도 했다. 왜냐하면 전장 428킬로미터의 고속도로를 429억 원의 최저 공사비로 3년 안에 건설한다는 것은 공사를 주도하는 국가에도, 공사에 참여하는 건설업체들에도 너무 위험 부담이 컸기 때문이다. 그러나 국가와 재벌은 상호 신뢰와 의존으로 협력하여 2년 5개월 만에 대역사를 완성할 수 있었다. 예컨대 정주영은 다음과 같이 말하고 있다.

> 큰일을 벌일 때는 언제나 그렇듯이 신중론자와 반대론자가 브레이크를 거는 법이다. 언론과 학계는 고속도로 건설에 반대했고 당시 집권당인 공화당(共和黨)과 경제 장관들은 신중론을 보였다. 들끓는 반대와 신중론 속에서도 박 대통령은 의지를 굽히지 않았고, 나는 대통령의 의지를 지지, 존중했다. 대통령은 태국에서의 경험과 우리의 능력으로 '현대건설'을 믿었고, 그 신의에 보답하는 뜻으로라도 '사면초가의 대통령을 도와 반드시 고속도로를 건설하자'는 다짐을 가슴에 묻었다. …… 1968년 2월 1일. …… 경부고속도로의 첫 번째 톨게이트 근처에서 첫 발파음을 터뜨리는 것으로 대망의 고속도로 건설이 시작되었다. 그 순간 벅차오르던 흥분과 감동을 나는 잊지 못한다. 대통령도 나와 같은 느낌인 것 같았다.[10]

그리고 다음과 같이 말하고 있다.

> 비록 군사쿠데타로 정권을 잡았다는 지울 수 없는 약점을 가진 지도자이긴 했지만, 나는 박정희 대통령의 국가 발전에 대한 열정적인 집념과 소

---

10 같은 책, 116쪽.

신, 그리고 그 총명함과 철저한 실행력을 존경하고 흠모했다. 사심 없이 나라만을 생각하던 대통령을 도와 한 푼이라도 적은 예산으로 소기의 목적을 달성시키는 목표 외에 나에게 다른 생각은 아무것도 없었다.[11]

이처럼 상호 신뢰와 의존 속에서 협력한 국가-재벌 동맹자본주의의 총사령관 박정희와 야전사령관 정주영은 "총칼이 없었을 뿐 전쟁"인 경부고속도로 건설공사를 진두지휘했다.[12] 먼저 총사령관 박정희는 "침실 머리맡에 공사 진척 상황표를 붙여놓고 매일 전화로 체크해 가면서 헬기로, 자동차로, 경호원 없이 혼자 현장을 둘러보았다."[13] 그리고 야전사령관 정주영은 거의 잠을 자지 못하면서 현장을 독려했다(이에 대해서는 다음 절에서 다시 논할 것이다). 경부고속도로 건설공사에서 정주영의 현대건설은 총공사비의 20.51퍼센트인 87억 9,600만 원을 수주했다. 현대건설이 얻은 이익은 3억 3,000만 원에 불과했으나, 이 대역사를 계기로 국내 최대의 건설업체로 부상하게 되었다.[14]

박정희는 1970년 7월 7일 경부고속도로 개통식에서 경부고속도로를 '민족적 예술작품'이라고 극찬했다. "이 도로야말로 인간의 피와 땀과 의지의 결정으로써 이루어진 공사요, 우리 민족의 피와 땀과 의지로써 이루어진 하나의 민족적인 대예술작품이라고 나는 이야기하고 싶습니다."[15] 박정희는 자신이 앞에서 끌고 현대를 비롯한 재벌들이 뒤에서 미는 국가-재벌 동맹자본주의가 가장 일사불란하고 가시적으로 구현된 경부고속도로가 민족의 대예술작품, 그러니까 환원근대적 대예술작품으로 보였던 것이

---

11 같은 책, 119쪽.

11 같은 책, 119쪽.
12 정주영, 『시련은 있어도 실패는 없다』, 제삼기획, 1991, 112쪽.
13 정주영, 앞의 책(1998), 118쪽.
14 이한구, 앞의 책(2004), 205쪽.
15 박정희, 『한국 국민에게 고함』, 『한국 국민에게 고함』, 동서문화사 2005a, 17~312쪽, 여기서는 222쪽.

제4장 재벌, 자본주의 정신을 구현하다 ● 169

다. 추풍령에 세워진 경부고속도로 기념비에 새겨진 다음과 같은 글귀는 이를 단적으로 보여 준다. "우리나라 재원과 우리나라 기술과 우리나라 사람의 힘으로 세계 고속도로 건설사상 가장 짧은 시간에 이루어진 길."

잘 알려져 있다시피, 박정희 군사정권은 권위주의적 국가였다. 보다 정확히 말하자면, 당시 국가는 "제왕적 대통령을 정점으로 하는 위계적이고 권위주의적인 지배구조"를 띠고 있었다. 재벌도 권위주의적이기는 마찬가지였다. 왜냐하면 재벌은 "제왕적 총수를 정점으로 하는 위계적이고 권위주의적인 지배구조"를 띠고 있었기 때문이다.[16] 우리는 이 모습을 무엇보다도 정주영의 전기에서 관찰할 수 있다.

사실 현대의 신화나 기적이라 할 만큼 눈부신 성장과 발전은 정주영 회장의 독특한 기업가 정신에 그 원동력이 있었음을 부인할 수 없다. 다시 말해 현대는 무엇보다도 "위험을 부담하면서(무모함), 할 수 있다는 강한 성취동기에 의한 과감한 의사결정 및 추진력으로 대표되는", 그리고 "혁신적이고 개척적인 기업 활동과 결단력, 예측 및 판단력을 바탕으로 한 비전 제시, 현장 진두 지휘형의 리더십으로 나타나는" 정주영의 기업가 정신으로 인해 급속히 성장하고 발전할 수 있었음을 부인할 수 없다.[17] 그러나 다른 한편 그의 가부장적 권위주의가 한몫을 톡톡히 했음도 역시 부인할 수 없는 사실이다. 그의 가부장적 권위주의는 '호랑이', "나타났다 하면 으르렁거릴 줄밖에 모르는" '호랑이'라는 그의 별명에 응축적이고도 상징적으로 표현되어 있다.[18]

호랑이 정주영은 말하기를, "수많은 근로자를 일사불란하게 움직이게 하려면 눈도 세모꼴로 떠야 하고, 목청도 높여야 하고, 때로는 정강이도 걷어차야 했고, 더 심하면 따귀도 때렸어야 했다." 실제로 근로자의 따귀

---

16 김덕영, 앞의 책(2014), 118쪽.
17 박유영, 『한국형 기업가 정신의 유형』, 숭실대학교출판부 2005, 141쪽.
18 정주영, 앞의 책(1998), 87쪽.

170 ● 에리식톤 콤플렉스: 한국 자본주의의 정신

를 때린 적도 있다고 한다. 현대건설 한 임원의 회고에 따르면, 어느 날 경부고속도로 건설 현장에 느닷없이 지프차 타고 나타나 돌아다니며 잔소리를 해대던 정주영이 장비 위에서 잠깐 졸고 있는 운전사를 발견하더니 대뜸 장비 위로 올라가 운전사를 멱살잡이로 끌어내 다음과 같이 말하면서 따귀를 때렸다고 한다. "얼마나 비싼 장비인데 일은 안 하고 장비 위에서 낮잠이나 자고 있느냐?"[19] 그리고 다음과 같은 일화도 정주영의 가부장적 권위주의를 단적으로 보여 준다. 정주영은 말한다. "나는 그 공사[경부고속도로 당재터널 공사] 현장에 갈 때면 언제나 새벽 5시쯤 고속도로 초입 말죽거리에서 책임자를 동승시키고 현장에 도착할 때까지 계속 도로만 내려다보면서 쉬지 않고 야단을 쳤다. 지시한 것은 처리했는가, 물은 잘 빠지고 있는가, 스펀지 현상은 안 나타나나, 일일이 체크하고 현장 정리 정돈도 엄하게 질책했다."[20]

물론 이런 식의 태도와 행동은 비민주적이고 인권을 침해하는 것이라고 비난할 만하다. 그러나 가치중립적 차원에서 보면 이 역시 정주영의 독특한 기업가 정신의 목록에 추가해야 한다.[21] 그리고 이 기업가 정신은 한국의 독특한 가부장적 권위주의의 한 측면으로 이해할 수 있다. 한국이라는 가부장적·권위주의적 사회에서는 가장이라는 미시적 아버지와 국가 지도자라는 거시적 아버지 외에도 학교, 기업, 군대, 교회 등의 장(長)이라는 수많은 중시적 아버지가 개인들에게 가부장적 권력과 권위를 행사한다.[22]

이처럼 미시적 아버지, 중시적 아버지, 거시적 아버지에 의해 행사되는

---

19 같은 책, 76쪽.
20 정주영, 앞의 책(1991), 113쪽.
21 우리는 제1부 제2장 제2절에서 정경유착이 한국의 재벌이 형성되는 과정에서 결정적인 역할을 했다는 사실을 살펴보았다. 이 정경유착 역시 정주영의, 그리고 더 나아가 한국 재벌의 독특한 기업가 정신의 목록에 추구해야 한다.
22 김덕영, 앞의 책(2014), 254쪽.

가부장적 권위주의는 한국의 근대화 과정에서 중요한 사회적·문화적 동인으로 작용했다. 정주영의 가부장적·권위주의적 기업가 정신도 현대라는 기업의 성장과 조직 및 문화 등에 큰 영향을 끼쳤을 것이다. 실세로 정주영은 자신의 가부장적 권위주의가 오늘의 현대를 만들었다고 확신한다. 1998년에 출간된 자서전 『이 땅에 태어나서: 나의 살아온 이야기』에서 정주영은 말하기를,

> 나의 지독한 현장 독려는 우리 직원들 개개인과 나 자신, 나아가 우리 사회와 국가 모두의 발전을 위한 이로운 채찍이라고 생각했고, 지금도 그 생각에는 변함이 없다. 현재 '현대'의 중역이나 산하 생산업체 책임자들은 모두 건설 현장에서 나한테 눈물이 빠지도록 혼나가면서 잔뼈가 굵은 사람들이다. …… 건설 현장에서 내 단련을 받으면서 일을 배운 사람은 어떤 자리에 갖다 놓아도 안심할 수 있다고 나는 믿는다. 내가 그들을 무슨 일이든, 어떤 일이든, 누구보다 철저하고 완벽하게 수행해 낼 능력과 책임감 있는 '진짜 일꾼'으로 만들어놓았기 때문이다. 매일매일이 발전 그 자체라야 한다. 어제와 같은 오늘, 오늘과 같은 내일은 정지가 아니라 후퇴라는 것을 알아야 한다. 한 걸음 두 걸음씩이라도 우리는 매일 발전해야 한다. 매일 발전하지 않으면 추월당하고 추월당하다가는 아예 추락하게 되고 그 추락은 중간에 세울 수도 비끄러맬 수도 없다.[23]

요컨대 정주영은 개인, 기업, 국가(사회)는 조금씩이라도 매일매일 발전해야 한다고 생각하며 자신의 가부장적·권위주의적 기업가 정신은 이 발전을 위한 이로운 채찍질이었다고 확신해 마지않는다. 다시 말해 정주영은 개인, 조직, 사회를 부단히 발전하는 존재로 생각하며 자신의 가부장

---

23 정주영, 앞의 책(1998), 82쪽.

적·권위주의적 기업가 정신은 이 존재에게 발전의 자양분을 공급했다고 확신해 마지않는 것이다.

그렇다면 그가 말하는 발전은 무엇인가? 그것은 우리나라가 선진국이 되고 현대가 선진기업이 되어서 국민들이 잘살게 되는 것을 의미한다. 정주영에게 선진국은 경제가 성장하여 국민소득이 높은 나라를 가리키며, 따라서 발전은 궁극적으로 돈과 부로 표현된다. 정주영에게 발전을 위해서 필요한 것은 일, 일, 일이다. 노동에의 헌신이다. 다시 말해 "다른 나라 기업들이 10시간을 일에 쓴다면 우리는 20시간, 30시간을 일에 투입해서 1백 년이라는 차이를 단축하는 것"이 발전이다. 그 발전의 결과는 선진국들과 그 기업들을 따라잡는 것이다. 자신의 가부장적·권위주의적 기업가 정신은 바로 이 발전을 위한 이로운 채찍질이었다고 정주영은 확신해 마지않던 것이다. 이렇게 보면 방금 앞에서 언급한 운전사, 즉 장비 위에서 잠깐 졸던 운전사는 비록 따귀를 얻어맞았지만 그로 인해 더욱더 열심히 일하게 되었으며, 그만큼 더 발전하게 되었다는 논리가 성립한다. 아무튼 박정희가 중단 없는 전진과 휴식 없는 노력을 요구했다면, 정주영은 불면불휴(不眠不休)의 노력을 요구했다(이에 대해서는 다음 절에서 자세한 논의가 있을 것이다).

현대는 박정희 정권하에서 환원적 근대화를 견인한 국가-재벌 동맹자본주의에서 중추적인 역할을 수행했다. 그 오너 정주영은 이 환원근대적 국가-재벌 동맹자본주의의 야전사령관 중에서 핵심적인 위치에 있었다. 그런데 한 가지 매우 흥미로운 점은 정주영이 시간이 지나면서 정부주도경제 대신에 민간주도경제를 주장했다는 사실이다. 그것도 이미 박정희 시대에 그랬다. 예컨대 정주영은 1978년 9월 8일 고려대학교 최고경영자 교실 교육과정에서 '민간주도형 경제정책의 필연성'이라는 주제로 특강을 했다. 물론 이 점에서 정주영이 유일한 경우는 아니다. 한국의 자본가 계급은 국가의 권력이 약해지는 정권의 변동기마다 전경련 차원에서 민간주도경제를 주장하곤 했다. 예컨대 1963년 12월의 민정이양기, 1971년 4월의 대통령 선거를 전후한 시기, 1980년의 정권교체기, 1988년의 정권교체기에 그랬다.[24] 아무튼 정주영은 1982년 6월 14일 경제기획원 간부들에게 행한 특강 '민간주도형 경제체제에서 정부와 기업의 역할'에서 민간주도경제를 경제의 모든 것이 민간에 위임되어야 한다는 것이 아니라 정부의 경제적 역할 및 기능과 기업의 경제적 역할 및 기능이 분화되어야 한다는 것임을 분명히 하고 있다.

"민간주도로 한다"는 말을 두고 어떤 사람들은 정부가 할 일을 민간이 빼앗아서 한다는 식으로 알고 있는 경우가 있습니다. 그러나 민간주도라는 것은 정부의 일을 민간이 빼앗겠다는 뜻도 아니고 민간이 할 일을 정부에서 전혀 관여하지 말라는 뜻도 아닙니다. 정책의 선택, 산업의 조정, 균형사회의 건설은 정부의 본원적인 기능입니다. 마찬가지로 기업은 기업가들의 일이지 정부의 일이 아닙니다. 업종의 선택, 투자 여부의 결정, 가격산정 같은 것은 기업의 독자적인 판단에 맡겨져야 합니다. 이렇게 각자의 역할을 정립해서 정부는 정부가 할 일을 하고 기업은 기업이 할 일을 하면서 서로 조화를 이뤄야 진정한 민간주도경제가 될 것입니다.[25]

이어서 민간주도경제는 작은 정부를 지향하는 것이 아니라 '지도받는 자본주의'와 '지시경제'를 지양하는 것임을 분명히 하고 있다.

우리가 민간주도를 주창한다고 해서 결코 작은 정부를 바라는 것은 아닙니다. 우리는 북한 공산집단과 대치하고 있기 때문에 강력하고도 공명정대한 힘을 가진 정부를 필요로 하고 있습니다. 또 세계적인 불경기를 이겨내기 위해서도, 자기 보호적인 경향이 더욱 심해가는 세계경제의 움직임에

---

24   서재진, 『한국의 자본가 계급』, 나남 1991, 184쪽.
25   정주영, 『한국 경제 이야기』, 울산대학교출판부 1997a, 135쪽.

대처하기 위해서도 국민 간에 적절한 협동과 단합을 유도하는 정부의 역할과 기능은 더욱더 강화되어야 할 것입니다. 우리가 민간주도로 가자는 본뜻은 작은 정부를 바라는 것이 아니라 경제개발을 점화하던 시기에 있었던 지시경제나 정부가 관여하지 않고서는 자본조달, 기술의 혁신, 시장 개척의 모든 면에서 비능률적일 수밖에 없었던 시대는 끝나고, 경제가 양적 규모에 있어서나 질적 능력에 있어서 크게 향상되었기 때문에 이제는 정부의 역할도 민간의 개척정신을 국가경제의 발전으로 집결시킬 수 있는 방향으로 새롭게 정립되는 것이 절실해졌다는 데에 있습니다.[26]

요컨대 "정부는 국가 전체의 경제를 관리하는 입장에서 경제에 대한 큰 줄거리와 비전을 제시해 주고 실제 모든 선택은 기업이 주도해서 하도록"하는 것이 정주영이 주창하는 민간주도경제인 것이다.[27] 그가 보기에 경제개발의 초기 단계에서나 효율적으로 작동할 수 있었던 정부주도경제로는 고도 산업사회인 선진국에 진입할 수 없기 때문에 민간주도경제가 절실히 요청된다. 그러니까 민간주도경제는 기업과 국가의 지속적 발전을 위해서 필수적이라는 것이다.

그렇다면 정주영은 ─그리고 재벌들은─ 박정희 정권에서 체결한 국가-재벌 동맹자본주의를 해체해야 한다고 주장하는 것인가? 결론부터 말하자면, 결코 그렇지 않다. 그가 제시하는 민간주도경제는 국가-재벌 동맹자본주의를 굳건히 유지하면서 국가의 관리자로서의 정권에 대항하여 자본가 계급의 이해관계를 옹호하기 위한 것이었다. 그것은 자본가 계급의 이데올로기였던 것이다.[28] "민간주도주의 이데올로기의 핵심적 주장은 경제에 대한 정부의 개입을 반대하는 것이다. 그러나 이 주장은 정부

---

26 같은 책, 136쪽.
27 같은 책, 135쪽.
28 서재진, 앞의 책(1991), 184쪽.

가 자본가 계급에 유리한 개입의 행위, 예를 들어 무역의 보호, 각종 정부 지원, 세금혜택, 노동계급의 통제 등을 배제하는 것은 결코 아니다. 또 정부로부터 받는 각종 특혜에 대해 응분의 보답을 해야 한다는 논리도 거부한다. 가령, 대기업에 유리한 정책 A에 대한 대가로 정책 B에 대해서는 정부에 협조해야 한다는 정부 측 논리가 있을 수 있는 것이다. 그러나 민간주도주의는 이에 대해 정책 A는 건전한 기업 발전을 위해 필수불가결한 정책이지만 정책 B에 대한 정부의 개입은 시장의 합리성을 해친다고 주장하는 식이다."[29] 그러므로 민간주도경제라는 이데올로기는 두 가지 효과가 있다. 첫째는 "국가주도주의적 경제체제에서 발생한 제반 실패와 문제점은 정부의 책임이라는 논리를 내포한다." 둘째는 "국가의 경제적 지배뿐 아니라 정권의 자본가 계급에 대한 정치적 지배에 대한 저항의 일종으로서 민간주도적 경제체제로 전환하고자 하는 당위적 상황정의이다." 자본가 계급이 못마땅해하는 것은 국가주도적 경제정책이 아니라 "정치가 경제를 지배하는 정치우위"의 질서인 것이다.[30]

3. '생각하는 불도저': 무한한 경제성장에의 욕망

이미 이 장 제1절에서 언급한 바와 같이, 정주영의 기업가적 업적은 현대의 신화, 아니 현대의 기적이라고 해도 지나친 말은 아닐 것이다. 이 신화, 이 기적은 그의 강력한 추진력이 없었다면 불가능했을 것이다. 정주영은 꽤 오랫동안 '불도저'라고 불렸는데, 이 별명은 바로 그의 추진력에서 온 것이다. 정주영의 말대로, "육중한 쇠뭉치 몸집으로 덮어놓고 밀어대기만 하는 불도저의 이미지"와 자신을 연결했던 것이다. 그리고 이 연결

---

29 같은 책, 187쪽.
30 같은 책, 187~88쪽.

은—역시 그의 말대로—"학교 공부도 거의 없는 못 배운 사람이 무슨 일에든 덮어놓고 덤벼들어 곧장 땅 파고 기둥 박는 식으로 밀어붙이는 것처럼 보이는 내 일[그의 일] 스타일을 평하고픈 이들에게서" 나왔을 것이다.[31] 이에 대해 정주영은 자신을 '생각하는 불도저'라고 부른다.[32] "나는 어떤 일에도 결코 덮어놓고 덤벼든 적이 없다. 학식은 없지만 그 대신 남보다 더 열심히 생각하는 머리가 있고, 남보다 치밀한 계산능력이 있으며, 남보다 적극적인 모험심과 용기와 신념이 나에게는 있다. 어떤 일의 시작 전에 내가 나 혼자 얼마나 열심히 생각하고 분석하고 계획하는가를 모르는 이들에게는 내가 하는 모든 일이 전부 다 무계획적이고 무모한 것으로 보였겠지만, 무계획과 무모함으로 어떻게 오늘의 '현대그룹'이 존재할 수 있었겠는가?"[33] 정주영은 자신이 생각하는 불도저라는 것을 다음과 같이 비유적으로 표현하고 있다.

> 나는 내 '불도저'에 생각하고 계산하고 예측하는, 성능이 그다지 나쁘지 않은 머리라는 것을 달고 남보다 훨씬 더 많이, 더 열심히 생각하고, 궁리하고, 노력하면서 밀어붙였다.[34]

이 생각하는 불도저 정주영은 "더 할래야 더 할 게 없는, 마지막의 마지막까지 다하는 최선"을 인생의 기본으로 했으며, 그 결과로 현대의 신화, 현대의 기적이 가능했던 것이다. 한강의 기적이 국가적 차원의 거시적 기적이라면, 현대의 기적은 기업적 차원의 중시적 기적이라고 할 수 있다. 우리는 이미 이 장 제1절에서 정주영이 일군 현대의 신화, 현대의 기적을

---

31 정주영, 앞의 책(1998), 230쪽.
32 같은 곳.
33 같은 책, 231쪽.
34 같은 책, 234쪽.

아주 간략하게 언급했는데, 그 구체적인 내용을 살펴볼 필요가 있다(여기서는 현대의 성장사[成長史]를 다 짚을 수는 없고 우리의 논의를 위해 중요하다고 생각되는 것만 짚기로 한다).

정주영은 1915년 강원도 통천군 송전면 아산리 두메산골에서 가난한 농사꾼의 6남 2녀 중 장남으로 태어났다. 1919년부터 1922년까지 조부에게 한학을 배운 다음 1924년 '송전소학교'에 입학하여 1930년에 2등으로 졸업했다. 이것이 그의 최종 학력이다. 소학교 졸업 후 아버지의 농사일을 돕던 정주영은 1931년부터 1933년까지 네 차례나 가출했는데, 이 가운데 세 번은 그를 찾아나선 아버지 때문에 마지못해 집으로 돌아왔다. 19세 때인 1933년에 마지막으로 가출하여 인천부두 등에서 막노동을 하고 엿공장에서 잔심부름꾼으로 일하다가 1934년에 우연히 쌀가게 '복흥상회'(福興商會)에 취직을 하게 된다. 이어서 1938년 1월에는 신용 하나로 주인으로부터 가게를 넘겨받아 '경일상회'(京一商會)라는 간판을 내건다. 그러나 중일전쟁의 여파로 쌀배급제가 실시되자 1939년 12월에 가게를 정리하게 된다. 곧이어 1940년 3월에 '아도서비스'라는 자동차 수리 공장을 세웠으나 1943년에 일본에 의해 '일진공작소'와 강제 합병되었다. 그 후 화물차 30대를 구입하여 황해도 수안군 소재 '홀동금광'의 광석을 운반하는 사업을 하다가 1945년 5월 사업을 접고 낙향했다.

정주영은 해방 후인 1946년 4월에는 '현대자동차공업사'라는 자동차 수리공장을, 그리고 1947년 5월에는 '현대토건사'라는 건설 회사를 설립했는데, 이 두 회사는 1950년 1월에 '현대건설주식회사'로 통합되었다. 현대건설은 한국전쟁 기간에 아이젠하워 대통령 방한 숙소 등과 같은 미군 발주공사를 거의 독점하면서 급속하게 성장했다. 1953년 4월부터 1955년 5월까지 진행된 낙동강 고령교 복구공사에서 물가 폭등 등으로 막대한 손실을 입었지만, 1957년 9월에 전후 최대의 단일 공사인 한강 인도교 복구공사를 수주하고 1959년 6월에 건국 이래 최대 공사인 인천 제1독 복구공사를 수주함으로써 현대건설은 설립 10년 만에 국내 건설업계의 최정상을 차지하게 되었다. 1962년 7월에 단양시멘트 공장을 착공하여 1964년 6월에 완공했다. 정주영은 1960년대 초부터 해외 진출을 모색하기 시작하여 1965년 9월 태국의 파타니 나라치왓 고속도로 건설공사를 수주하게 되는데, 이는 한국 역사상 최초의 해외 진출이었다.[35] 1967년 4월에는 소양강다목적댐 공사에 착수했으며(1973년 12월에 완공), 같은 해 12월에는 '현대자동차주식회사'를 설립하고 1968년에 '포드'와의 합작으로 승용차 '코티나'를 생산함으로써 '신진자동차'와 함께 국내 승용차 시장을 양분하게 되었다. 1968년 2월부터 1970년 6월까지 진행된 단군 이래 최대의 토목공사라는 경부고속도로 건설공사에서 현대건설은 전 공정의 2/5를 담당했다.

1970년대에 정주영은 정부의 중화학공업 정책에 부응하는 한편 중동에 건설을 수출하면서 현대를 최대의 기업집단으로 키웠다. 1972년 3월에는 '현대조선소'가, 1973년 4월에는 '울산조선소'가 기공식을 가졌다. 1973년 12월에는 '현대조선중공업주식회사'를 설립했다(1978년 2월에 '현대중공업주식회사'로 개명). 1974년 6월에는 26만 톤급 대형 유조선 두 척을 진수하는 동시에 울산조선소의 1, 2독을 준공함으로써 2년 3개월 만에 조선소를 건설하고 선박을 건조·진수하는 세계 조선사상(造船史上) 전무후무한 기록을 남겼다. 1975년 4월에는 '현대미포조선주식회사'를 설립했다. 1976년 1월에는 한국 최초의 자동차 고유 모델인 '포니'를 생산했다. 그리고 같은 해 6월에는 그해 국가 예산의 절반에 해당하는 공사비 9억 3,000만여 달러의, 20세기 최대의 대역사라고 하는 사우디아라비아 주베일 산업항 공사를 수주했다.[36] 1976년 1월에는 '고려산업개발주식회사'를,

---

35 이를 기점으로 1960년대에는 알래스카 협곡의 교량 공사, 괌의 주택과 군사기지 건설, 파푸아뉴기니 지하 수력발전소 공사, 월남 캄란 군사기지 건설, 메콩 강 준설 공사를 수주했으며, 1970년에는 호주의 항만 공사도 수주했다.

36 현대건설은 이 공사에서 능력을 인정받아 라스알가르 주택항 공사, 알코바, 젯다 지역의 대단위 주택 공사, 쿠웨이트 슈아이바 항 확장 공사, 두바이 발전소, 바스라

3월에는 '아세아상선주식회사'('현대상선주식회사'의 전신)를, 12월에는 '현대종합상사주식회사'를 잇따라 설립했다. 그리고 1978년 2월에는 서산 간척사업에 착수하여 1984년 2월에 이른바 '정주영 공법'이라 불리는 유조선 공법을 이용해 4,700만 평의 땅을 얻었다.

이처럼 정주영의 진두지휘 아래 눈부신 성장을 거듭한 결과 현대는 — 이미 이 장의 제1절에서 언급한 바와 같이 — 1978년에 미국 경제 전문지 『포춘』에 의해 세계 98위 기업으로 선정된다. 1980년대에도 현대는 생각하는 불도저 정주영의 거침없는 행보로 성장을 계속한다. 예컨대 1983년 2월에는 '현대전자주식회사'가 설립되었고, 1985년 8월에는 아시아 최장 말레이시아 페낭 대교가 개통되었으며, 1986년 11월에는 '현대산업개발주식회사'가 설립되었다.[37]

이렇게 현대가 '정신없이', 아니 '어지러울 정도로' 성장해 가는 모습은 마치 박정희가 말하는 열차여행의 축약된 형태, 아니 그 진수를 보여 주

하수처리 공사 등의 대형 공사를 수주하게 되었다.

37 정주영의 활동은 경제적 영역에 국한된 것이 아니었다. 예컨대 1981년 5월 88서울올림픽 유치위원회 위원장으로 피선되어 그해 9월 올림픽을 유치하는 데 성공했다. 또한 1992년 1월에 통일국민당을 창당하고 3월에 제14대 국회의원(전국구)이 되었으며 12월에 제14대 대통령 선거에 출마하여 16.3퍼센트를 득표했다. 그리고 84세가 되던 해인 1998년 6월과 10월에 각각 소 500마리와 501마리, 총 1,001마리를 이끌고 판문점을 통해 방북했다. 이처럼 모험으로 가득 찬 정주영의 삶은 괴테의 파우스트(Faust)를 연상케 한다. 파우스트는 악마 메피스토펠레스에게 영혼을 판 대가로 메피스토펠레스의 힘을 빌려 24년 동안 천상, 지상, 지옥에서 온갖 체험을 한다. 요한 볼프강 괴테, 『파우스트 1』, 민음사 1999a (정서웅 옮김; 원제는 Johann Wolfgang von Goethe, *Faust. Eine Tragödie*); 요한 볼프강 괴테, 『파우스트 2』, 민음사 1999b (정서웅 옮김; 원제는 Johann Wolfgang von Goethe, *Faust. Eine Tragödie*). 요컨대 파우스트는 탈한계적 인간인 것이다. 이로부터 '파우스트적'이라는 형용사가 파생되었는데, 이 형용사는 '끊임없이 새로운 체험과 자극 및 지식 등을 추구하는'이라는 의미를 내포하고 있다. 파우스트의 탈한계성에 대해서는 김덕영, 앞의 책(2012), 708쪽 이하를 참고할 것. 김홍중, 앞의 글(2015)은 정주영을 '한국적 파우스트'라고, 그의 '마음'(정신)을 '파우스트 콤플렉스'라고 명명하고 있다.

는 듯하다. 이미 이 장 제1절에서 언급한 바와 같이, 박정희는 후진국에서
선진국으로 가는 근대화 운동을 목포에서 — 또는 부산에서 — 열차를
타고 서울로 가는 여행에 비유했다. 그런데 이 열차여행에서 중요한 것은,
목포에서 이리, 대전, 조치원, 천안 등에 도착하면 해당 도시와 그 주변 지
역을 둘러보면서 자연, 역사, 문화, 예술 또는 특산물을 체험해서는 절대
로 안 된다는 점이다. 그러니까 여행 그 자체를 즐겨서는 절대로 안 된다.
즐겨야 할 것은 오직 도착 그 자체이다. 오로지 도착 그 자체가 목표이며,
따라서 한 역에 도착하면 조금도 지체하지 말고 다음 역을 향해 출발해
야 한다.

정주영은 이를 개인, 기업, 국가의 발전으로 본다. 사실 발전은 정주영
을 이해하는 키워드의 하나로서, 박정희의 근대화에 상응하다고 볼 수 있
다. 정주영은 지속적인, 아니 무한한 발전을 추구한 발전주의자였다. 이는
'현대'라는 기업명에도 그대로 반영되어 있다. 정주영이 현대라는 상호를
처음 사용한 것은, 1946년 4월에 '현대자동차공업사'라는 자동차 수리
공장의 간판을 내걸 때이다. 그는 1991년에 출간된 자서전 『시련은 있어
도 실패는 없다』에서 현대라는 상호를 사용하게 된 이유를 다음과 같이
밝히고 있다.

> 나는 공부도 학식도 모자란 구식 사람이지만 '현대'를 지향해서 보다 발
> 전된 미래를 살아보자는 의도에서였다.[38]

요컨대 '현대=발전'이라는 공식이 성립하는 것이다. 정주영의 발전주의
적 사고는 그의 저작에서 어렵지 않게 찾아볼 수 있다. 예컨대 — 이미 앞
절에서 언급한 바와 같이 — 정주영은 1998년에 출간된 자서전 『이 땅에

---

38 정주영, 앞의 책(1991), 72쪽.

태어나서: 나의 살아온 이야기』에서 매일매일이 발전 그 자체이며 자신의 가부장적·권위주의적 기업가 정신은 이 발전을 위한 이로운 채찍질로 생각했다. 이와 유사한 구절을 1991년에 출간된 『시련은 있어도 실패는 없다』에서도 찾아볼 수 있다.

> 매일이 새로워야 한다. 어제와 같은 오늘, 오늘과 같은 내일을 사는 것은 사는 것이 아니라 죽은 것이다. …… 오늘은 어제보다 한 걸음은 더 발전해야 하고 내일은 오늘보다 또 한 테두리 커지고 새로워져야 한다. …… 이것이 가치 있는 삶이며 이것만이 인류 사회를 성숙, 발전시킬 수 있다. …… 나의 철저한 현장 독려는 우리 직원들과 나, 사회와 국가가 함께 나날이 새로워지기 위한 채찍이다. …… 지금 현재 현대의 중역진치고 건설 현장에서 잔뼈가 굵지 않은 사람이 없고, 산하 생산업체 지휘자 역시 거의가 건설 출신이다. …… 건설 현장에서 내 단련을 받으며 일을 배운 사람은 어느 자리에서 무슨 일이든 해낼 수 있다는 것이 나의 신조이다.[39]

---

39 같은 책, 98쪽. 이 인용구절은 그리고 앞 절에서 인용한 바 있는 『이 땅에 태어나서: 나의 살아온 이야기』의 유사한 구절은, 발전이 건설업과 밀접한 관계 속에서 논해지고 있다는 특징을 보여 준다. 이는 건설이 정주영의 발전 관념에 대해 특별한 의미를 지닌다는 것을 암시하는 대목이다. 정주영은 "나는 건설인"이라고 할 정도로 건설업에 대한 긍지와 자부심이 대단했다. 그 이유는 ― 본문의 인용구절에서 드러나듯이 ― 건설업이 개인, 기업, 국가의 발전에 각별한 의미를 갖는다고 생각했기 때문이다. 첫째, 정주영에 따르면, 건설은 "인간의 종합적인 조직 능력을 필요로 하는 일이고, 건설에 유능하면 다른 모든 일에도 유능할 수 있다." 왜냐하면 "공사 한 건을 수주해서 완성해 내는 것은, 그 전 과정이 한 기업을 탄생시켜 제품 생산에 이르는 것과 똑같이 어렵[기]" 때문이다. 한마디로 건설은 "인간의 사회 창조력의 표현"이며, 따라서 건설인은 이 사회적 창조력을 표현하는 인간으로 발전할 수 있다. 둘째, 정주영에 따르면, 이러한 건설인은 현대의 발전에 결정적으로 기여했다. 그는 "건설, 특히 해외건설 현장에서 성공적으로 근로자들을 이끌고 채산성 있게 공사를 완수한 사람은 무슨 일이든 해낼 수 있는 능력이 있다"고 단정한다. 그러면서 말하기를, "우리가 구경도 한 적이 없는 몇십만 톤짜리 배를 만들어내고, 현대중공업을 세계 시장에서 가장 강력한 경쟁력이 있는 회사로 만든 사람들이 모두 현대건설 출신이다. …… 사장은 물론 플랜트 생산자, 지휘자, 플랜트 주문을 받

이 둘 이외의 저작에서도 발전과 관련된 언급을 찾아볼 수 있다. 예컨 대 1985년에 '아산고희기념출판위원회'에서 펴낸 『아산 정주영 연설문집』에 나오는 다음의 구절도 정주영의 발전주의적 사고를 잘 보여 준다.

이 세상에는 무한한 것이 세 가지가 있다고 생각합니다. 그 하나는 시간이요 또 하나는 공간입니다. 그러나 또 다른 하나의 무한이 있습니다. 하나의 개체로서의 생명은 유한하지만 생명 그 자체는 무한한 것이고 무한히 발전하는 것입니다. …… 나는 이 발전의 무한, 인류의 무한한 발전이라는 제삼의 무한을 믿습니다. 이 제삼의 무한을 믿는 사람이 이상주의자입니다.[40]

그리고 역시 『아산 정주영 연설문집』에 나오는 다음의 구절에서도 정주영의 발전주의적 사고를 잘 엿볼 수 있다.

인간의 의지란 자기 자신을 넘어 영구히 존재하는 것이고 무한히 발전한

는 사람까지 건설에서 육성한 재목들이며 현대자동차도, 현대종합상사도 마찬가지이다." 정주영, 앞의 책(1991), 271~73쪽. 셋째, 정주영에 따르면, 이러한 건설업은 국가의 발전에 결정적으로 기여했다. 그것은 근대화의 주역이요 경제성장의 견인차였다. "어떤 선진국에서도" — 이와 관련하여 정주영은 말하기를 — "나라의 탄생 초기부터 우리나라처럼 건설업이 국가경제에 크게 기여한 예가 없다. 나는 아무것도 없이 곤궁했던 우리나라가 이룩한 한 시대의 눈부신 경제성장 과정에서 우리의 건설업이 선도적인 역할을 수행했다는 사실에 무한한 자부심을 갖는다. 1970년대 후반, 세계은행 보고서도 한국의 경제발전은 건설업자들이 선도했다는 지적을 한 적이 있었다." 정주영, 앞의 책(1998), 125쪽. 이 모든 것을 감안하면, 정주영이 다음과 같이 말하는 것을 충분히 납득할 수 있을 것이다. "나는 그[건설업의 큰] 성취감을 좋아한다. 그래서 '현대건설' 외에도 많은 업종의 회사를 갖게 돼 그룹 회장, 명예 회장으로 불리고 '경제인'으로 불리기도 하지만, 혼자 내심으로 나는 어디까지나, 건설업을 하는 '건설인'이라는 긍지와 자부심을 잃어본 적이 없다." 같은 책, 127쪽.
40 정주영, 『아산 정주영 연설문집』, 아산고희기념출판위원회 1985, 392~93쪽.

다는 확신, 자기가 못다 한 일은 자기 자손이 해낼 것이라는 확신, 우리 세대의 숙제는 우리 다음 세대에 풀어진다는 확신을 가진 사람은 오로지 성취를 통해서 이 영원한 자기를 확인하고 그런 과정 속에서 보람을 찾아 진정한 삶의 기쁨을 누리게 되는 것 같습니다.[41]

요컨대 정주영에게 개인, 기업, 국가는 매일매일, 하루하루, 무한히 발전하는 존재이며, 그 모든 행위는 발전의 지속성과 정도에 따라 판단되어야 하고 의미와 가치가 부여되어야 하는 것이다. 그렇다면 그가 말하는 발전은 구체적으로 무엇을 가리키는가? 그것은 ─ 이미 앞 절에서 언급한 바와 같이 ─ 우리나라가 선진국이 되고 현대가 선진기업이 되어서 국민들이 잘살게 되는 것을 의미한다. 정주영은 선진국을 경제가 성장하여 국민소득이 높은 나라로 이해한다. 예컨대 1985년 4월 15일 중앙공무원교육원에서 행한 특강에서 다음과 같이 말하고 있다.

나에게는 꿈이랄까 소망이 하나 있습니다. 그것은 우리 경제가 선진 경제가 되는 일이며 저희 기업이 우량기업으로 성장하는 일입니다. 간단한 산술에 따라 계산을 한 번 해보면 연간 10퍼센트로 경제가 성장한다면 7년 만에 소득이 두 배가 됩니다. 즉 인구증가 문제를 제외한다면 서기 2000년이 밝아오는 새아침에는 우리도 당당히 1인당 GNP가 9,000달러 안팎의 선진국 대열에 올라설 수 있는 것입니다.[42]

이 점에서 정주영의 '발전'은 박정희의 '근대화'와 일치한다. 왜냐하면 박정희는 근대화를 산업이 발전하고 경제가 성장하여 국민소득이 높은 선진국이 되는 것으로 이해했기 때문이다. 정주영의 '발전'은 박정희의 '근대

---

41 같은 책, 393쪽.
42 정주영, 앞의 책(1997a), 155~56쪽.

화'가 기업적 차원에서 실현되는 것이다. 그것은 중시적 차원의 근대화이다. 박정희는—이미 앞에서 인용한 바와 같이—1979년 3월 27일 '소비절약 추진 범국민대회'에서 다음과 같이 말하고 있다.

> 이제 우리 경제는 겨우 1인당 국민소득 천 불 선을 넘어섰습니다. 우리가 선진국 수준으로 부상하자면 적어도 3천 불 내지 5천 불 대로 올라가야 합니다.[43]

그런데 박정희는 정주영과 달리 선진국 진입의 시기를 1980년대로 설정하기도 하고 1990년대로 설정한다. 먼저 1978년 1월 13일 하와이 이민 75주년 기념 메시지에서 박정희는 다음과 말하고 있다.

> 중화학공업의 발전으로 수출은 100억 불을 돌파했으며, 국토의 개발 정비와 고속도로망의 확충으로 전국은 일일생활권으로 되어 도시와 농촌이 다 같이 경이적인 발전을 거듭해 나가고 있습니다. …… 우리의 오랜 숙원인 자주국방과 자립경제는 착착 기틀을 잡아가고 있습니다. …… 조상이 물려준 삼천리금수강산을 우리 세대의 정성과 노력으로 살기 좋고 인정이 넘치는 복지사회를 만들고자 하는 범국민적인 운동이 벌어지고 있습니다. …… 우리는 멀지 않아 80년대 초에는 고도산업사회를 이룩하여 선진국 대열에 올라서게 될 것입니다.[44]

그리고 같은 해에 출간된 『민족중흥의 길: 민족사의 분수령에 서서』의 제4장 「고도산업사회에의 도전」에서는 다음과 같이 말하고 있다.

---

43 대통령 비서실, 앞의 책(1979b), 101~02쪽.
44 대통령 비서실 (펴냄), 『박정희 대통령 연설문집 6 ─제8대 편·하: 1976년 1월 ~1978년 12월』, 1979a, 256쪽.

우리가 …… 확고한 미래상을 갖고, 물질문명과 정신문화를 조화시키면서 경제의 고도성장을 지속해 나간다면, 90년대까지는 실로 남부럽지 않은 풍요하고 살기 좋은 복지사회가 이 땅에 이룩될 것이다. 그때 우리는 1인당 국민소득이 선진국권에 들고, 우리나라는 세계에서 손꼽히는 수출대국이 될 것을 기약하고 있다.[45]

이처럼 박정희가 같은 시기에 선진국 진입의 시점을 달리 잡은 것은, 무엇보다도 위의 두 근대화 담론이 지향하는 대상이 달랐기 때문일 것이다. 전자는 외국 이민자들에게 자신이 주도하는 근대화의 성과를 홍보하면서 이른바 조국에 대한 자부심과 긍지를 불어넣는 것을 주목적으로 했을 것이고, 후자는 국민들을 지속적으로 경제성장에 동원함으로써 유신독재 체제를 유지하고 강화하는 것을 주목적으로 했을 것이다. 이 둘의 차이는 박정희의 지배체제를 정당화한다는 점에서 상쇄된다. 그것들은 정치적 언술이라는 점에서 수렴한다. 그리고 정주영이 박정희보다 선진국 진입의 시기를 늦게 잡은 것은, 무엇보다도 그의 발전 담론이 박정희의 근대화 담론보다 늦었기 때문일 것이다. 그가 특강을 한 1985년에는 한국이 선진국에 진입하지 못했음이, 그리고 1990년대에도 선진국 진입이 어렵다는 것이 이미 판명난 상태였다. 어찌 되었든, 우리의 논의를 위해서 중요한 것은 선진국 진입의 시점보다 박정희에게도 정주영에게도 선진국의 기준은 1인당 국민소득이라는 사실이다. 박정희에게처럼 정주영에게도 근대는 철저히 경제화되고 화폐화된 세계였던 것이다.

그리고 또 한 가지 점에서 정주영이 박정희와 일치함이 발견되는바, 그것은 다름 아닌 빈곤-발전의 변증법이다. 다시 말해 한국의 근대화 과정을 논하면서 확인한 바 있는 빈곤-발전의 변증법이 현대라는 기업에서 그

---

45 박정희, 앞의 책(2005e), 862쪽.

대로 작동하고 있음이 관찰된다. 전자를 거시적 차원에서의 빈곤-발전-변
증법이라고 한다면, 후자는 중시적 차원에서의 빈곤-발전-변증법이라고
할 수 있다.

정주영이 네 번이나 가출한 끝에 현대의 신화, 현대의 기적을 이룰 수
있었던 것은 빈곤 때문이었다. 그는 충분한 자본이 있었기 때문이 아니라
가난했기 때문에 농업이 아닌 길을 택했던 것이다.[46] 정주영이 『이 땅에
태어나서: 나의 살아온 이야기』에서 회고한 다음의 구절을 보면, 당시의
농촌이 얼마나 빈곤했는가가 적나라하게 드러난다.

> 그 시대 우리 농민들의 가난은 그야말로 필설로 형언할 수 없을 지경이
> 었다. 그저 하늘만 올려다보며 일기가 순조로워 풍년 들기만을 기원하던
> 그 시절의 농촌은, 일 년 내내 죽을 둥 살 둥 허리가 부러지게 일하고 다행
> 히 풍년이 들어도, 간신히 일 년 양식이 될까말까였다. 가진 농토는 손바닥
> 만 하고 농사짓는 방법은 원시적이고 농기구도 변변찮고 비가 조금만 많이
> 왔다 하면 홍수가 망치고 조금 가물었다 하면 가뭄이 망치고, 봄비가 조
> 금만 늦게 와도 흉년, 우박이 잠깐 지나가도 흉년, 서리가 조금 일찍 내려
> 도 흉년, 운 좋은 풍년이 한 해면 두 해는 연달아 흉년이곤 했다. …… 내
> 고향 통천은 겨울에는 사람 키만큼이나 눈이 쌓여 눈 속에 굴을 파고 다
> 녀야 할 정도로 눈이 많은 고장이다. 흉년이면 집집마다 양식이 일찍 떨어
> 져서 눈이 온 강산을 뒤덮는 긴 겨울 동안을 아침에만 조밥을 해먹고 점심
> 은 굶고 저녁에는 콩죽으로 넘겨야 했다. 겨울을 그렇게 보내고 봄이 오면
> 그나마 양식도 다 떨어져 그때부터는 풀뿌리에 나무껍질에, 문자 그대로
> 초근목피(草根木皮)로 목숨을 부지해야 했다. …… 먹어야 사는 목숨한테
> 굶주림보다 더 비참한 것은 없다. 그 시절 많은 사람들이 굶주림을 견디다

---

46 서재진, 앞의 책(1991), 56쪽.

못해 보따리를 꾸려 들고 고향을 떠나 만주로 북간도로 옮겨갔다.[47]

아무튼 필설로 형언할 수 없을 정도로 가난한 농촌은 정주영에게 "반드시 떠나야만 할 곳이었다."[48] 그래서 무려 네 차례나 가출했던 것이다. 정주영은 세 번이나 가출한 아들을 찾아내어 기어이 고향으로 데려간 아버지의 집착이 "고맙기는커녕 역겨웠다." 자신의 뒤를 끈질기게 쫓아다니는 아버지가 "귀신처럼 지겹고 원망스러웠다."[49]

박정희도 정주영과 마찬가지로 가난했는데, 이는 무엇보다도 1963년에 출간된 『국가와 혁명과 나』를 보면 잘 드러난다. 박정희는 5·16 군사쿠데타를 정당화하기 위해 쓴 이 책을, 다음과 같이 자신은 가난했으며 가난은 자신의 스승이자 은인임을 강조하면서 맺고 있다.

> 경상북도 선산군, 이것이 본인이 태어난 곳이다. …… 20여 년간의 군대 생활, 그리고 소년 시절에도 본인은 자립에 가까운 생활을 배워 왔다. …… 그만큼 가난하였기 때문이다. 그것은 본인에게 큰 도움이 되었다. …… 그 환경이 본인으로 하여금 깨우쳐 준 바 많았고, 결의를 굳게 하여 주기도 하였다. …… 이 같은 '가난'은 본인의 스승이자 은인이다. …… 그렇기 때문에 본인의 24시간은 이 스승, 이 은인과 관련 있는 일에서 떠날 수가 없는 것이다. …… '소박하고 근면하고 정직하고 성실한 서민 사회가 바탕이 된 자주독립된 한국의 창건' 그것이 본인의 소망 전부이다. …… 동시에 이것은 본인의 생리인 것이다. …… 본인이 특권 계층, 파벌적 계보를 부정하고 군림사회(君臨社會)를 증오하는 까닭도 여기에 있을 것이라 생각된다. …… 본인은 한마디로 말해서 서민 속에서 나고, 자라고, 일하고, 그리하여

---

47 정주영, 앞의 책(1998), 22~23쪽.
48 같은 책, 25쪽.
49 정주영, 앞의 책(1991), 47, 51쪽.

그 서민의 인정 속에서 생이 끝나기를 염원한다. ······ 진정 꾸밈없이 말해서 그렇다. ······ 주지육림의 부패 특권 사회를 보고 참을 수 없어서 거사한 5·16 혁명은, 그러한 본인의 소원이 성취된 것에 불과하다. ······ 그러나 본인은 이 소원의 전부를 이룩하지 못한 채 민정으로 넘기게 되었다. ······ 그러나 본인과 같은 '가난'이라는 스승 밑에서 배운 수백만의 동문이 건재하고 있는 이상 결코 쉴 수도 없고, 후퇴할 수도 없는 '염원'인 것이다. ······ 국가와 민족과 혁명과 많은 가난한 사람의 편에 서서 일하여 온 본인으로서 갈 길은 있을 것이다. ······ 그러나 그 길은 국민 여러분께서 지시하는 길이어야 할 것은 물론이다. ······ 왜냐하면 군정을 끝낸 본인으로서는 그것이 마지막으로 남은 의무이기 때문이다.[50]

정주영은 1998년에 출간한 『이 땅에 태어나서: 나의 살아온 이야기』에서 자신과 박정희는 가난한 농사꾼의 자식으로서 여러모로 공통적이었음을 강조하고 있다.

박 대통령도 나처럼 농사꾼의 아들이었다. 박정희 대통령과 나는 우리 후손들에게는 절대로 가난을 물려주지 말자는 염원이 서로 같았고, 무슨 일이든 신념을 갖고 '하면 된다'는 긍정적인 사고와 목적의식이 뚜렷했던 것이 서로 같았고, 그리고 소신을 갖고 집행하는 강력한 실천력이 또한 서로 같았다. 공통점이 많은 만큼 서로 인정하고 신뢰하면서 나라 발전에 대해서 같은 공감대로 함께 공유한 시간도 꽤 많았던, 사심이라고는 없었던 뛰어난 지도자였다. 개인적으로 특별한 혜택을 받은 것은 없었지만, '현대'의 성장 자체가 무엇보다도 경제발전에 역점을 두고 경제정책을 강력하게 추진했던 박 대통령의 덕이라고 나는 생각한다. ······ 지금은 너무나 망가뜨려져 침몰할 지경의 위기에 빠진 경제상황이지만, 그래도 자동차 1천만

50 박정희, 앞의 책(2005c), 657~58쪽.

대, 국민소득 1만 불의 오늘을 만들어놓은 업적은 누가 뭐래도 박 대통령이 이룬 것이며, 이 사실에 대해서는 절대 과소평가해서는 안 된다.[51]

요컨대 국가-재벌 동맹자본주의의 총사령관 박정희와 야전사령관 정주영은 공히 가난한 농사꾼의 아들로서 국가 발전, 즉 근대화를 이룩해 빈곤을 극복하자는 공통된 신념하에 서로 인정하고 신뢰하면서 1인당 국민소득 67달러의 나라가 1인당 국민소득 1만 달러의 나라가 될 수 있는 터전을 닦았다는 것이 정주영의 생각인 것이다.

그렇다면 정주영은 이제 국가든 기업이든 충분히 발전했기 때문에 빈곤이 극복되었다고 생각하는가? 그리하여 이제 빈곤-발전-변증법의 작동은 멈추어도 된다고 생각하는가? 결론부터 말하자면, 그렇지 않다. 정주영이 보기에 한국 사회는 그 사이 절대빈곤을 극복하고 중진국이 될 정도로 발전한 것은 사실이지만, 그럼에도 불구하고 선진국에 비해서는 여전히 빈곤하며, 따라서 앞으로도 계속 발전해야 한다. 그의 표현대로 지금까지의 발전은 '소성'(小成)에 불과한 것이다.[52] 그리고 선진국에 진입한다고 해도 발전은 지속되어야 한다. 왜냐하면 개인, 기업, 국가는 매일매일, 하루하루, 무한히 발전하는 존재이기 때문이다.

그렇다면 정주영에게 발전은 어떻게 가능한가? 정주영은 무엇이 빈곤-발전의 변증법을 지속적으로 작동케 한다고 보는가? 그것은 — 이미 앞절에서 언급한 바와 같이 — 일, 일, 일, 즉 노동에의 헌신이다. 박정희가 중단 없는 전진과 휴식 없는 노력을 요구했다면, 정주영은 불퇴전의 정신력과 불면불휴의 노력을 요구했다.[53]

이는 무엇보다도 현대가 급속히 발전한 이면에 공기 단축이 자리하고

51 정주영, 앞의 책(1998), 249~50쪽.
52 정주영, 앞의 책(1997a), 79쪽.
53 정주영, 앞의 책(1991), 133쪽.

있다는 사실을 보면 명확하게 드러난다. 정주영은 그의 자서전 여러 곳에서 공기 단축의 의미를 강조하고 있다. 예컨대 『이 땅에 태어나서: 나의 살아온 이야기』에서 다음과 같이 말하고 있다.

> '공기를 앞당기자.' …… 이것은 건설업에 뛰어들고부터 내가 평생을 진력하면서 부르짖은 첫째가는 구호이며 전략이다.[54]

또한 같은 책에서 다음과 같이 말하고 있다.

> 수많은 일을 하면서 나의 명제는 언제나 '공기 단축' 네 글자였고 ……[55]

그리고 『시련은 있어도 실패는 없다』에서 다음과 같이 말하고 있다.

> 모든 건설공사에서 공기 단축은, 돼지를 우리에서 내몰 때 앞에서 귀를 잡아당기는 것이 아니라 뒤에서 꼬리를 잡아당겨야 하는 것처럼 당연하고 중요한 일이다.[56]

정주영은 공기 단축의 방법을 구체적으로 공사의 기계화와 보다 많은 양의 노동에서 찾는데, 이 가운데 우리의 논의에서 중요한 것은 후자이다. 왜냐하면 공기 단축은 일, 일, 일, 그러니까 노동에의 헌신을 통해서만 가능하기 때문이다. 이에 대한 아주 좋은 예가 경부고속도로 건설공사이다. 정주영은 1968년 2월 경부고속도로 시공과 더불어 작업 현장에 간이침

---

54 정주영, 앞의 책(1998), 249~50쪽.
55 같은 책, 232쪽.
56 정주영, 앞의 책(1991), 110쪽.

대를 가져다 놓고 작업을 독려했다. 잠잘 시간에는 일하고 덜컹거리는 낡은 지프차에서 잠깐씩 눈을 붙이곤 했다. 그리고 "직원들은 한 달에 한 번 집에 갈까 말까 할 정도로 열심히 일하다 더워서 옷을 갈아입게 되면 여름이었고, 일하다 추워지면 겨울이었다."[57]

이는 조선업의 경우에서도 관찰할 수 있다. 이미 앞에서 언급한 바와 같이, 현대는 1972년 3월부터 1974년 6월까지 2년 3개월 만에 조선소를 건설하고 선박을 건조·진수하는 기염을 토했다. 이 세계 조선사상 전무후무한 기록을 가능케 했던 가장 중요한 요소가 바로 일, 일, 일이었다. 당시 조선소 건설에 동원된 2,200여 명의 사람들은

> 다 같이 바로 우리가 조국 근대화에 앞장선 전위부대라는 일체감으로 똘똘 뭉쳐서, 낮도 밤도 없이 거의 365일 돌관 작업을 해냈다. 대부분의 임직원이 새벽에 일어나서는 여기저기 고인 웅덩이 물에 대충 얼굴을 씻고는 일터로 나가 밤늦게까지 일하고, 숙소에 돌아와서는 구두끈도 못 푼 채 자고는 했다. 하루 이틀도 아니고 공사 기간 내내 그랬던 것을 생각하면, 당시 우리 '현대' 사람들의 그 투철했던 사명감과 강인한 정신력에 지금도 경의와 감사의 염(念)이 출렁인다.[58]

이러한 일, 일, 일의 논리는 현대가 박정희 정권하에서 조국 근대화의 전위부대 역할을 하던 1960년대와 1970년대에 국한된 것이 아니라 정주영의 생애를 관통한다. 예컨대 1991년에 정주영은 말하기를,

> 세계에서 첫째가는 경제대국 일본도 지금 주 46시간을 근무하는데 이제 겨우 국민소득 5천 달러인 우리나라 근로자들의 노동시간은 노동법상

---

57 같은 책, 110~11쪽.
58 정주영, 앞의 책(1998), 181~82쪽.

주 44시간으로 되어 있다. 게다가 공휴일 수도 일본보다 우리가 더 많다. …… 일본을 이기려면 그들보다 더 많이, 더 열심히 일해야 하는데 오히려 그들보다 적게 일해도 되게 법을 만들어 통과시킨 이들의 진의와 목적이 무엇에 있었는지 심히 유감스럽다. …… 자신들의 인기나 표를 염두에 두고 법을 만들어서는 안 된다. 국민을 탄압하기 위해 만든 법만 악법이 아니다. 국가에 해를 끼치는 법도 악법인 것이다.[59]

요컨대 1인당 국민소득이 5,000달러로 이미 중진국에 진입한 지 오래된 한국 사회에서 노동시간을 제한하는 노동법은 개인과 기업, 그리고 국가의 무한한 발전을 저해하는 악법이라는 것이 정주영의 확신인 것이다. 그리되면 빈곤-발전의 변증법이 제대로 작동할 수 없다. 비록 불면불휴의 노력으로 중진국이 됨으로써 절대빈곤을 극복한 것은 사실이지만, 그래도 1인당 국민소득 2만 달러의 선진국에 비해서는 매우 빈곤한 상태이다. 그러므로 불면불휴의 노력을 통한 지속적인 발전, 즉 지속적인 경제성장이 절실히 요구된다. 이 발전의 견인차인 기업은 무한히 커져야 한다.

한국 경제는 세계기업과 세계시장에서 경쟁해서 나라 밖의 부를 긁어들여야 한다. 그러므로 기업은 세계시장에 나가 경쟁할 수 있는 힘을 가져야 한다. …… 누가 더 많은 개발투자를 할 수 있고 누가 더 많은 인재를 양성할 수 있으며, 누가 보다 훌륭한 조직을 갖고 있느냐가 세계시장에서 경쟁에 이길 수 있는 첫째 조건이다. …… 지금 우리나라 기업이 너무 커졌다, 비대하다, 문어발이다 하면서 기업의 경제력 집중을 문제 삼고 있으나 그것은 우물 안 개구리가 아는 '하늘 크기론'이다. …… 현재 20, 30개 회사를 가지고 있는 우리나라의 한 그룹이 해외의 큰 회사 하나의 매상에도 미치지 못하고 있는 것이 현실이며 어떤 그룹도 세계 1백대 기업에 들

---

59 정주영, 앞의 책(1991), 296쪽.

어가지 못하고 있다. …… 세계시장에서 보면 한국의 대기업은 아장아장 걷는 어린이에 불과하다. …… 자유기업주의 국가에서의 기업은 크면 클수록 좋고, 한없이 커져 세계 경쟁무대에서 막강한 힘을 발휘할 수 있어야 한다. …… 세계의 모든 자유국가 중에서 기업이 너무 커졌다고 걱정하는 나라는 내가 알기로는 우리 대한민국밖에는 없다. 일본의 대기업에 비교하면 30분의 1, 미국의 대기업에 비하면 1백분의 1도 안 되는 우리 기업 규모를 너무 커졌다고, 너무 커진다고 걱정하는 것은 우물 안 개구리의 고민이다. …… 외국에서는 1백억 달러 회사가 1백억 달러짜리 회사를 흡수해서 2백억 달러의 자본으로 세계시장에서 군림한다. …… 한국의 대기업은 세계시장에 나가면 조그만 중소기업에 불과하다는 것을 알아야 한다.[60]

---

60 같은 책, 267~68쪽. 삼성의 창업자 이병철도 정주영과 아주 유사한 견해를 갖고 있었다. "물론 국민의 근면과 중소기업의 협업이 불가피하지만 [국가 경쟁력과 발전의] 기관차의 역할을 맡는 것은 역시 대기업이다. 개중엔 자금과 정부의 지원만 있으면 누구든지 기업을 일으켜 재벌이 될 수 있다는 생각을 하는 사람도 있지만 그것은 큰 오해다. 건국 후 오늘에 이르는 동안 무수한 기업의 흥망성쇠를 보더라도 대기업에서 중소기업에 이르기까지 창업, 수성이 얼마나 고되고 어려운 일인지 쉽게 이해할 수 있을 것이다. 뼈를 깎는 노력과 창조력, 천신만고의 고난을 무릅쓰는 강한 정신력과 용기가 있어야만 비로소 기업경영은 가능해진다. …… 여기에서 또 한 가지 부언하고 싶은 것은, 우리나라 대기업이나 재벌의 기업그룹이라는 것도 세계적인 수준에서 보면 그 규모나 힘이 미, 영, 일의 중소기업 테두리를 벗어나지 못한다는 것이다. 1985년 미국의 제너럴모터스 1개 회사의 연간 매출 총액은 963억 달러로 우리나라 기업 매상 합계의 3배도 넘을 뿐 아니라 GNP도 훨씬 능가하고 있다. 일본의 경우를 보더라도 토요타와 미쓰비시 두 회사의 매상이 우리나라 100대 기업의 매상과 맞먹는다. …… 우리나라의 최대 매출 기업이 일본 기업의 매상고 수준으로 50위에도 미치지 못하는 것은 우리 기업의 실상을 직시할 수 있게 한다. 일본에는 연간 1,000억 엔 이상의 매출을 올리는 기업이 무려 400개도 넘는다. 같은 규모의 매상을 가진 기업이 우리나라엔 겨우 30여 개에 지나지 않는다. 가계를 놓고 비교해 보아도 우리나라의 가구당 저축액은 400만 원 정도인데, 일본의 한 가구는 무려 688만 엔에 달한다. 우리의 아홉 배 규모다. 기업이 큰 만큼 국민의 가계도 크다." 홍하상, 『이병철 경영대전: 행하는 자 이루고 가는 자 닿는다』, 바다출판사 2004, 418~19쪽에서 재인용.

요약하자면, 정주영은 기업이 한없이 커져서 전 세계의 돈과 부를 긁어들여야 한다고 생각하는 것이다. 그러나 다른 한편으로 무한한 경제성장 그 자체는 목적이 아니라고 역설한다. 그는 경제성장의 의미를 다음과 같이 제기하고 있다.

> 우리나라에서 가장 가난한 것이 바로 의식주라는 인간 생존의 물질적 기초였기 때문이요, 상대적으로 정신의 유산은 풍부했기 때문이었다고 보고 있습니다. 가난한 것, 가난한 유산은 정신문화가 아니고 물질적 생존이었기 때문에 경제성장으로 사회의 정력이 집중될 수 있었던 것이라 믿습니다. 그동안 우리에게는 실존적 생존의 필요가 너무나 급박했다고 말할 수 있습니다.[61]

그러나 정주영의 말대로 실존적·물질적 생존을 위한 경제성장으로 사회의 정력이 집중된다면, 결국 '잘살아 보세'라는 경제제일주의 또는 성장지상주의가 지배하게 되며, 그 결과는 돈과 물질적 부로 표현될 수밖에 없다. 우리는 여기에서 근대와 근대화에 대한 정주영의 관념을 읽을 수 있는 단초를 얻는다. 그는 한국 사회가 전통적으로 정신문화는 풍부하지만 경제는 빈곤하며, 따라서 근대화를 경제성장으로 환원해야 한다고 본다. 그러니까 정신문화는 전통적인 것을 받아들이고 경제는 근대적인 것으로 만드는 것, 바로 이것이 정주영이 이해하는 근대화인 것이다. 그것은 문화적 전통주의와 경제적 근대주의의 결합이다. 그러나 진정한 근대는 문화적 근대주의와 경제적 근대주의가 결합된 것이다. 전통도 이 틀에서 계승되어야 한다. 경제, 즉 물질문화와 정신문화를 조화롭게 발전시키는 것이 진정한 근대화이다.

---

61 정주영, 『새로운 시작에의 열망』, 울산대학교출판부 1997b, 104쪽.

정주영은 ─그의 표현을 빌리면 ─ 필설로 형언할 수 없을 만큼 가난한 농부의 아들로 태어나 국가-재벌 동맹자본주의가 주도하는 환원적 근대화의 야전사령관으로서 단기간에 현대를 세계 100대 기업으로 키우는 현대의 신화, 현대의 기적을 이룩했다. 그러나 그는 ─방금 언급한 바와 같이 ─ 근대와 근대화를 제대로 통찰하지 못했다. 그가 이해한 근대는 경제로 환원된 근대였다. 게다가 그 경제도 진정한 의미에서 근대적인 것이 아니었다. 근대적 경제는 경제성장 이외에도 다양한 측면, 즉 합리적 시장, 금융 시스템, 노동윤리, 기업문화, 노동조건, 노사관계 및 합리적 경제정책, 분배와 복지 등을 포괄한다. 그럼에도 불구하고 정주영은 경제를 경제성장으로 환원했으며, 그 추진력을 불면불휴의 노동에서 찾았다. 그리하여 ─ 이미 앞에서 인용한 바와 같이 ─ 중요한 노동권인 노동시간을 규제하는 노동법을 개인과 기업 및 국가의 발전을 저해하는 악법으로 보았다.[62] 결론적으로 말해, 정주영을 불면불휴의 생각하는 불도저로 만든 정신은 돈과 물질적 부로 표현되는 기업성장에 대한 무한한 욕망, 즉 에리식톤 콤플렉스였던 것이다. 정주영은 한국의 자본주의 정신을 가장 전형

---

[62] 현대가 노동조건과 노동시간이라는 근대적 경제의 중요한 구성요소에 대해 얼마나 무감각했는가는 다음을 보면 단적으로 드러날 것이다. 1973년 한 해 동안에 울산조선소에서는 1,894건의 산재가 발생하여 34명이 목숨을 잃었다고 한다. 그리고 1974년에도 7월까지만 무려 1,566건의 산재가 발생하여 25명이 목숨을 잃었다고 한다. 당시 현장에 있던 한 노동자는 다음과 같이 말하면서 치를 떨었다고 한다. "정말 미친 듯이 일했다. 용접을 했는데 최고 40시간까지 잠 한숨 못 자고 일한 적도 있다. 정신이 멍한 상태에서 이동하다 떨어져 죽은 사람도 수두룩했다. 죽은 사람이 손에 쥔 것은 몇 푼의 보상금이었다." 이완배, 앞의 책(2018a), 239쪽. 이 근대와 근대적 경제에 대한 무감각이 현대의 발전에 대해 얼마나 큰 의미를 갖는가는 '미포조선' 사장을 지낸 인물이 한 다음의 말을 보면 단적으로 드러날 것이다. "당시 하루 16시간 정도 작업을 했어요. 그렇게 열심히 하면서도 직원들은 심리적으로 상당한 압박을 느끼고 있었어요. 그중에 신입사원 한 사람이 도장 분야를 담당했는데 어느 날 역부족을 느끼고 책임감을 통감한다면서 유서를 써놓고 자살했어요. 정말 능력 있는 사원이었는데 전 직원들이 비장한 심정이 됐지요. 그럴 정도로 열악한 조건에서도 모두가 책임감을 가지고 전력을 다했기 때문에 오늘날의 현대중공업이 있는 겁니다." 같은 책, 241쪽.

적으로 구현한 인물이었다.

제5장

기독교, 자본주의 정신을 성화(聖化)하다[1]

이렇게 해서 우리는 에리식톤 콤플렉스라는 한국 자본주의 정신을 국가 차원과 기업(재벌) 차원에서 살펴보았다. 한국 자본주의 정신은 국가라는 틀에서 심리학적 토대를 갖추었고 형성되었고 강화되었으며 항구화되었다. 그리고 국가-재벌 동맹자본주의의 또 한 축인 재벌은 에리식톤 콤플렉스를 기업 차원에서 구현함으로써 급속하게 성장했는데, 이는 정주영의 현대에서 가장 명백하게 관찰할 수 있다. 이 에리식톤 콤플렉스는 개신교에 의해 성화되었다. 국가화되고 기업화된 세속적 교회는 (국가)경제 및 기업처럼 급속한 성장을 구가했다. 국가적 차원에서 한강의 기적을 이야기할 수 있고, 기업적 차원에서 현대의 기적을 이야기할 수 있다면, 종교적 차원에서는 복음의 기적을 이야기할 수 있을 것이다. 박정희가 국가-재벌 동맹자본주의의 '총사령관'이었고 정주영이 '야전사령관'이었다면, 개신교는 그 이데올로그이자 전도사였다. 박정희와 정주영이 경제성장에의 욕망으로 충만했다면, 개신교는 교회성장에의 욕망으로 충만했다. 그리하여 저 큰 교회를 향하여 날마다 나아갔다.

---

1 이 장은 김덕영, 앞의 책(2014), 191~208쪽을 전면적으로 확대·개편한 것이다.

1. 한강의 기적, 복음의 기적

20세기의 가장 유명한 복음 전도자로 간주되는 빌리 그레이엄(Billy Graham, 1918~2018)은 다음과 같이 말했다고 한다.

> 지난 100년간 한국에서 기독교 신앙의 발전은 교회사 가운데 가장 놀랍고 감동적인 이야기 중의 하나이다.[2]

그레이엄의 이 말은 결코 과장이 아니다. 한국은 고대 로마제국 이후 두 번째로 빨리 그리고 넓게 기독교가 전파된 경우라고 한다. 흔히 한국 기독교의 역사는 기적의 역사라고 한다. '한강의 기적'에 대해 말할 수 있듯이, '성령의 기적' 또는 '복음의 기적'에 대해 말할 수 있을 것이다. 여기에서 말하는 기독교는 보다 정확히는 개신교를 가리킨다. 이 책에서도 한국 기독교 전반에 대해서 논하는 것은 여러 가지로 불가능하기 때문에 일단 개신교에 논의의 초점을 맞추기로 한다. 그 이유는 개신교가 다른 어떤 종교보다도 환원근대에 기여한 바가 크고 환원근대로부터 받은 혜택이 크기 때문이다.[3]

복음의 기적이라 할 한국 개신교의 급속한, 아니 가히 폭발적인 성장은 세 가지 측면으로 나누어 살펴볼 수 있다. 그것은 교인의 증가, 교회의 증가 그리고 대형교회 및 초대형교회의 등장이다.

첫째, 교인의 증가이다. 1900년에 2만 1,000명 정도이던 개신교인의 수는 1920년에 32만 명 정도로 늘어났으며, 1940년에는 51만 명 정도,

---

2 홍영기, 『한국 초대형교회와 카리스마 리더십』, 교회성장연구소 2001, 25쪽에서 재인용.

3 한걸음 더 나아가 "개신교야말로 한국의 근대화 과정을 함께한, 아니 어쩌면 한국의 근대가 그렇게 형성되는 데 결정적인 기여를 한 종교였다." 김진호, 『시민 K, 교회를 나가다: 한국 개신교의 성공과 실패, 그 욕망의 사회학』, 현암사 2012, 18쪽.

1960년에는 62만 명 정도가 되었다. 그러던 것이 1985년에 이르면 무려 열 배 이상이 증가한 649만 명 정도가 된다. 이는 당시 전체 인구의 16.1퍼센트에 달하는 수치이다. 그리고 그 10년 뒤인 1995년에는 다시 200만 명 이상이 증가해 876만 명 정도가 된다. 이 시기에 한국의 기독교인(개신교인과 가톨릭교인)은 전체 인구의 약 26퍼센트에 이르게 되었다(당시 가톨릭교인은 295만 명 정도였다).[4]

둘째, 교회의 증가이다. 1900년에 216개이던 개신교회의 수는 1920년에 3,279개로 늘어났으며, 1940년에는 3,890개, 1960년에는 5,011개가 되었다. 그러던 것이 1980년에 이르면 네 배 이상이 증가한 2만 1,243개가 된다. 그리고 그 10년 뒤인 1990년에는 3만 5,869개가 된다.[5]

셋째, 대형교회의 등장이다. 1993년 2월, 미국의 종교 전문잡지『크리스천 월드』는 교인 수를 기준으로 세계 50대 교회를 발표했는데, 여의도 순복음교회가 1위를 차지한 것을 비롯해 10위 안에 5개, 그리고 50위 안에 23개의 한국 교회가 포함되었다.[6] 2001년 현재 한국 개신교에는 약 300개의 대형교회(주일예배 장년 출석 1,000명 이상)와 13개의 초대형교회(주일예배 장년 출석 1만 명 이상)가 있는 것으로 추측된다. 초대형교회는 1950년대부터 등장하기 시작했지만, 그 절반 이상은 1980년대에 등장했다.[7]

그런데 한국 개신교의 이 기적적인 성장은 특정한 교파(들)에 국한한 것이 아니라 모든 교파에서 공통적으로 관찰되는 현상이다. 가장 큰 성장세를 보인 것은 '순복음교회'라고 불리는 '하나님의 성회'이다. 1950년대까

---

4 홍영기, 앞의 책(2001), 26~27쪽.
5 같은 책, 26쪽.
6 김진호, 앞의 책(2012), 72, 74쪽. 김상구, 앞의 책(2011), 213~14쪽에 나오는 도표에는『크리스천 월드』가 선정한 한국의 초대형교회의 현황이 일목요연하게 정리되어 있다.
7 홍영기, 앞의 책(2001), 31, 50쪽.

지 교단 전체의 교인 수가 채 1만 명이 되지 않던 이 교단은 1980년대에 들어서는 여의도순복음교회만 20만 명의 교인을 거느릴 정도로 급성장했다. 그 밖의 소규모 교파들도 폭발적인 성장세를 보였다. 첫째, 성결교는 1950년대 말에 10만 명 정도이던 교인 수가 1990년대에는 기독교대한성결교회만 60만 명이 넘을 정도로 급성장했다(성결교는 기독교대한성결교회와 예수교대한성결교회의 두 교단으로 분열되어 있다). 둘째, 1960년대 교회 수가 200여 개에 불과하던 침례교는 1984년에 1,000개를 넘어섰다. 셋째, 해방 직후 교인 수가 5,000명이던 성공회는 1990년대에는 그 열 배를 자랑하게 되었다.

그리고 한국 교회를 대표하는 장로교와 감리교도 급속하게 성장했다. 첫째, 장로교의 가장 큰 두 교단인 통합과 합동은 1970년대를 지나면서 교세가 배가되어 교인 수가 각각 100만 명을 넘었다. 둘째, 고신파도 이 시기에 교세가 배가되어 교인 수가 20만 명이 넘었다. 셋째, 기장(기독교장로회)은 이 시기에 교세 확장보다 민주화 운동, 인권운동, 노동운동에 더 큰 관심을 갖느라 그 정도로 성장하지는 못했지만 그래도 상당한 성장세를 보였다. 넷째, 감리교도 1970년대에만 교세가 두 배 이상으로 커져서 1979년에 교인 수가 60만 명을 넘어섰다.[8]

아무튼 경제개발 5개년 계획으로 실현된 박정희의 환원적 근대화를 한강의 기적이라고 일컫는다면, 그리고 정주영이 이 근대화의 틀에서 이룬 기업가적 업적을 현대의 기적이라고 일컫는다면, 한국 개신교가 이 시기에 이룬 종교적 업적을 복음의 기적이라고 일컬을 수 있을 것이다. 본격적인 근대화가 시작되던 1960년대에 67달러이던 1인당 국민소득이 3만 달러가 된 것을 한강의 기적이라고 한다면, 그리고 정주영이 맨손으로 일군 현대가 세계 100대 기업 안에 들게 된 것을 현대의 기적이라고 한다면,

---

8 류대영, 『한 권으로 읽는 한국 기독교의 역사』, 한국기독교역사연구소 2018, 320~21쪽.

1960년대에 60만 명 정도이던 개신교인이 1,000만 명에 이르게 된 것을 복음의 기적이라고 할 수 있다.[9] 우리는 여기에서 한강의 기적이라는 한 편의 거시적 기적을, 그리고 현대의 기적과 복음의 기적, 즉 교회의 기적이라는 두 편의 중시적 기적을 마주한다.

그런데 이 복음의 기적은 한강의 기적 및 현대의 기적과 시기적으로만 일치하는 것이 아니라 이 두 기적과 토대를 공유하는데, 그것은 다름 아닌 국가-재벌 동맹자본주의에 기반하는 경제 중심의 환원적 근대화이다. 이렇게 보면 한강의 기적, 현대의 기적, 복음의 기적은 밀접한 관계 속에서 고찰할 수 있으며, 또한 고찰해야 한다.

2. 국가화되고 기업화된 세속적 교회: 국가-재벌 동맹자본주의의 전도사

한국 개신교의 이 가히 폭발적인 양적 성장은 어떻게 설명할 수 있을까? 다양한 요인, 예컨대 목회자의 카리스마적 리더십, 적극적이고 공격적인 전도와 선교, 성령 운동, 한국인의 종교성, 암울한 시대적 상황, 개신교의 근대성과 사회성 등을 통해 생각해 볼 수 있을 것이다. 이들 요인은 모두 한국 교회가 성장하는 데 나름대로 기여했을 것이다. 그러나 복음의 기적이라 일컬을 만큼의 성장을 설명하기에는 충분치 않다. 우리는 한국의 개신교가 국가-재벌 동맹자본주의에 기반하는 경제 중심의 환원적 근대화 과정에서 급속하게 성장했다는 사실에 주목할 필요가 있다.

한국의 개신교는 철저하게 국가화되고 기업화된 세속적 교회로서 국

---

9 통계청이 발표한 '2015 인구주택총조사'에 따르면, 한국인들의 43.9퍼센트가 종교가 있고 56.1퍼센트는 종교가 없다고 한다. 그 가운데 개신교 신자가 19.7퍼센트(967만 명), 불교 신자가 15.5퍼센트(761만 명), 가톨릭 신자가 7.9퍼센트(389만 명)라고 한다. 김진호, 앞의 책(2018), 194쪽(각주).

가-재벌 동맹자본주의의 군건한 동맹세력이다. 그렇다면 왜 한국의 자본주의를 국가-재벌-교회 동맹자본주의라고 칭하지 않고 국가-재벌 동맹자본주의라고 칭하는가? 그 이유는 간단하다. 교회는 경제의 주체가 아니기 때문이다. 교회는 국가처럼 경제의 큰 틀을 짜지도 않고 경제정책을 수립하지도 않으며, 기업처럼 이윤을 추구하기 위한 경제활동을 하지도 않는다. 그보다 교회는 국가에 의해 형성되고 재벌에 의해 구현된 자본주의 정신을 성화(聖化)하는 국가-재벌 동맹자본주의의 전도사로서 이 두 세력과 군건한 동맹관계를 맺고 있다. 한국의 개신교는 국가화된 교회, 즉 국가 교회이자 기업화된 교회, 즉 기업 교회이다. 바로 이 국가 교회와 기업 교회가 한국 개신교의 그토록 놀라운 성장을 가능케 한 것이다.

이 장에서는 국가화된 교회 또는 국가 교회에 대해 논하기로 하는데, 그 중점은 국가-재벌 동맹자본주의를 주축으로 환원적 근대화가 본격적으로 추진되는 박정희 정권기에 있다. 그리고 다음 장에서 기업화된 교회 또는 기업 교회에 대해서 논하기로 한다. 그 전에 개념을 명확히 해둘 필요가 있다. 먼저 국가화된 교회 또는 국가 교회란, 개신교가 국교는 아니지만 거의 국교에 가까울 정도로 국가와 밀착되고 국가의 군건한 동맹세력임을 가리키는 개념이다. 그리고 기업화된 교회 또는 기업 교회란, 교회가 기업처럼 양적 성장을 추구하고 물적 풍요를 간구하는 것을 가리키는 개념이다.

한국에서 국가와 개신교의 관계는 이승만 정권과 미군정을 거쳐 일제강점기까지 거슬러 올라간다. 일제강점기에 개신교는 신사참배 등 일제의 내선일체정책에 협력했으며, 또한 일제의 침략전쟁을 지원하고 정당화했다.[10] 잘 알려져 있다시피, 미군정은 1945년 9월 8일부터 1948년 8월

---

10 여기서는 지면 관계상 일제강점기에 대한 논의는 생략하기로 한다. 이 주제에 대해서는 다음을 참고할 것. 강성호, 『한국 기독교 흑역사: 열두 가지 주제로 보는 한국 개신교 스캔들』, 짓다 2016, 제1부 제1장(27~43쪽)과 제2장(45~64쪽).

15일 정부수립 때까지 미군이 실시한 군사 통치이다. 그런데 이 시기는 단순한 과도기가 아니라 한국 사회를 결정적으로 각인한 시기이다. 이 3년은 반공적·친미적 재식민지화의 시기이다. 이 시기에 미군정은 친일적 토대 위에 반공적·친미적 상부구조를 구축했다. 미군정은 근대 한국 사회의 '인큐베이터'이다.[11] 미군정과 개신교의 관계도 이 과정의 한 중요한 측면이자 요소로 보아야 한다.

먼저 군정청은 한국인들 중 기독교인을 많이 중용했다. 그리고 군정청은 다음과 같이 기독교에 대해 편파적이라 할 만큼 우호적이었다. 첫째, 군정청은 향교 재산을 보호한다는 구실하에 향교재단에 공무원 이사를 반드시 포함하도록 하는 법률을 제정했다. 둘째, (총독부가 불교계를 통제하기 위해 만든 대표적인 종교 통제법인) 사찰령을 철폐하고 사찰의 자산을 보호하기 위해 과도입법의원이 마련한 법률을 인준하지 않았다. 셋째, 군정청은 개신교계에 일본 종교인들이 남기고 간 막대한 적산(敵産)을 불하해 줌으로써 조선신학교, 남산 장로회신학교 등의 기독교 학교와 영락교회, 경동교회 등의 수많은 교회가 부지를 확보할 수 있도록 했다.[12] 넷째, 군정이 시작된 1945년부터 크리스마스가 공휴일로 지정되었으며, 그해 12월

---

11 김덕영, 앞의 책(2016), 82, 86쪽.

12 이와 관련한 연구에 따르면 최소한 91개의 교회가 적산 위에 설립되었다. 그 밖에도 서울과 광주의 YMCA, 기독교 박물관 등의 주요 기관이 적산을 불하받았다. 적산불하는 미군정이 개신교에 베푼 각종 특혜 중에서도 가장 대표적인 것이라고 할 수 있는데, 그 과정은 "한마디로 기독교적이지 못했다. 점령자의 강권에 의한 조치로 이는 당시 정치권력에 기대어 합법적인 소유권을 무시, 정당한 반발을 힘과 편법으로 제압하는 사실상의 재산권 강탈이었다. 해방에서 한국전쟁에 이르는 시기가 치안이 부재한 미군의 '점령시기'였다고 하더라도 교회가 폭력적 방법을 동원하여 타 종교의 재산을 빼앗은 행위를 '사교에 대한 신앙의 승리'로 미화한 것은 옳다 할 수 없을 것이다." 윤경로, 「분단 70년, 한국 기독교의 권력유착 사례와 그 성격」, 『한국 기독교와 역사』 44/2016, 27~65쪽, 여기서는 34~36쪽. 개신교에 대한 적산불하 과정의 기독교적이지 못한 성격에 대해서는 같은 글, 29쪽 이하를 볼 것. 그리고 같은 글, 33~35쪽(각주 9번)에는 적산을 불하받은 교회의 명단이 교파별로 정리되어 있다.

부터는 교도소 선교를 위한 형목제도(刑牧制度)가 도입되어 목사만 형목으로 임명되었다. 다섯째, 1947년 3월부터 기독교인들은 일요일마다 국영 중앙방송국을 통해 선교를 할 수 있었다.[13]

이러한 국가와 개신교의 관계는 이승만 정권에서도 그대로 유지되었다. 아니 대한민국의 초대 대통령 이승만은 아예 기독교 국가를 건설하려고 했다. 이승만은 이미 20세에 배제학당에 입학하여 영어와 미국 그리고 기독교의 '세례'를 흠뻑 받았으며, 1904년 미국으로 건너가 학사, 석사, 및 박사 학위를 취득하고서 해방 후 두 달이 지나 귀국할 때까지 미국에서 살았다. 이러한 이승만은 "기독교화=서구화·근대화=미국화"라는 사고를 갖게 되었으며, 독립 후 수립될 국가를 "미국식 기독교 국가"로 설정했다.[14] 이승만이 종교적 중립을 지켜야 하는 대통령으로서 기독교적 정체성과 기독교적 국가관을 가지고 있었다는 사실은, 이미 대통령 취임식에서 명백히 드러났다. 그는 취임식에서 다음과 같이 선서했다. "이 몸이 하나님의 은혜와 동포의 애호로 살았으며 …… 대통령으로 선서하는 이 자리에서 하나님과 동포 앞에서 나의 직책을 다하기로 한층 더 결심하며 맹세합니다."[15]

이 선서가 '예언'이라도 되듯이, 이승만은 각종 국가의식을 개신교 식으로 거행하도록 했으며, 정부 요직에 기독교인을 앉혔다. 이승만 초대 내각의 21개 부·처장 가운데 기독교인이 9명이나 되었다. 이승만의 집권기인 제1공화국(1948~60) 전체를 놓고 본다면, 19개 부처 장·차관 242명 중 개신교인의 비율이 38퍼센트에 달했다. 이 가운데 장관의 경우 135명 가운데 거의 절반이 개신교인이었다. 국회는 선출직으로 구성되기 때문에

---

13 류대영, 앞의 책(2018), 278~79쪽.

14 정병준, 『우남 이승만 연구: 한국 근대국가의 형성과 우파의 길』, 역사비평사 2005, 107, 109쪽.

15 윤경로, 앞의 글(2016), 39쪽에서 재인용.

임명직으로 구성되는 행정부만큼 기독교인의 비율이 높지 않았지만, 초대 국회의원 198명 가운데 44명이 개신교인이었다.[16]

이승만 정권에서 기독교계와 교회는 경제적 차원, 법적·정치적 차원 및 교육적·문화적 차원에서 "한마디로 정리하기 어려울 만큼 많은 특혜와 시혜를 받았다." 먼저 경제적 차원에서는 적산에 대한 사용권 허용과 헐값 불하, 종교법인과 전문 종교인에 대한 각종 면세 혜택 제공, 외국의 선교자금에 대한 환율 혜택 제공, YMCA 등 종교단체 회관 건립에 대한 재정 지원 등을 들 수 있다. 또한 법적·정치적 차원에서는 (군정이 도입한) 크리스마스 공휴일 제도와 형목제도 유지, 군종제도의 도입,[17] 일요일 공휴일제도 도입, 국장·국민장에 개신교적 의식 도입, 현충일 의례에 개신교적 성격 도입 등을 들 수 있다. 그리고 교육적·문화적 차원에서는 국기에 대한 경례(敬禮)의 주목례(注目禮)로의 변경, 공영방송을 통한 선교 허용, 종합대학 설립 허가, 대형 대중전도집회와 부활절 예배의 허용과 장소 제공, 크리스마스에 공영방송의 중계와 특집 방송 편성, 통금 해제, 특별담화 발표 등 각종 지원, 기독교 방송 설립 허용, 기독교방송(CBS)의 광고 및 보도기능 허용 등을 들 수 있다.[18]

물론 이승만 정권과 개신교의 관계는 일방적인 것이 아니라 쌍방적인 것이었다. 개신교는 이승만 정권으로부터 무수한 특혜와 시혜를 받아 교세를 확장하는 대가로 과도한 정치개입과 편향적 선거운동을 통해 이승만 정권의 든든한 버팀목이 되어주었다. 그것은 정교일치(政敎一致)는 아니었지만 정교일치에 가까운 정교유착이었다. 특히 이승만이 속한 감리교가 심했다. 예컨대 1956년 5월의 정·부통령 선거를 맞이해 정동제일교회는

---

16 류대영, 앞의 책(2018), 298, 300쪽.

17 군종제도는 1951년 2월에 도입되어 군대 선교의 '황금어장'으로 불릴 만큼 한국군 내에서 개신교가 비약적으로 성장하는 데 기여했다. 강인철, 『종교와 군대: 군종, 황금어장의 신화는 어떻게 만들어졌나?』, 현실문화 2017.

18 윤경로, 앞의 글(2016), 40~41쪽.

그해 1월 이승만을 장로로 선임하고 '삼선 출마 호소문'을 이승만에게 보내기로 결정했으며, 그해 3월 감리교 중부연회는 '이승만 박사 재출마 요청 성명'을 냈다. 또한 정동교회는 1960년 3·15 부정선거로 당선된 이승만과 이기붕에게 당선 축하 전보를 보내고 3월 마지막 주일예배를 '정·부통령 당선 및 이 대통령 생신 축하 예배'로 드렸다.[19] 그리고 감리교의 유력한 지도자 중 한 명이던 김활란 당시 이화여대 총장은 4·19 민주화 혁명 직후 다음과 같이 말했다고 한다. "4·19사건은 우리가 교육을 잘못시켜 발생한 것이니, 우리 모두 이승만 대통령께 사과하러 가자."[20]

그런데 4·19 민주화 혁명으로 이승만 정권이 몰락할 위기에 처하자 NCC(한국기독교교회협의회)는 재빠르게 정권으로부터 등을 돌렸다. 4·19 민주화 혁명이 발발한 지 사흘 만인 1960년 4월 22일에 '이 대통령 각하께 드리는 건의문'을 통해 부정선거를 시정할 것, 4·19 관련 희생자와 구속자를 인도적으로 처리할 것 등을 요구했다.[21] 그러나 중요한 점은 이러한 개신교의 발 빠른 행보가 급작스레 바뀐 새로운 정치적 상황에서 살아남으려는 전략, 즉 생존전략이었을 뿐 진정으로 그때까지의 정교유착을 반성하고 정리하려는 의도는 결코 아니었다는 사실이다. 이는 무엇보다도 5·16 군사쿠데타에 대한 기독교계의 태도를 보면 극명하게 드러난다. 기독교계는 발 빠르게 5·16 군사쿠데타를 지지하고 나섰다. 쿠데타가 일어난 지 채 2주도 안 된 5월 29일 NCC는 다음과 같은 성명서를 발표하였다.

금번 5·16 군사혁명은 조국을 공산침략에서 구출하며 부정과 부패로 기울어져 가는 조국을 재건하기 위한 부득이한 처사였다고 생각하며, 그 애국심을 높이 평가하는 동시에 발표된 혁명공약 실천에 있어서 과감하고

---

19 같은 글, 36~37쪽.
20 같은 글, 38쪽에서 재인용.
21 같은 글, 39쪽.

도 민속한 모든 시책을 환영한다.[22]

　흔히 박정희 정권은 기독교와 신상 및 갈등 관계에 있었다고 생각하는
데, 이는 다음과 같은 사실을 염두에 두면 충분히 납득이 가는 대목이다.
박정희 대통령은 독실한 기독교인인 두 전임 대통령(이승만은 개신교인이었
고 윤보선은 천주교인이었다)과 달리 기독교인이 아니었고,[23] 두 전임 대통령
과 달리 친(親)불교적 정책을 폈으며, 교회가 민주화 운동을 주도하면서
박정희의 군사독재에 항거했다. 그러나 이러한 몇 가지 사실을 가지고 박
정희 정권과 기독교의 관계를 파악하는 것은 지극히 피상적인 일이다. 결
론부터 말하자면, 박정희 정권에서도 정교유착은 여전히 존재했다. 아니
그 어느 정권에서보다 공고해졌다. 게다가 박정희 정권하에서는 국가화된
교회 또는 국가 교회 이외에도 기업화된 교회 또는 기업 교회를 관찰할
수 있다. 개신교는 철저하게 자본주의적인 종교가 됨으로써 국가-재벌
동맹자본주의에 기반하는 환원적 근대화의 이데올로그 또는 전도사가
되었다.

　박정희 정권이 친불교적 정책을 편 것은 분명하다. 그러나 이는 반(反)기
독교적 정책과 결부된 것이 결코 아니다. 왜냐하면 박정희 정권이 한 일은
기독교의 특권을 박탈하여 불교에 부여한 것이 아니라 단지 종전에 기독

22　같은 글, 42쪽에서 재인용.

23　박정희는 구미보통학교를 다니기 시작할 때부터 대구사범학교에 진학할 때까지
생가에서 약 200미터 떨어진 곳에 있는 '상모교회'에 다녔다고 한다. 이 교회는
1901년 3월 13일에 선교사 언더우드의 제자가 세웠는데, 이는 선산군에서 문을
연 두 번째 교회라고 한다. 박정희는 일요일 오전 9시부터 10시까지 하는 주일학교
에 열심이었다고 한다. 조갑제, 『박정희 ― 한 근대화 혁명가의 비장한 생애 1: 군인
의 길』, 조갑제닷컴 2007, 63쪽 이하. 실제로 박정희는 1964년 7월 28일에 개최
된 제5회 '전국 기독교 교육대회' 치사에서 "어릴 때 주일학교에 나갔던 납니다만,
그 후 좋은 크리스천이 되지 못했던 나로서는 ……"이라고 말하고 있다. 대통령 비
서실, 앞의 책(1973b), 150쪽.

교만이 누리던 특혜의 대부분을 불교로 확대한 것이기 때문이다. 그러므로 박정희 정권의 친불교적 정책을 마치 개신교를 견제하거나 개신교로부터 거리를 두려 한 것처럼 해석해서는 안 된다. 개신교는 환원근대의 이데올로그이자 전도사로서 박정희 정권의 굳건한 동맹세력이었다. 이 굳건한 동맹세력에 더 많은 혜택을 베풀면 베풀었지 굳이 관계를 소원하게 만들거나 악화시킬 필요는 없었다. 박정희 정권이 기독교가 향유하던 특혜를 불교에까지 부여한 것은 기존의 기독교와의 관계를 유지하면서 불교를 포섭하려는 전략으로 보는 것이 타당하다. 이는 박정희 정권이 기독교에 대한 종전의 특혜를 철회하지 않고 그대로 유지했을뿐더러 다음과 같이 개신교에 새로운 혜택을 베풀었다는 사실만 보아도 명백하게 입증될 것이다. 경목(警牧, 경찰 선교)제도와 향목(鄕牧, 예비군 선교)제도의 도입, 전군신자화운동(全軍信者化運動), 초대형 대중전도집회의 허용과 지원 등.[24]

이 모든 특혜는 교회의 양적 성장에 더할 나위 없이 좋은 토양이 아닐 수 없다. 그 가운데에서도 특히 1970년 2월에 시작된 전군신자화운동을 언급할 만하다. 이 운동은 다음과 같이 평가되었다. "기독교로 국교(國敎)가 바뀐 로마제국에서나 가능한 일", "한국군이 낳은 새로운 용어이며, 동서고금 세계의 역사상 처음 있는 국제적 센세이션을 일으킨 놀라운 운동" 등. 이러한 평가를 긍정적으로 받아들이든 아니면 부정적으로 받아들이든, 전군신자화운동은 특정한 종교가 국교인 나라에서도 그 역사적 유례를 찾아보기 힘들 정도로 매우 특이한 운동이었음에는 분명하다. 전군신자화운동이 전개되던 1971~74년의 4년 동안 새로이 종교를 갖게 된 군인들의 80퍼센트 이상이 개신교를 선택할 만큼 이 운동이 교회의 양적 성장에 기여한 바는 매우 컸다.[25]

---

24 강인철, 『한국의 종교, 정치, 국가 1945~2012』, 한신대학교출판부 2013, 45쪽. 같은 책, 36쪽 이하에는 역대 정부가 한국의 종교들에 베푼 각종 특혜가 일목요연하게 정리되어 있다.

자명한 일이지만, 박정희 정권과 개신교의 관계는 — 이승만 정권과 개신교의 관계처럼 — 일방적인 것이 아니라 쌍방적인 것이었다. 그리고 이 쌍방적 동맹관계는 한일협정비준반대운동이라는 단 한 차례의 짧은 '간막극'을 제외하고는 박정희 정권 내내 지속되었다.[26] 개신교는 5·16 군사쿠데타 직후부터 박정희 정권을 지지했다. 이미 앞에서 언급한 바와 같이, NCC는 군사쿠데타가 일어난 지 채 2주도 안 되서 '5·16 군사혁명' 지지 성명서를 발표했다. 이어 한 달이 조금 지난 6월 하순에는 한경직 목사, 김활란 이화여대 총장, 동아일보사 사장 최두선 등의 개신교 지도급 인사들로 구성된 친선 사절단이 미국으로 파견되었다. 원래 미국인들은 군사쿠데타에 대해 부정적이었는데, 당시 한국인들 중 미국 여론을 가장 잘 움직일 수 있는 인물인 한경직과 김활란은 미국 정계, 언론계, 교회 및 사회단체 등의 수많은 기관을 방문하여 5·16 군사쿠데타에 대한 미국인들의 이해를 얻는 데 성공했다.[27]

이러한 박정희 정권과 개신교의 관계는 1969년의 삼선개헌과 1972년의 10월 유신에서도 관찰할 수 있다. 개신교에서 일부 진보세력이 삼선개

---

25 강인철, 「박정희 정권과 개신교 교회」, 『종교문화연구』 9/2007b, 83~118쪽, 여기서는 115쪽.

26 당시 개신교는 초교파적·초교단적으로 한일협정비준반대운동을 전개했다. 그리하여 이 반대운동을 3·1운동의 예언자적 목소리를 되찾은 운동이라고 자평했다. 그러나 개신교의 한일협정비준반대운동은 정치권, 지식인층, 학생들의 그것과 성격을 달리했다. 후자가 일본 경제에 대한 한국 경제의 신제국주의적 종속을 우려하여 반대했다면, 전자는 민족 감정의 차원에서 굴욕외교라는 이유를 들어 반대했다. 그리하여 개신교는 정부의 대일 저자세, 과소한 청구권 자금, 평화선 문제, 어업문제 등을 문제 삼았을 뿐, 정부정책에 대한 구체적이고 현실적인 비판과 대안을 제시한 것은 아니었다. 그러므로 개신교의 한일협정비준반대운동은 군사쿠데타 세력에 대한 저항이나 투쟁이라기보다 친일 행위에 대한 면죄부를 얻기 위한 노력의 일환으로 이해하는 편이 더 타당할 듯하다. 이는 곧바로 이어진 베트남 파병의 전폭적인 지지를 비롯한 일련의 정교유착적 행보를 보면 잘 드러난다. 장숙경, 「한국 개신교의 산업선교와 정경유착」, 2009 (성균관대 박사학위논문), 126쪽 이하.

27 윤정란, 『한국전쟁과 기독교』, 한울아카데미 2015, 207~08쪽.

헌과 10월 유신에 반대한 것은 사실이다. 그러나 그 주류인 보수세력은 박정희 정권의 비민주적 행보를 지지하고 나섰다. 예컨대 대한예수교장로회 합동교단이 중심이 되어 조직된 한국기독교총연합회는 삼선개헌과 관련하여 '개헌 문제에 대한 박 대통령의 용단을 환영'하는 성명서를 발표하기도 했다.[28] 그리고 수많은 기독교 단체가 유신체제를 지지하는 성명서를 발표했는데, 그 가장 중요한 이유는 개신교의 주류인 보수세력이 박정희 정권에서 이루어진 급속한 산업화와 경제성장을 교회부흥의 기회로 삼았기 때문이다.[29] 예컨대 방금 언급한 한국기독교총연합회는 다음과 같은 성명서를 발표했다.

박정희 대통령의 10·17 특별선언은 현하 국제정세의 해빙시대에 능동적으로 대처할 수 있는 일대의 영단으로서 이를 적극 지지한다.[30]

그리고 한국기독교평신도총연합회는 —또 한 가지 예를 들자면— 다음과 같이 유신체제를 지지하는 성명서를 발표했다.

우리 4백만 기독교 신도는 무장간첩 남침, 푸에블로 피납, KAL기 피납, 월남전선 위기 등의 국제적·국내적 사건이 일어날 때마다 총궐기하여 우리 기독교 신도의 정당한 의사를 국내외에 천명한 바 있으며 이번 10월 유신도 적극 지지한다.[31]

박정희 정권기의 개신교와 국가의 관계와 관련하여 또 한 가지 언급할

28 강인철, 앞의 글(2007b), 91~92쪽.
29 윤경로, 앞의 글(2016), 57쪽.
30 강성호, 앞의 책(2016), 169쪽에서 재인용.
31 같은 책, 172쪽에서 재인용. 같은 책, 169쪽 이하에는 여러 개신교 단체의 유신체제 지지 성명서가 인용되어 있다.

만한 것은 조찬기도회이다. 조찬기도회는 1965년에 시작된 국회조찬기도회와 1966년에 시작된 대통령(국가)조찬기도회가 있는데, 여기서는 지면 관계상 대통령 개인을 위한 기도회인 후자만 논하기로 한다. 대통령조찬기도회는 1966년 3월 8일에 첫 회합을 갖고 1968년부터 정식으로 출범했다. 그 후 1975년을 제외하고는 매년 열렸으며, 제8회인 1976년부터는 국가조찬기도회로 그 명칭이 바뀌었다. 이 국가화된 교회 또는 국가교회의 행사에는 정부 고위 관료 및 정치인, 주한 외교사절 및 유엔군 장성, 교계의 지도급 인사들이 대거 참석했다(참석은 자유가 아니라 초청이었다). 1966년에 300명 미만이던 참석자 수가 점차로 증가하여 1974년에는 700명 정도로 늘어났고, 그 후로도 꾸준히 600~700명 선을 유지했다. 특히 유신체제가 출범하고 나서 처음 열린 1973년 5월의 제6회 기도회에서는 15개국에 초청장을 발송하여 50여 명의 외국 고위 지도자들이 참석할 만큼 국제화되었다.[32] 1966년 첫 번째 기도회에서 설교를 맡은 (국회조찬기도회와 대통령[국가]조찬기도회의 산파역) 김준곤 목사는 "박 대통령이 이룩하려는 나라가 속히 임하길 빈다"고 말했으며, 1969년 5월의 제2회 기도회에서는 설교를 통해 "우리나라의 군사혁명이 성공한 이유는 하나님이 혁명을 성공시킨 것"이라고 말했다고 한다.[33] 그리고 예의 그 1973년 5월의 제6회 기도회(이는 TV로 생중계되었다)에서는 다음과 같이 설교했다고 한다.

민족의 운명을 걸고 세계의 주시 속에 벌어지고 있는 10월 유신은 하나님의 축복을 받아 기어이 성공시켜야 하겠다. …… 당초 정신혁명의 성격

---

32 강인철, 『한국의 개신교와 반공주의: 보수적 개신교의 정치적 행동주의 탐구』, 중심 2007a, 391~92쪽. 다음에 나오는 도표를 보면 1966년부터 1979년까지의 대통령(국가)조찬기도회의 현황을 일목요연하게 파악할 수 있다. 같은 책, 391쪽; 윤경로, 앞의 글(2016), 53~54쪽.

33 강인철, 앞의 책(2007a), 394~95쪽에서 재인용.

도 포함하고 있는 이 운동은 …… 맑스주의와 허무주의를 초극하는 새로운 정신적 차원으로 승화시켜야 될 줄 안다. 외람되지만 각하 치하에서 일어나고 있는 전군신자화운동이 종교계에서는 이미 세계적 자랑이 되고 있는데, 그것이 만일 전민족신자화운동으로까지 확대될 수만 있다면 10월유신은 실로 세계 정신사적 새물결을 만들고 신명기 28장에 약속된 성서적 축복을 받을 것이다.[34]

내가 보기에 박정희 정권기의 국가화된 교회 또는 국가 교회와 관련하여 특별히 주목할 만한 것은 베트남 파병이다. 베트남 파병은 박정희 정권과 한국의 개신교가 반공주의를 매개로 그야말로 '한 몸'이 된 사건이었다.[35]

한국은 1964년 9월 중대 규모의 이동외과병원과 태권도 교관 10명을 파견하면서 베트남 전쟁에 참여하기 시작했다. 이어 1965년 10월에는 사단 규모의 전투부대인 맹호부대를 파견했다. 물론 한국의 파병은 미국과 월남의 요청을 한국이 받아들이는 외교적 형식을 통해 이루어졌다. 그러나 이에 대한 한국의 실제적인 결정은 5·16 군사쿠데타 직후인 1961년 11월로 거슬러 올라간다. 당시 미국을 방문한 박정희는 케네디 대통령을 만났을 때부터 미국 측에 베트남 참전에 대한 적극적인 의사를 전달했다.[36]

박정희는 베트남 전쟁을 제2차 세계대전 이후의 냉전·반공 이데올로기에 기초해 이해하였다. 그에 따르면, 베트남 전쟁은 미국과 그 동맹국들인 자유세계가 교활한 악의 무리인 공산주의의 침략 야욕에 맞서 자유와 평

---

34 같은 책, 395쪽에서 재인용.

35 윤경로, 앞의 글(2016), 49쪽. 한국 개신교의 반공주의에 대해서는 다음을 참고할 것. 강인철, 앞의 책(2007a).

36 류대영, 『한국 근현대사와 기독교』, 푸른역사 2009, 265~66쪽.

화를 수호하기 위한 전쟁이었다. 그러므로 베트남에 파병되는 한국군은 자유의 십자군이요 평화의 사도라는 것이 박정희의 확신이었다. 이와 마찬가지로 한국의 개신교도 베트남 전쟁을 선과 악의 이분법적 세계관에 입각해 바라보았다. 게다가 이 이분법적 세계관은 신학적으로 정당화되고 의미를 부여받음으로써 한층 더 강화되었다. 그래서 그런지 한국군의 베트남 참전에 대해 박정희가 한 말과 한국 교회의 지도자들이 한 말은 놀라울 정도로 흡사했다. 교회 지도자들은 공산주의자들의 악행에 맞서 월남인, 한국인, 아시아인의 생명과 재산을 수호하도록 이 세상의 창조자이자 악을 누르시는 하나님이 한국군을 베트남에 보낸 것이라고 주장했다. 그들에게 베트남에 참전한 한국군은 자유와 정의의 십자군이었던 것이다. 또한 한국 개신교는 장병들의 신앙과 정신무장을 위해 군목을 파견했는데, 이는 국가와 개신교가 얼마나 긴밀한 관계를 유지하고 있었는가를 드러내는 대목이 아닐 수 없다. 이 국가-개신교 관계를 보다 극명하게 드러내는 것은 '임마누엘 부대'의 존재일 것이다. 임마누엘 부대는 백마부대의 한 중대(제29연대 5중대)인데, 이 중대는 장교와 사병 모두가 기독교인이었다. 기독교가 국교가 아닌 나라에서 기독교인들만으로 부대를 편성하고 그 부대에 기독교적인 명칭을 달도록 허락했다는 사실은, 국가와 교회가 밀월관계에 있었음을 단적으로 보여 주는 것이다.[37] 아무튼 한국 개신교는 박정희 정권에 의해 추진된 베트남 파병의 적극적인 이데올로기이자

---

37 같은 책, 266쪽 이하. 이처럼 국가와 개신교가 밀월관계를 맺을 수 있었던 이유로는, 군종제도의 탁월한 선교 효과로 군대가 밑바닥으로부터 기독교화된 사실과 더불어 군부 엘리트의 상당수가 개신교인이었다는 사실을 들 수 있을 것이다. 개신교인 장교들은 이미 1950년대 중반부터 활발하게 조직화되었으며, 그 결과 1967년 7월에는 '국제기독장교대회'를 개최하기도 했다. 베트남 파병 당시인 1966년 9월 무렵에는 국방장관(김성은), 3군 참모총장(육군 김계원, 해군 김영관, 공군 장지량), 해병대 사령관(강기천), 주월 한국군 사령관(채명신)이 모두 개신교인이었다. 1966년 상반기에 실시한 한 조사연구에 따르면, 미래 군의 핵심세력이 될 3군사관학교 생도들의 3분의 1가량이 개신교인이었다고 한다. 강인철, 앞의 글 (2007b), 115쪽.

전폭적인 지지자가 되었으며, 또한 전쟁 수행의 긴밀한 동반자이자 협력자가 되었다.

3. '저 큰 것을 향하여 날마다 나아갑니다': 무한한 교회성장에의 욕망

이처럼 한국의 개신교는 정교일치는 아닐지라도 정교일치에 가까운 정교유착을 통해 급속도로 성장할 수 있었다. 그런데 개신교가 가장 크게 성장한 시기는 미군정 시대도 이승만 정권의 제1공화국 시대도 아니었다. 이 시기는 본격적인 교회 성장기라기보다 이를 위한 '기반 닦기' 작업을 한 시기였다. 개신교가 가장 크게 성장한 시기는 바로 박정희 시대였다. 개신교는 이때 복음의 기적이라고 할 수 있는 가히 폭발적인 성장을 체험했다.[38] "한국 교회는 박정희 정권기에 1907년 대부흥 이래 가장 큰 성장을 이루었다. 해방 당시의 기독교 신자는 35만 명으로 추산되고 이로부터 10년 후인 1955년에는 60만 명에 지나지 않았으나, 1965년에는 120만 명으로 성장하였고, 1975년에는 350만 명으로 급증하였다. 1970년대를 마감하는 1979년 기독교 신자는 700만 명으로 집계되었다. 그래서 1960년대 이후는 매 10년마다 200퍼센트 성장을 기록했고, 1970년대 후반에는 매일 6개의 교회가 설립된 것으로 보고되었다. 수적으로 말하자면 1970년대에는 매년 60만 명씩 신자가 증가한 것으로 알려져 있다."[39]

---

38 이진구, 「개신교와 성장주의 이데올로기」, 『당대비평』 12/2000, 225~40쪽, 여기서는 229쪽.

39 라은성·이상규·양희송, 『종교개혁, 그리고 이후 500년: 16세기 유럽부터 21세기 한국까지』, 을유문화사 2017, 288~89쪽. 박정희 시대의 교회 성장에 대한 보다 자세한 내용은 다음을 참고할 것. 최동규, 「박정희 시대의 교회 성장」, 『성결교회와 신학』 25/2011, 61~87쪽.

그런데 이러한 현상은 국가화된 교회 또는 국가 교회라는 개념만으로는 설명할 수 없다. 왜냐하면 그것은 박정희 정권에 국한된 것이 아니기 때문이다. 물론 박정희 정권은 개신교에 그 이전 정권에서는 볼 수 없었던 새로운 특혜를 베풀었으며, 이것이 교회 성장에 크게 기여했음을 부정할 수는 없다. 예컨대 전군신자화운동이 그것이다. 그러나 국가에 의한 특혜는 어디까지나 교회 외적인 소극적 성장 기제였을 뿐이다. 교회가 그토록 급속하게 성장할 수 있으려면 교회 내적인 적극적 성장 기제를 필요로 했다. 결론부터 말하자면, 그것은 교회가 스스로 자본주의화되고 기업화되는 것이다. 다시 말해 돈과 물질적 재화에 대한 무한한 욕망을 신의 축복으로 정당화하고 신성화하며 이 욕망을 성의 영역에서 추구하는 것이다. 그것은 에리식톤 콤플렉스를 성화하는 것이다.

물론 이처럼 교회가 자본주의화되고 기업화되는 것은 교회가 국가화되는 것과 분리되는 것이 아니다. 오히려 이 두 측면은 서로 긴밀하게 연결되어 있다. 왜냐하면 박정희 정권에서는 국가가 경제제일주의를 표방하는 경제개발주식회사였고 박정희는 그 CEO였기 때문이다. 박정희를 정점으로 하는 이 경제개발주식회사는 구체적으로 국가-재벌 동맹자본주의에 기반하는 경제 중심의 환원적 근대화를 추구했으며, 따라서 교회의 기업화와 자본주의화는 교회의 국가화와 불가분의 관계에 있을 수밖에 없었다. 국가 교회—기업 교회, 이 개념쌍은 박정희 시대에 그리고 그 이후에도 한국 개신교의 본질과 자아상을 상징적이고도 응축적으로 표현한다. 국가 교회—기업 교회, 이 개념쌍은 한국 개신교의 본질과 자아상이라는 동전의 양면과도 같다.

한국의 개신교는 국가-재벌 동맹자본주의에 기반하는 환원적 근대화의 이데올로그이자 전도사로서 에리식톤 콤플렉스를 신학의 이름으로 정당화하고 신성화했을뿐더러 스스로 에리식톤 콤플렉스를 체화하고 내면화하여 성의 영역에서 무한한 양적 성장을 추구했다. 사실 박정희 정권이 개신교에 그토록 많은 특혜를 베풀었던 것은, 개신교가 대통령(국가)조찬기도회를 개최하는 등의 방식으로 자신을 지지해서라기보다 자신의 존립 근거이자 의미인 환원적 근대화의 굳건한 동맹세력이었기 때문이다. 대통령(국가)조찬기도회와 같은 '권력형 이벤트'[40]도 단순히 국가원수를 위한 종교행사라기보다 국가-재벌 동맹자본주의에 기반하는 환원적 근대화의 주역을 위한 종교행사로서 그 궁극적인 의미를 갖는다. 역으로 교회 성장의 주(主)동력은 국가가 베푼 각종 특혜보다는 개신교가 자발적으로 자본주의화되고 기업화된 사실에 있었다. 미군정 시대와 이승만의 제1공화국 시대에는 전자의 측면만 있었을 뿐 후자의 측면은 아직 없었다. 그러므로 교회의 비약적인 성장을 기대하기는 아직 일렀다. 아무튼 박정희 정권과 개신교의 상호 특혜와 지지보다 중요한 사실은 한국 근·현대사에서 이 둘이,

> 가장 긴밀한 협력관계를 구축해 왔다는 것이다. 한마디로 말해 박정희 체제하에서 진행된 한국적 근대화의 최대 수혜자이자 협력자는 교회였다. 한국 교회의 '성공'과 박정희 체제의 성공은 매우 긴밀하게 관련되어 있었다. 어쩌면 가장 긴밀한 밀월시대로 평가하는 것이 더 정당할 것이다. 예컨대 '조국 근대화'는 '민족복음화'와 등식을 이뤘고, '잘살아 보세'는 '삼박자 축복'과 등식관계를 이뤘다.[41]

이에 대한 이유를 한국의 기독교가 선험적으로 자본주의라는 점에서 찾는 경우가 있다. 예컨대 다음과 같은 주장이 그렇다. "한국의 기독교인들은 선험적으로 자본주의자이다. 그들은 자본주의가 기독교적 복음과 일치하는 것만으로 생각하고, 자본주의가 가져오는 죄에 대해서는 생각하지 않으려고 한다. 그것은 19세기 말에 한국에 온 미국과 캐나다의 선

---

40   이 개념은 김진호, 앞의 책(2018), 195쪽에서 따온 것이다.
41   최형묵, 앞의 글(2006), 204쪽.

교사들이 전형적인 자본주의 국가의 문명을 같이 가지고 왔기 때문이다. 한국 사람들은 선교사들을 통해 처음부터 자본주의 문명의 화려함과 풍요를 접하며 복음의 능력을 경험했다. 복음은 죄로부터 구원을 주는 것이지만, 동시에 물질적 풍요를 가져다주는 것으로 생각되었다. 다시 말해서 복음이 처음부터 물질적인 것과 결합되어 있었다. 그 점에서 한국의 초대 교인들과 기독교의 초대 교인들은 근본 경험이 다르다."[42]

물론 한국에 전파된 기독교가 자본주의와 결합되어 있었고 한국인들이 기독교를 통해 자본주의 문명의 화려함과 풍요를 접했다는 점에서, 한국 기독교의 선험적 자본주의성에 대해 말할 수 있을 것이다. 그러나 그렇다고 해서 기독교가 자동적으로 자본주의를 신성시하거나 정당화한다는 식으로 해석할 근거가 있는 것은 아니다. 예컨대 일제강점기에는 기독교인들이 산업 활동의 목적을 "사익(私益) 추구에 한정하지 않았다." 그들은 "개인적 이익에 급급한 이기적 산업 활동을 억제하고 전체의 복리를 위한 진정한 산업 활동을 발전시킬 것을 주장하였다. 그리고 건실한 경제운동은 천국의 운동법칙에 순응하며 천국운동과 합치한다고 정의하였다. 기독교인들은 산업 활동을 종교적 활동으로 생각하고, 산업 도덕의 확립이라는 형태로 교회의 산업 활동을 적극적으로 장려하였다."[43]

한국의 개신교가 본격적으로 자본주의적 성격을 띠게 된 것은 1960년대 이후의 일이며, 그 이유는 개신교가 이 시기부터 국가와 재벌이 주축이 되는 근대화와 자본주의화의 이데올로그이자 전도사로 기능하기 시작한 데에서 찾을 수 있다. 이 시기부터 개신교는 환원근대의 '문화 시스템'[44]으로 작동하기 시작했다. 요컨대 한국 개신교의 자본주의성은 선험

---

42 양명수, 「자본주의 윤리와 한국 교회」, 『기독교 사상』 52(12)/2008, 56~66쪽, 여기서는 57쪽.

43 강명숙, 『일제강점기 한국 기독교인들의 사회경제사상』, 한국학술정보 2008, 150쪽.

44 이 개념은 다음에서 따온 것이다. 신익상, 「한국 개신교에서 가난은 어떻게 은폐

적인 것이 아니라 역사적인 것이다. 그것은 한국의 독특한 근대화 과정의 산물이다.

한국의 근대화 과정은 그 대상이 산업화를 통한 경제성장으로 환원되고, 그 주체가 국가와 재벌로 환원된, 이중적 의미의 환원적 근대화 과정이었다. 이 과정에서 이농민들이 대거 서울을 비롯한 대도시로 유입되었다. 그런데 경제성장을 지상목표로 추구한 국가는 이들에게 인간다운 삶을 위한 최소한의 기회도 제공하지 않은 채 그들을 산업예비군으로 편입시켜 저임금 체제를 유지하는 데에만 급급했다. 또한 국가의 파트너로서 경제성장을 현장에서 추진하는 대기업 역시 이들에게 굳이 인간다운 노동조건과 작업환경을 제공할 이유가 없었다. 한마디로 그들은 도시라는 삶의 '정글'에 적나라하게 내던져졌던 것이다. 이들에게 다가가 따뜻한 손을 내민 것이 바로 교회였다.[45]

그러니까 국가-재벌 동맹자본주의가 산업화와 경제성장이라는 근대화의 목표를 위해 수단과 도구로 사용할 뿐 인간적인 대접을 하지 않은 개인들을 교회가 맡아서 돌보게 된 것이다. 교회는 환원근대의 두 주체세력인 국가와 재벌의 대리자가 되었다. 이렇게 보면 다음과 같은 주장에 전적으로 동의할 수 있을 것이다. "종교는 사회의 위기 상황과 불안기에 번성하는 경향이 있다. 사회적·경제적·정치적으로 소외된 계층은 자신들의 불안감과 위기감을 해소시킬 수 있는 새로운 '피난처'를 필요로 한다. 당시에는 교회가 그들의 아픔과 고통을 위로하고 치유할 수 있는 새로운 공간 역할을 적절하게 수행하였다. 목사의 열정적인 설교와 뜨거운 기도, 그리고 우렁찬 찬송가로 가득 찬 예배 분위기는 소외계층이 당하는 현실의 고통과 아픔을 일시적으로나마 잊게 해줄 수 있었다. 나아가 교회는 '고

되는가」, 성공회대학교 신학연구원 (엮음), 『종교는 돈을 어떻게 가르치는가』, 동연 2016, 51~76쪽.
45   김진호, 앞의 책(2012), 75쪽.

향을 잃은 사람들'(월남한 자나 농촌에서 도시로 올라온 자)에게 새로운 소속감과 유대감을 부여함으로써 전통적 가족 공동체의 기능을 대체하는 새로운 공동체 역할도 하였다. 이처럼 산업화 시기의 사회경제적 모순이 엄청난 수의 '산업 예비군'을 '종교시장'으로 밀어내는 요인(push factor)으로 작용하고, 교회의 뜨거운 메시지와 신앙 공동체가 이들을 교회당으로 끌어들이는 요인(pull factor)으로 작용하면서, 개신교는 엄청난 교세 성장을 할 수 있었던 것이다."[46]

그런데 중요한 것은 교회가 단순히 국가와 재벌의 대리자에 머물지 않았다는 사실이다. 만약 교회가 국가와 재벌의 대리자에서 그 역할을 찾았다면, 교회는 환원적 근대화 과정에서, 다시 말해 경제발전과 물질적 풍요를 추구하는 과정에서 지치거나 낙오한 사람들의 영혼을 돌보고 영혼의 구제에 힘썼을 것이다. 이는 경제발전과 물질적 풍요를 초월하며 그것들과 긴장 및 갈등을 일으킬 수 있다. 그러나 교회는 이러한 대리자 역할에 만족하지 않고 물질적 축복의 메시지를 전달했다. 국가가 '속'(俗)의 영역에서 근대화의 목표로 내세운 "잘살아 보세"라는 구호를 교회가 '성'(聖)의 성역에서 신앙의 목표로 설파했다.[47] 이것은 경제성장을 지고의 선으로 설정하고 그를 위해 가용할 수 있는 모든 사회적 자원을 동원하는 국가의 근대화 전략을 신의 이름으로 정당화하고 신성화하는 것이다. 그것은 환원근대를 전도하는 것이다. "한국 국민이 공산주의에 대해 자본주의를 수호하고자 할 때, 한국 교회는 그 자본주의를 신앙으로 수호하고자 했다. 그리하여 자본주의는 갈수록 신앙의 내용이 되어버렸고, 신앙은 형식만 남은 것처럼 되었다."[48] 요컨대 교회는 환원근대의 대리자를 넘어서 환원근대의 이데올로그가 되고 환원근대의 전도사가 되었던 것이며, 이 환원

46   이진구, 앞의 글(2000), 227쪽.
47   김진호, 앞의 책(2012), 75쪽.
48   양명수, 앞의 글(2008), 57쪽.

근대의 이데올로그이자 환원근대의 전도사인 개신교는 한국의 자본주의적 경제발전에서 일익을 담당했다.

이처럼 교회가 환원근대의 이데올로그이자 전도사가 되었다는 것은 단순히 교회가 환원근대의 논리를 설파했다는 것을 의미하지 않는다. 거기에서 더 나아가 교회는 자기 자신도 환원근대의 논리로 재무장해야 했다. 이 재무장은 두 가지로 나타났다. 그 하나는 자신을 환원근대의 주도세력인 국가 및 재벌과 동일시하는 것이고, 또 다른 하나는 환원근대의 가치이자 목표인 성장지상주의를 체화하고 내면화하며 실천하는 것이다. 이제 교회는 국가 및 재벌과 마찬가지로 "'오직 성장'을 위해 모든 것을 총동원하는 전형적인 군부독재 시절의 담론과 제도에 병행하는 신앙 담론과 제도를 통해 대부흥을 이룩했다."[49] 이러한 교회 성장은 경제성장률, 1인당 국민소득, 수출액으로 표현되는 양적 경제성장과 마찬가지로 교인 수와 헌금액으로 표현되는 양적 성장이었다. 바로 여기에 한국 개신교가 그토록 가파르게 성장할 수 있는 중요한 요인이 있었던 것이다. 이렇게 보면 다음과 같은 주장에 전적으로 동의할 수 있다.

교회는 조국 근대화라는 깃발 밑에 들어가서 경제성장을 향한 국민 총동원의 대열을 이끌고 그것을 독려하기만 했다. 정부가 눈에 보이는 생산증대를 '제1경제'라 하고, 이것을 뒷받침해 줄 눈에 보이지 않는 정신문화

---

49 김진호, 앞의 책(2012), 77쪽. 한국의 개신교는 여의도순복음교회를 비롯해 구역장 제도를 운영하는 곳이 많다. 그런데 구역장은 단순히 교회 하부조직의 관리자가 아니라 이 하부조직을 교회 성장의 추동력으로 조직하는 직책이다. 이런 점에서 구역장의 역할은 새마을운동 지도자의 역할과 유사성을 보인다. "간증 같은 성공 신화의 구연 행위(oral performance)는 발전동원체제를 바닥에서 조직해 낸 미시적 담론의 기제다. 순복음교회의 구역장과 새마을운동 지도자는 그 시대의 체제화된 성장주의적 '구술 전승자'(oral performer)인 것이다." 같은 책, 83쪽. 다음도 같이 볼 것. 김진호, 앞의 책(2018), 164쪽 이하. 여의도순복음교회의 구역장 제도에 대해서는 아래의 각주 76번을 참조.

로서 '제2경제'의 필요성을 역설했을 때, 교회는 제2경제의 역군 역할을 충실히 수행했다. 교회 어디서도 맘몬을 섬긴다고 내놓고 말하지 않았다. 오히려 교인의 머릿수, 재정 수입과 재산 규모로 목회 능력을 가늠했다. 이는 "맑스류의 '좌파' 유물론의 옆자리에 들어선", 한국 교회 안의 "'우파' 유물론"이었다. 즉 좌파 유물론자들이 신의 존재를 부정하면서 물질을 절대시한 반면, 한국 교회는 하나님의 존재를 강력하게 신앙하면서 물질적 번영도 절대시했던 것이다. 철학적 배경은 다르지만 현실적으로 드러나는 양자의 모습에는 별 차이가 없어 보인다.[50]

요컨대 한국 개신교의 폭발적인 성장은 한편으로 환원근대를 담지하고 다른 한편으로 환원근대에 의해 담지되었기 때문에 가능했던 것이다. 이처럼 환원근대의 이데올로그이자 전도사가 된 교회에 몰려든 사람들은 아이러니하게도 바로 이 환원근대에 의해 존재가 거덜 나고 달리 의지할 곳이 없어진 이들이었다. 교회는 이들에게 권력에 — 정치권력과 경제권력 모두에 — 순종하면서 열심히 일하면 잘살 수 있다는 풍요의 축복을 선사했으며 그들은 그 반대급부로 교회에 충성을 다했다.[51]

이렇게 보면 한국의 개신교는 자본주의의 피안이 아닌 자본주의의 차안에서 그 존재감과 자아상을 찾았다는 것을 알 수 있다. 그것은 자본주의적인 너무나도 자본주의적인 종교이다. 교회는 물질적 풍요와 번영을 보증하고 선사하는 곳이다. 그곳에서 선포되는 신학은 풍요의 신학 또는 번영의 신학이다. 환원적 근대화가 본격적으로 시작된 1960년대에 이 풍요의 신학 또는 번영의 신학은 가난을 극복하고 풍요로운 삶을 이룩하는 것을 신의 축복으로 보았다. 그러다가 산업화와 경제성장의 진척과 더불

---

50 배덕만 (책임 집필, 교회세습반대운동연대 기획), 『교회 세습, 하지 맙시다: 교회세습반대운동연대 보고서』, 홍성사 2016, 157~58쪽.
51 김진호, 앞의 책(2012), 77쪽.

어 1970년대와 1980년대에 중산층이 형성되자 이 풍요의 신학 또는 번영의 신학은 이미 이룩한 풍요를 어떻게 간직할 것인가를 신학적 담론의 주제로 삼았다.[52]

한국의 개신교는 재정적으로 출석 교인의 숫자와 사회경제적 지위에 의존하기 때문에 교인을 두고 치열한 경쟁을 벌일 수밖에 없다. 이것은 기업들이 상품시장을 둘러싸고 벌이는 경쟁과 진배없으며, 교인이라는 시장을 둘러싸고 벌어지는 경쟁에서 풍부한 물적 기반과 인적·사회적·정치적 네트워크, 그리고 문화자본 및 상징자본을 갖고 있는 대형교회와 초대형교회가 중소형교회보다 훨씬 유리한 고지를 점하고 있다는 사실은 불문가지이다. 1990년대 이후 대개의 중소형교회가 성장이 멈추거나 감소하는 추세에 있는 반면, 많은 대형교회는 오히려 교인이 늘고 있다는 사실은 이 점을 잘 설명해 준다. 이 교회 성장 대차대조표는 교인들이 작은 교회에서 큰 교회로 옮아간 결과이다.

한국 개신교의 또 한 가지 커다란 특징은, 한 건물에 여러 교회가 있으며, 심지어는 술집 바로 위층에 교회가 있다는 사실이다. 내가 보기에는 이 사실 역시 기업 교회라는 개념에 의해 설명할 수 있다. 교회가 기업이라면, 한 건물에 여러 교회(기업)가 입주해 있든, 교회(기업)가 술집과 같은 건물에 있든 아무런 상관이 없다. 중요한 것은 종교적(기업적) 시장경쟁에서 승리하는 것이다. 다시 말하자면 교회가 입주한 건물의 목이 얼마나 좋고, 얼마나 효율적으로 전도할 수 있고, 얼마나 건물의 임대료가 싼가 하는 등의 문제가 중요한 것이다. 경쟁에서 패배한 목회자는 교회를 매매하기도 하는데, 이 역시 한국의 개신교가 기업 교회라는 사실을 감안한다면 충분히 설명이 가능하다. 몇십 억, 몇백 억 교회 건물이 매매나 경

---

52 같은 책, 22쪽. 번영의 신학에 대한 비판은 다음을 참고할 것. 행크 해네그래프, 『바벨탑에 갇힌 복음: 번영신학을 고발한다』, 새물결플러스 2010 (김성웅 옮김; 원제는 Hank Hanegraaff, *Christianity in Crisis: 21st Century*).

매로 쏟아져 나와 '교회 매매 전문 사이트'까지 등장하였다. 지난 2013년 7월 1일 수원지법 성남지원에 판교 소재의 충성교회가 종교시설로는 최고가인 526억 원에 경매로 나왔다고 한다.[53]

한국의 개신교가 기업과 유사점을 보여 주는, 즉 한국의 개신교가 기업 교회라는 사실을 보여 주는 마지막 현상으로 교회세습을 거론할 수 있다. 아버지가 아들에게 또는 장인이 사위에게 기업의 경영권을 물려주듯이, 아버지 목사가 아들 목사에게 또는 장인 목사가 사위 목사에게 교회의 담임목사직을 물려준다. 기록으로 확인할 수 있는 최초의 교회세습은 1973년에 일어났다. 그해 도림교회가 유병관 목사의 후임으로 아들 유의웅 목사를 청빙한 것이다. 그러나 1980년대까지 교회세습은 예외적인 현상이었다(1970년대 2건; 1980년대 4건). 그러다가 1990년대에는 교회세습이 빠르게 증가했으며(1980년대보다 5배가량 증가한 21건), 대부분 대형교회에서 이루어졌다. 이후 2000년대에 들어 교회세습이 급증하기 시작하여 2000년부터 2009년까지 이루어진 교회세습은 그 이전 10년의 6배인 124건에 달했다. 2010년대에 들어와 교회세습은 더욱 활발해져 2010년부터 2018년 현재까지 그 이전 10년보다 2배 가까운 205개 교회에서 세습이 이루어졌다.[54]

이처럼 2000년대 이후 교회세습은 더 이상 예외적인 현상이 아니라 일상적인 현상이 되었으며, 또한 교회의 규모, 교단, 지역에 상관없이 이루어지고 있다. 그리고 세습 영역이 교회에 한정되지 않고 선교단체와 교회 헌금으로 세운 기업으로까지 확대되고 있다. 예컨대 대학생선교단체인 한국대학생선교회(CCC)는 2002년에 창립자 김준곤 목사의 사위인 박성민 목사를 새 대표로 선출했으며, 기독교 일간지 『국민일보』의 회장직도 조용기 목사의 두 아들 조희준과 조민제에게 넘어갔다(각각 2006년과

---

53   박영돈, 『일그러진 한국 교회의 얼굴』, 한국기독학생회출판부 2013, 57쪽.
54   『일요신문』, 2018년 8월 17일.

2012년). 그리고 감리교를 대표하는 김선도·김홍도·김국도 삼형제는 모두 아들에게 교회를 물려주었으며, 숭의교회는 3대에 걸쳐 교회를 세습했다.[55]

　여기에서 특히 언급할 만한 것은 교회의 세습이 다양한 형태로 '진화'한다는 사실이다. 이른바 '변칙 세습'이 나타나는 것이다. 원래 교회세습은 아버지가 아들에게 또는 장인이 사위에게 담임목사직을 물려주는 '직계 세습'의 형태를 띠었다. 그러나 세습에 대하여 교회 안팎의 비난이 고조되고 세습을 금지하는 법적 조치가 강구되자 다양한 변칙 세습이 등장했는바, 지(枝)교회 세습, 교차 세습, 다자 간 세습, 징검다리 세습, 분리 세습, 통합(합병) 세습, 동서 간 세습, 쿠션 세습 등이 그것이다. (1) 지교회 세습은 "아들 목사나 사위 목사에게 직접 교회를 물려주는 것이 어렵게 되자, 지교회를 설립한 후 그 교회에 아들이나 사위가 담임으로 부임하도록 하는 형태이다." (2) 교차 세습은 "규모가 비슷한 두 교회의 목회자들이 아들 목사들을 상대방 교회 담임목사로 세우는 방식이다." (3) 다자 간 세습은 "[교차 세습처럼 두 교회가 아니라] 여러 교회들이 자식들을 더욱 복잡한 방식으로 교환하여 세습을 시도하는 것이다." (4) 징검다리 세습은 "할아버지가 목회하는 교회에서 손자가 담임목사직을 승계하는 경우이다." (5) 분리 세습은 "아버지 목사가 개척한 여러 교회 중 하나를 아들 목사에게 맡기는 세습 방식이다." (6) 통합(합병) 세습은 "아들이 개척한 교회에 아버지 교회가 통합한 후, 통합된 교회를 아들에게 물려주는 방식이다." (7) 동서 세습은 "동서 간에 교회를 넘겨주어 대물림하는 방식이다."[56] (8) 쿠션 세습은 "아버지 목사가 자신과 가까운 목사에게 교회를 형식적으로 이양한 다음, 이를 다시 아들 목사에게 물려주는

55　배덕만, 앞의 책(2016), 31~32쪽.
56　그 밖에도 시동생 세습, 조카 세습, 형제 세습 등의 변칙 세습이 확인된다. 『일요신문』, 2018년 8월 17일.

방식이다."[57]

교회세습반대운동연대(세반연)와 감리회세습반대운동연대(감반연), 기독교 전문 온라인 매체 『뉴스앤조이』가 작성한 '한국 교회세습 리스트'가 있다. 이 리스트에 이름이 올라간 교회는 지난 2018년 5월 기준 총 364곳이다. 유형별로 보면, 총 364개 교회 중 3분의 2에 해당하는 217곳이 직계 세습을 했다. 변칙 세습의 경우에는, 총 147건 중 교차 세습이 97건으로 가장 많고, 징검다리 세습과 지교회 세습이 각각 13건과 12건으로 그 뒤를 잇고 있다. 그 밖에도 통합(합병) 세습(8건), 형제 세습(5건), 조카 세습(5건), 다자 간 세습(3건), 통합·징검다리 세습(2건), 동서 세습(1건), 시동생 세습(1건) 등의 유형을 관찰할 수 있다.[58] 참고로 이명박이 장로로 시무하던 소망교회는 지교회 세습을 했다. 소망교회는 2003년 예수소망교회를 설립한 후 그 교회에 곽선희 소망교회 담임목사의 아들 곽요셉 목사를 담임목사로 부임하도록 했다.

세습이 이루어진 교회를 교단별로 보면, 총 25개의 교단과 1개의 선교단체가 확인된다. 이는 교회세습이 특정한 교단이나 특정한 교회의 문제가 아니라 한국 개신교 전체에 만연한 현상임을 말해 준다. 그리고 '한국 교회세습 리스트'에서 규모(교세)가 확인된 교회는 184개이다. 이 중 교인수 100명 이상 500명 미만인 교회가 72곳으로 가장 많다. 이어서 500명 이상 1,000명 미만인 교회가 49곳, 1,000명 이상 5,000명 미만인 교회가 41곳로 뒤를 잇고 있다. 또한 5,000명 이상 1만 명 미만인 교회는 6개이고, 1만 명 이상인 교회도 8개에 달한다. 반면 50명 이상 100명 미만인 교회에서 세습이 이루어진 경우는 8건이다. 이 통계자료는 교회의 규모와 세습은 별로 관련이 없음을 말해 준다. 교회세습이 대형교회 중심으로 이루어진다는 기존의 생각은 잘못된 것이다. 이처럼 교회세습이 모든 규모

---

57 배덕만, 앞의 책(2016), 36쪽 이하.
58 『일요신문』, 2018년 8월 17일.

의 교회에서 일어나는 이유는 무엇보다도, 교회의 개척과 성장이 갈수록 어려워지는 상황에서 작은 교회라도 물려받아야 생존 및 성장 경쟁에서 유리한 고지를 점령할 수 있기 때문이다.[59]

지난 2017년 3월부터 명성교회의 세습 문제로 한국 개신교는 내홍을 겪고 있다. 이 교회는 등록 교인이 10만 명에 이르고 연간 헌금이 400억 원에 이르는 초대형교회이다. 지난 2018년 10월 9일에 MBC의 시사 프로그램 「PD수첩」은 '명성교회 800억 비자금 의혹' 편을 방영했는데, 이에 따르면 명성교회는 서울에서 제주에 이르기까지 전국에 50개가 넘는 부동산을 보유하고 있는데, 그 규모가 24만 제곱미터(7만 2,600평)에 이르고 공시지가만 1,600억 원에 이른다고 한다.

명성교회를 개척한 김삼환 목사는 2015년 12월 담임목사직에서 정년 퇴임했으며, 그로부터 1년 4개월 후인 2017년 3월 명성교회는 아들인 김하나 목사를 담임목사로 청빙하고 새노래명성교회와 합병하는 안을 가결했다. 새노래명성교회는 2014년에 김삼환 목사가 김하나 목사에게 지교회 세습을 한 곳이다. 말하자면 명성교회는 지교회 설립 후 통합하는 세습 방식 또는 지교회 설립 후 M&A 세습 방식을 택했던 것이다.

이와 관련하여 특히 주목할 만한 것은, 지난 2018년 7월 29일 명성교회 제1부 예배에서 아세아연합신학대학교(ACTS) 총장을 역임한 고세진 목사가 한 발언이다. 고 목사는 "선과 악을 섞지 말라"는 제목으로 설교를 하면서 신도 예수에게 사역을 물려주었다며 교회는 원래 세습으로 이뤄진다고 말했다.

그런 면에서 우리 교회는 세습인 것이다. 오는 세대에 이 교회를 물려주어야 한다. 자녀들이 다 여기서 자라고, 또 우리 자녀들의 자녀가 여기서 자란다. 창세기에 나와 있는 생육하고 번성하라는 말씀처럼 영원히 이 교

---

59 같은 글.

회에서 자녀들을 낳고 기르고 낳고 기르고. 그래, 우리 세습이다. 왜? 뭐 어쩌라고? 뭐 어쩌라고? …… 성경을 보니까 하나님과 예수님이 승계했다. 하나님이 하는 일을 예수님이 받아서 했다. 만약 하나님하고 예수님과 관계가 끊어지면 어떻게 하나? 기독교가 꽝이 된다. 기독교가 아무것도 아니게 된다. 왜 원로목사하고 담임목사를 갈라놓으려고 하는 것인가? 무엇 때문에? 그분들이 무엇을 잘못했다고? 아니, 무엇을 잘못했다고?[60]

우리는 이 설교에서 한국의 개신교가 교회의 문제를 성서적·신학적 논리가 아니라 철저하게 자본주의적·기업적 논리에 따라 판단하고 있음을 목격한다. 목회자는 자신이 개척하고 성장시킨 교회를 자신의 사유재산으로 간주하고 아들에게 세습한다. 마치 기업의 창업주가 그 기업을 자신의 사유재산으로 간주하고 아들에게 세습하듯이! 그러나 기독교 신학에 따르면 예수 그리스도가 만유의 주이자 교회의 머리이며, 목사는 교회의 주인이 아니라 주님의 양들을 돌보는 목자이자 청지기이다. 그러므로 교회세습은 "예수 그리스도를 중심으로 형성된 언약 공동체로서의 교회 정체성을 위협한다. 교회는 나사렛 예수를 그리스도로 고백하는 성도들, 그런 믿음과 고백을 가능케 하며 공동체를 형성하시는 성령의 역사, 하나님 나라 확장을 위한 성도들의 복음 증거와 사랑의 섬김으로 구성된다." 그러므로 교회는 "한 개인의 영웅적 활동에 의해 형성되지 않으며, 세속적 가치관이나 삶의 방식으로 운영되지도 않는다."[61]

이 모든 것에도 불구하고 철저히 자본주의화되고 기업화된 한국의 개신교는 세속적 기업의 논리를 따르기 때문에 교회세습을 당연시하고, 이에 대한 근거를 성서에서 찾는 것이다. 그리하여 신의 성육신인 예수 그리스도의 구원사역을 세습으로 해석함으로써, 아니 견강부회함으로써 교회

---

60 『뉴스앤조이』(2018년 7월 30일; 필요하다고 생각되는 곳에 물음표를 넣었다).
61 배덕만, 앞의 책(2016), 89~90쪽.

세습에 대한 나름대로의(!) 성서적·신학적 근거를 제시하고 있는 것이다. 반성서적·반신학적 행태가 아닐 수 없다.

환원적 근대화의 세 동맹세력인 국가, 재벌, 개신교는 성장주의, 성장제 일주의 또는 성장지상주의에서 수렴한다. 이들은 모두 '오직 성장'이라는 점에서 일치한다. 국가가 국민경제의 성장을, 재벌이 기업의 성장을 지고 의 가치로 설정하고 그 밖의 모든 사회적 또는 경제적 가치를 이 성장과 의 관계에서 판단하고 평가한다면, 개신교는 교회의 성장을 지고의 가치 로 설정하고 그 밖의 모든 종교적 가치를 이 성장과의 관계에서 판단하고 평가한다. 국가, 재벌, 개신교는 환원근대적 이념과 가치를 공유한다. 개신 교가 추구하는 성장지상주의란 구체적으로

교회에 대한 평가 잣대를 오직 규모의 크고 작음에 국한하는 사고방식 을 뜻한다. 감히 공언하자면 '한국 교회에는 교회론이 없다. 오직 교회 성 장론뿐이다.' 어떤 교회가 좋은 교회인가 물으면 '성장하는 교회'를 좋은 교회로 본다. 이 관점에서 작은 교회는 좋은 교회로 보기 어렵다. 목회자나 성도가 이런 관점에 사로잡히게 되면, 교회 성장에 목을 매게 된다. 결과로 서 성장을 일으키지 못하는 모든 노력은 평가절하되고, 반대로 성장이란 결과를 내어놓는 행위는 그것이 무리하거나 부당하더라도 사후적으로 정 당화되는 것을 자주 볼 수 있다. 그리고 이런 관점은 목회자만 갖는 것은 아니다. 성도들의 사고방식 속에도 깊이 뿌리내리고 있다. 어떤 지역의, 어 떤 브랜드 아파트에 살고, 어떤 사이즈의 차를 타고, 어떤 이들과 어울리느 냐로 자기 자신이 누군지를 드러내는 한국 사회의 과시적 욕망이 교회를 선택하고 운영하는 데서도 고스란히 관철되는 것이다.[62]

---

62 라은성·이상규·양희송, 앞의 책(2017), 353쪽.

물론 교회가 성장을 추구하는 것 자체가 문제시될 이유는 없다. 문제가 되는 것은 "성장제일주의로 인해 성장 이외의 가치들은 무시되거나 부수적인 것으로 취급된다는 점이다. 한국 교회가 수적 성장을 절대시한 결과 성장 아닌 가치들, 예컨대 정당한 치리(治理), 의와 거룩함, 성결, 이웃 사랑과 베풂 등 기독교 본래의 가치들은 무시되거나 경시되었다. 물질적 풍요를 갈망하는 인간의 욕망이 신앙이란 이름으로 정당화되었고, 축복 지향적 신앙 형태가 …… 풍미하여 기독교가 기복신앙으로 심하게 경도되었다는 비판을 면치 못했다."[63] 요컨대 교회 성장 그 자체가 문제가 되는 것이 아니라 모든 것을 교회 성장으로 환원하는 것이 문제가 된다는 것이다. 이는 경제성장 그 자체가 문제가 되는 것이 아니라 모든 것을 경제성장으로 환원하는 것이 문제가 되는 것과 같은 이치이다.

이처럼 성장지상주의에 매몰된 한국 개신교는 대형주의 또는 대형교회 이데올로기의 포로가 되었다. 모든 교회가 대형화를 추구한다. 중소형교회도 대형교회를 지향하는, 잠재적 대형교회이다. 주보에 대형교회 투시도를 삽입하거나 무리한 건축을 계획하고 시행하는 중소형교회가 허다하다.[64] 그런데 한국 교회가 추구하는 대형화는 일정한 한계가 있는 것이 아니라 무한한 것이다. 그것은 무한 대형화이다.[65] 자명한 일이지만 무한 성장에의 욕구는 결코 충족될 수 없으며, 그리하여 교회는 언제가 채워지지 않는 배고픔에 시달릴 수밖에 없다. "어떤 목사는 교인 수가 1,000명이 넘는 교회에서 안정되게 목회를 잘 하는데도 교회를 더 성장시켜야 한다는 장로들의 주문 때문에 엄청난 스트레스를 받는다. 그 교회의 한 장로는 몇천 명이 모이는 교회로 부흥시킨 목사와 자기 교회 목사를 비교하며 교회도 부흥시키지 못하는 목사라는 말을 공공연히 떠벌리고 다닌

---

63 같은 책, 289쪽.
64 강성호, 앞의 책(2016), 251쪽.
65 박영돈, 앞의 책(2013), 17, 23쪽.

다. 이같이 교회도 사업이 번창하는 것처럼 성장해야 한다는 세속적인 가치관에 포로가 된 장로들 때문에 목사들이 수적 성장에 목을 맬 수밖에 없다. 교인 수가 500명인 교회는 1,000명을 목표로, 1,000명인 교회는 2,000명의 고지를 향해 계속 약진해야지, 그렇지 않고 정체해 있으면 무능한 목사로 몰려 그 입지가 난처해진다. 그래서 3,000명 교인, 1만 명 교인이라는 비전을 교회 슬로건으로 내걸고 그 지상목표를 위해 일사 각오의 사투를 벌인다."[66]

우리는 여기에서 교회라는 성스러운 공간이 양적 성장이라는 세속적 가치에 대한 욕망, 그것도 결코 충족될 수 없는 무한한 욕망, 그러니까 에리식톤 콤플렉스에 의해 지배당하고 있음을 목격한다. 이처럼 무한 교회 성장을 추구하는 개신교는 무한한 (국민)경제성장을 추구하는 국가와 무한한 기업 성장을 추구하는 기업과 조금도 다를 바 없다. 이렇게 보면 다음과 같은 주장에 전적으로 동의할 수 있을 것이다.

한국의 교회 이름 가운데 가장 흔한 이름이 '제일'과 '중앙'이다. 그 이름들은 한국 교회 내면 깊숙이 자리 잡은 욕구를 표현한다. 그야말로 규모상 세계 제일의 교회도 있고, 세계 10대 교회 안에 5개 이상이 한국에 있으니 누구나 바라는 그 목표가 그렇게 비현실적으로만 보이지 않을 듯도 하다. …… 그런데! 그래서 도대체 어쩌자는 것인가? 저마다 '중앙'을 자처하고 '제일'을 자처하는 가운데 교회의 본연의 임무에 대한 성찰 또한 함께 하는 것일까? 스스로의 존립 자체를 목적으로 함과 동시에 규모의 성장에 매몰되어 있는 교회는 속성상 그와 같은 성찰을 할 수 없다. 반공주의에 사로잡혀 민주적 정당성 없는 정권과 유착하고, 그 정권이 확립한 체제 안에서 성장주의를 내면화해 왔을 뿐 아니라 타자에 대한 극도의 배타적 자세를 당연시하는 교회는 자기의 생존과 확장 이외에는 관심을 갖지 못한

66 같은 책, 65쪽.

다. 언제나 채워지지 않는 허기로 허덕일 뿐이다.[67]

한국 개신교의 성장지상주의와 대형주의는 과시적 교회 건축을 통해 표출된다. 그동안 한국 교회의 주된 관심과 사역은 '모여라, 돈 내라, 교회 당(성전) 짓자'는 말로 응축된다는 어느 목사의 말은 이를 상징적으로 보여 준다.[68] 정부 통계에 따르면, 불교와 천주교가 각각 1년에 4,000억 원 정도의 자금을 운영하던 시절에 개신교는 3조 원 정도를 운영했다. 그런데 교회 건축이 한창이던 시절 금융권에서 건축과 관련하여 개신교권에 대출한 액수가 9조 원으로 집계되었다.[69]

이 맥락에서 한 은행을 언급할 만하다. 수협은행은 2000년 11월 장병규 대표가 취임한 이래 비약적인 발전을 이룩했는데, 그 일등공신은 교회 대출이라는 틈새시장의 공략이었다고 한다. 2001년 29억 원이었던 교회 대출은 2005년 4월에는 8,578억 원을, 그리고 2006년에는 1조 원을 넘어섰다고 한다. 2006년 6월 말 수협은행의 총 대출액은 10조 1,615억 원이고, 2007년의 경우에는 12조 2,698억 원이다. 그러니까 교회가 수협은행 대출액의 10퍼센트 정도를 차지하고 있는 셈이다. 수협은행은 교회 대출을 기업 대출 상품의 하나로 간주하고 기업운전자금의 형식으로 교회에 대출해 준다고 한다.[70] 2005년 4월 당시 장병규 대표는 『조선일보』와의 인터뷰에서 다음과 같이 말했다고 한다. "수협의 비결은 교회 대출을 할 때 단순히 예배당이라는 담보만 보는 게 아니라, 교인 수나 신앙심, 헌금 규모 등을 고려해서 대출 여부를 결정한 데 있었다. 이를 위해 체계적인 매뉴얼을 만들었고, 대출에 앞서 기독교 단체 세미나나 교회 전문 건

---

67 최형묵, 앞의 글(2006), 211~12쪽.
68 박영돈, 앞의 책(2013), 56쪽.
69 라은성·이상규·양희송, 앞의 책(2017), 357쪽.
70 김상구, 앞의 책(2011), 215, 217~18쪽.

축업자 등을 찾아다니며 철저한 조사를 했다."[71]

　성장지상주의와 대형주의의 포로가 된 한국의 개신교는 인간을 교회 성장의 수단과 도구로 이용하기도 한다. 그 단적인 예가 1971년에 발생한 '이순임 사건'이다. 이 사건은 이순임이라는 여성이 자신이 다니는 교회가 진 건축 빚을 갚기 위해 자신의 한쪽 눈을 팔겠다고 나서면서 빚어진 것이다. 그녀가 다닌 교회는 30명 정도의 성인들이 출석하는 경남 고성의 농촌교회인데, 1971년 당시 170평의 대지를 구입하여 교회 건물 개축공사를 하고 있었다. 교회는 약 45만 원이 소요되는 건축비 중 20만 원을 빚으로 충당하였는데, 이 빚을 갚을 능력이 없었다. 그러자 이순임은 고성군의 4개 교회가 연합으로 개최한 부흥회를 찾아가 자신의 한쪽 눈을 팔아서 교회 빚을 갚겠다고 호소했다. 이 사건은 1971년 2월 14일자 『교회연합신보』에 보도되면서 세상에 알려지게 되었다. 그 후 이순임 사건은 신앙 미담으로 소개되고 있다. 더 큰 문제는 이 사건뿐만 아니라 그와 비슷한 사례도 신앙 미담으로 소개되고 있다는 것이다. 양적 성장을 위해서라면 인간을 도구와 수단으로 이용하기까지 하는 환원적 근대화의 폐해가 아닐 수 없다.[72]

　한국 개신교의 환원근대성은 뭐니뭐니해도 조용기 목사가 설립한 여의도순복음교회의 경우에서 가장 적나라하고도 확연하게 드러난다. 1958년 5월 18일 서대문구 불광동의 한 달동네에서 천막을 치고 5명의 교인으로 시작한 이 교회는 3년 후가 되자 마을 인구수보다 훨씬 많은 재적교인 1,000명에, 출석교인 600명의 신자를 가진 교회로 성장했다. 1964년에는 교인 수가 3,000명으로, 1968년에는 8,000명으로 증가했다. 1971년에는 서대문 로터리로 교회를 이전했으며, 1973년에는 1만 명이 동시에 예배를 볼 수 있는 여의도 교회로 이전했다. 이어 1979년에 이르러서는 신자

71　같은 책, 216쪽에서 재인용.
72　강성호, 앞의 책(2016), 252쪽 이하.

수가 10만 명에 달했고, 다시 1981년에는 20만 명, 1984년에는 40만 명, 1992년에는 70만 명에 달했으며, 2008년 현재에는 75만 명에 달한다.[73] 미국 최대 교회의 주일예배 출석교인이 채 5만 명이 안 된다는 사실을 감안하면, 이것이 어느 정도의 규모인지 보다 실감나게 와닿을 것이다.[74] 요컨대 여의도순복음교회는 세계 교회사에서 그 유례를 찾아볼 수 없을 정도의 초고속으로, 아니 기적이라고밖에 달리 표현할 수 없는 속도로 성장을 한 셈이다.

이 "세계가 주목한 조용기 목사의 성장"[75]은 삼중 축복 또는 일반적으로 삼박자 구원이라 불리는 구원론에서 그 가장 중요한 추동력을 찾을 수 있을 것이다.[76] 삼박자 구원은 예수 그리스도를 믿으면 누구나 영적으로 구원을 받고 물질적으로 부요해지며 육체적으로 건강해지며, 이 세 가

---

73 조귀삼, 『영산 조용기 목사의 교회 성장학』, 한세대학교말씀사 2009, 24쪽 이하.

74 김진호, 앞의 책(2012), 74쪽.

75 교회성장연구소 편집부 (엮음), 『세계가 주목한 조용기 목사의 교회 성장: 조용기 목사의 교회 성장 3중 구조: 영성·리더십·시스템』, 교회성장연구소 2008.

76 여의도순복음교회의 또 다른 중요한 성장 요인으로는 구역 조직을 꼽을 수 있다. 조용기는 구역 조직이 없는 교회가 대형교회가 되는 것은 불가능하다고 단언한다. 그에게 구역은 교회의 살아 있는 세포이며, 교회는 이 세포가 분열하면서 성장한다. 조용기, 『나의 교회 성장 이야기』, 서울말씀사 2005, 120~21쪽. 여의도순복음교회는 교회, 교구, 지역, 구역의 피라미드 조직을 갖추고 있다. 각 구역은 대략 10가정에서 20가정으로 구성되어 있으며, 모든 구역에는 구역장과 부구역장이 임명된다. 각 구역의 신자들은 구역장을 중심으로 영적으로 교제하며 물질적인 도움을 주고받는다. 여의도순복음교회는 전체 교인 중 10퍼센트 정도가 구역장으로 봉사하고 있다고 한다. 같은 책, 130, 143쪽. 조용기는 구역 조직을 "목회 속에서 찾아낸 보석"이라고 평한다. 조귀삼, 앞의 책(2009), 26쪽. 그런가 하면 성도들을 위한 "영원한 부흥센터"라고 부르면서 다음과 같이 말하고 있다. "여의도순복음교회의 성도들은 항상 열정적이다. 그들은 365일 부흥을 체험한다. 모든 교회마다 이러한 부흥을 필요로 한다. 우리 교회의 성도들은 이러한 부흥의 체험을 날마다 할 수 있는데, 그것은 구역 모임에 적극적으로 참여할 때 가능하다." 같은 책, 27쪽에서 재인용. 다음은 여의도순복음교회의 성장 요인을 구역 조직에서 찾고 있다. 우혜란, 「한국의 오순절-은사주의 운동에서 여성의 위치와 그 배경」, 『종교와 문화』 23/2012, 37~80쪽.

지 구원은 하나라는 것이다.[77] 이 지극히 세속적인 구원론을 이해하기 위해서는 그것이 등장하게 된 역사적·사회적 배경을 살펴보아야 한다. 삼박자 구원론이 등장한 것은 국가-재벌 동맹자본주의에 기반하는 환원적 근대화가 본격화한 1960년대이다. 이와 관련하여 조용기는 1977년에 출간된 『삼박자 구원』의 서두에서 다음과 같이 말하고 있다.

지금으로부터 20년 전 불광동 천막교회에서 목회를 시작할 때, 나의 심정은 착잡하여 견딜 수가 없었습니다. 왜냐하면 내가 가서 복음을 증거하는 그곳 사람들이 영적으로 너무 황폐하고 절망의 벽에 부딪쳐 있으며 생활에 끼니를 잇지 못하는 처참한 상황에 처해 있었기 때문입니다. …… 나는 그들을 상대로 말씀을 증거하고 먹이는 가운데 중대한 자가당착에 빠졌습니다. 신학교에서 배워온 하나님은 과거의 하나님이요 미래의 하나님일 뿐, 황폐와 가난과 저주 가운데 있는 그들에게 보여 줄 현재의 하나님의 모습을 찾을 수가 없었기 때문입니다. 자, 현재의 하나님은 어디에 계시는가? 이 물음이 내 마음속에 충격적인 파문을 일으켰습니다. 그들에게 과거의 그리스도를 소개하여 준다 해도 아무런 감격을 줄 수 없으며 그렇다고 미래의 그리스도를 전하기에는 그들의 현재가 너무 급박했습니다. …… 그래서 나는 하나님께 부르짖었습니다. 그들뿐만 아니라 나 자신을 위해서도 부르짖었습니다.

"하나님, 지금의 하나님은 어디에 계시나이까? 이 헐벗고 굶주리고 절망에 처한 사람들에게 무엇으로 소망과 새 생명을 줄 수 있나이까? 아브라함과 이삭과 야곱의 하나님, 오늘 이 시간 나와 저들의 하나님은 어디에 계십

---

77 삼박자 구원에 대한 비판으로는 예컨대 다음을 참고할 것. 김상석, 『순복음 왕국 여의도 복음의 정체: 조용기 목사의 삼박자 구원은 성경적인가?』, 세계기독교사회 연구학회 1994.

니까?"

나는 끝없는 눈물의 기도와 통곡 가운데 생명을 내어놓고 부르짖었습니다. 많은 간구의 시간이 지나고 나자 하나님께서 나의 마음속에 따사롭고 소망에 넘친 말씀을 심어주셨습니다. 그것은 바로 「요한 3서」 제2절에 기록된 삼박자 구원의 말씀입니다.

"사랑하는 자여 네 영혼이 잘됨같이 네가 범사에 잘되고 강건하기를 간구하노라."

그 후 나는 나의 모든 설교와 목회의 기초를 이 말씀의 터전 위에 두었습니다. 이 말씀에 중심하여 「창세기」부터 「요한계시록」까지 삼박자 구원으로 풀어나갈 때 내가 믿는 하나님은 과거와 미래의 하나님일 뿐만 아니라 지금 살아 계셔서 나를 사랑하시고 돌보시는 현재의 하나님으로 나타나기 시작했습니다. 그리고 이 메시지 때문에 오늘날 우리 교회가 세계적인 교회로 성장했고 또 계속하여 끊임없이 발전하여 나갈 것입니다.[78]

그러니까 조용기가 말하는 삼박자 구원은 영혼이 잘됨, 범사에 잘됨, 강건함이 삼위일체를 이룬다는 것이다. 첫째, 영혼이 잘됨은 영적 구원, 즉 "영이 살아나는 구원"이다. 그것은 "육에 살고 혼에 살던 인간이 영에 살게 된 것"을 뜻한다.[79] 둘째, 범사에 잘됨은 우리의 일상적 삶 전체, 즉 자녀교육 문제, 직장 문제, 사업 문제, 인간관계 문제, 의식주 문제, 생활의 문제 등에서 축복을 받는 것을 가리킨다.[80] 셋째, 강건함은 질병에

---

78   조용기, 『삼박자 구원』, 영산출판사 1977, 17~18쪽.
79   같은 책, 99쪽.
80   같은 책, 110쪽.

서 벗어나, 또는 병 고침을 받고 건강하게 살아가는 것을 가리킨다. 조용기는 예수 그리스도가 공생애의 3분의 2를 병 고침 사역에 바쳤음을 강조하며, 교회에는 세례와 성만찬과 병 고침의 3대 의식이 있고 이 의식들은 교회가 끝날 때까지 영원히 지속될 것이라는 매우 과감한 주장을 펼친다. 조용기에게 예수 그리스도는 "의로우신 태양이요 치료하시는 하나님"이다.[81]

이 삼박자 구원 가운데 우리의 논의에 중요한 것은 범사의 잘됨인바, 그 이유는 조용기가 이로부터 물질적 부요의 축복을 도출하기 때문이다. 조용기에 따르면, 신은 인간을 창조하기 전에 재화와 보화가 가득하고 생명의 강물이 넘치는 풍요로운 물질세계를 먼저 창조했으며, 인간에게 생육하고 번성하며 땅을 정복하고 모든 생물을 다스리는 복을 주었다. 그러니까 신이 처음 지은 세상은 "분명히 물질적인 보화로부터 시작하여 모든 의식주 생활 문제를 완전히 예비해 놓은 범사에 잘되는 세상이었다. 하나님은 인간 창조에 있어서 인간과 물질의 관계를 이와 같이 면밀하게 맺어 놓으셨다. 물질과 인간은 마치 피와 생명의 관계와 같다. 피가 없으면 생명이 존재할 수 없는 것처럼 물질 없이는 인간이 살아나갈 수 없다. 일단 인간으로 태어난 이상 아무리 경제생활에서 도피하려고 해도 할 수 없다. 당장 먹고 입고 누울 곳이 물질의 세계이며 나가서 일할 곳도 물질의 세계이기 때문이다."[82]

그런데 — 조용기는 계속해서 주장하기를 — 신의 물질적 축복에도 불구하고 인간은 신의 명령을 어기고 타락했으며, 그 죄로 인해 축복의 삶을 잃어버리고 저주의 땀을 흘리게 되었다. 그러나 예수 그리스도의 대속으로 말미암아 거듭난 인간은 다시 물질적 복을 누릴 수 있게 되었다. 이에 대한 근거로 조용기는 「고린도후서」 제8장 제9절을 인용한다. "우리 주

---

81 같은 책, 257~58, 284, 291쪽.
82 같은 책, 110쪽 이하(직접 인용은 113쪽).

예수 그리스도의 은혜를 너희가 알거니와 부요하신 자로서 너희를 위하여 가난하게 되심은 그의 가난함으로 인하여 너희로 부요케 하려 하심이니라."[83] 요컨대 물질적 부요는 성서 전체를 관통하는 신의 축복이라는 것이 조용기의 신학적 메시지이다. 이와 관련하여 조용기는 2005년에 출간된『나의 교회 성장 이야기』에서 다음과 같이 말하고 있다.

> 「창세기」부터 「요한계시록」까지 성경 전체를 샅샅이 읽어보면 가난은 결코 하나님이 우리에게 주는 축복이 아니라는 사실을 알 수가 있습니다. 물론 가난 속에서도 인내를 통해서 하나님이 준 기쁨을 맛볼 수 있습니다. 그러므로 인내는 미덕입니다. 그러나 가난 그 자체는 결코 축복이나 미덕이 아닙니다. 오히려 저주입니다. …… 아브라함의 생애를 보면 그는 많은 고난을 겪었습니다. 그러나 결코 죽을 정도로 굶지는 않았습니다. 오히려 하나님은 아브라함에게 많은 재물을 허락하셨습니다. 이삭도 마찬가지입니다. 이삭은 아버지 아브라함의 모든 재산을 물려받았습니다. 또한 하나님이 그를 축복하셔서 강하고 부유하게 되도록 해주셨습니다. 야곱은 어떻습니까? 하나님께서는 그도 역시 엄청난 부자가 되도록 축복해 주셨습니다. 그리고 나서 하나님은 "나는 아브라함의 하나님이요 이삭의 하나님이요 야곱의 하나님이로다"고 자신을 소개하고 계십니다. …… 나는 성경을 읽으면서 하나님은 우리를 부유하게 하는 분임을 깨닫게 되었습니다. 이전에는 나도 참된 성도가 되기 위해서는 빈곤해야만 한다고 생각했습니다. 그래서 부유한 사람들은 절대로 예수를 영접할 수 없다고 생각했습니다. 그러나 가난은 사람을 비참하고 고통스럽게 만들어놓습니다.[84]

요컨대 조용기에 따르면 기독교의 신은 자신이 부자들의 신, 즉 물질적

---

83 같은 책, 135쪽 이하.
84 조용기, 앞의 책(2005), 293~94쪽.

부요의 신이라고 말하며 이 신의 축복은 「창세기」부터 「요한계시록」까지 성서 전체를 관통하여 증언된다고 역설한다. 그는 물질적인 문제로 인해 생기는 걱정과 두려움 그리고 절망으로부터 자유롭다고 고백한다. 자신이 부유하기 위해서 태어났다는 것을 잘 알기 때문이란다.[85] 그러므로―조용기는 확언하기를―누구든지 예수 그리스도를 믿고 성서와 성령의 인도에 따라 살고 일하면 "마치 수도꼭지에서 물이 쏟아지듯 부요와 번영의 축복이 임할 것이다."[86]

조용기의 구원론은 인간의 영혼, 물질적 삶과 육체적 건강을 포괄한다는 점에서 통전적 복음 또는 전인구원적 축복이라고 할 수 있다.[87] 조용기의 삼박자 구원론이라는 '텍스트'는 통전적 또는 전인구원적인 것으로 독해할 수 있다. 그러나 이 텍스트의 '콘텍스트', 즉 조용기의 구원론이 형성된 지식사회학적 배경을 감안하면 사정은 전혀 달라진다. 조용기는 "한국전쟁 후에 피폐한 한국 사회에 새로운 삶의 희망과 소망을 제시했던 영적 지도자이다. 1960년대 이후 영산[조용기의 호(號)]의 성령운동은 근대화와 산업화의 발전 과정에서 자기 정체성을 상실하고, 물질적 빈곤과 사회문화적 소외, 육체적 질병으로 고통당하는 민중과 밀접하게 관련되어 있다."[88]

이러한 콘텍스트에서 텍스트는 물질적 부요를 중심으로 배열되고 독해될 수밖에 없다. 결국 종교적 구원이 물질적 축복으로 환원된다. 성서 전체가 삼박자 구원으로 환원되고 삼박자 구원은 다시금 물질적 구원으로 환원된다. 이는 근대가 경제로 환원되고 경제는 다시금 경제성장으로 환원되는 한국 근대화의 논리와 흡사하다. 이제 기독교 신학은 풍요의 신학

---

85 같은 책, 298쪽.
86 조용기, 앞의 책(1977), 171쪽.
87 조귀삼, 앞의 책(2009), 25, 88쪽.
88 같은 책, 134쪽.

또는 번영의 신학이 된다. 그 신학에서는 속이 성화되고 성이 속화된다. 결국 조용기의 삼박자 구원론은 국가-재벌 동맹자본주의에 기반하는 환원적 근대화의 가치이념인 '잘살아 보세'의 종교적·신학적 '버전'임이 드러난다. 그것은 종교적·신학적 어법으로 표현된 환원근대의 논리이다. 그것은 환원근대적 논리로 덮어씌운 종교적·신학적 텍스트이다. 그것은 환원근대의 경전이다.

그렇다면 여기에서 한 가지 의문이 제기될 수밖에 없다. 만약 조용기 구원론의 콘텍스트가 절대빈곤이었다면 오늘날처럼 절대빈곤을 벗어난 시대에는 그 텍스트가 영적 구원을 중심으로 배열되고 독해될 수 있는가? 그리하여 종교와 신학의 탈세속화가 가능해질까? 결론부터 말하자면, 그렇지 않다. 만약 그리되면 교회는 성장의 동력을 상실하게 되기 때문이다. 조용기가 보기에 성장하지 않는 교회는 예수 그리스도가 기뻐하지 않는 교회이다. 조용기가 말하는 '현재의 하나님'은 엄밀히 말하자면 '현재 진행형의 하나님'이다. 한국의 경제성장과 더불어 신의 물질적 축복은 더욱더 커질 것이고 신자들은 더욱더 부유해질 것이다. 경제가 성장하면서 물질적 축복의 규모는 100달러, 500달러, 1,000달러, 5,000달러, 1만 달러, 2만 달러, 3만 달러로 점점 더 커지고 그만큼 신자들은 더욱더 풍요로운 물질적 삶을 향유하게 될 것이다. 경제의 성장은 언제나 현재 진행형이고 그에 따라 물질적 축복도 현재 진행형이며 더불어 교회의 성장도 언제나 현재 진행형이다.

아무튼 여의도순복음교회가 그토록 기적적으로 성장한 ―1958년에 불과 5명으로 시작한 교회가 50년 만인 2008년에 물경 75만 명으로 성장한 ―배경에는, 삼박자 구원론이라는 이 지극히 세속적인 구원론이 자리하고 있었다. 그런데 중요한 것은 이처럼 기적적인 교회 성장을 이룩한 여의도순복음교회가 ―개신교 외적으로는 몰라도―개신교 내적으로 거의 지탄의 대상이 되거나 비난을 받지 않았다는 사실이다. 오히려 여의도순복음교회와 이 기적적 성장의 주인공인 조용기 목사는 수많은 교회와 목회자의 선망과 모방의 대상이 되었다. 그는 목회자들의 '롤 모델'이 되었다. 수많은 목회자들이 조용기 목사를 닮으려고 노력했으며, 그 결과 조용기 목사는 직간접적으로 한국 개신교 교회에 막대한 영향을 끼치게 되었다. 그 이유는 아주 간단하다. 한국의 개신교가 교회 성장을 지상목표로 추구했기 때문이다. 한국의 개신교는 성장지상주의의 포로이다. 한국의 개신교는 "저 큰 것을 향하여 날마다 나아갔다."[89] 이 성장지상주의를 가장 성공적으로 실현한 것이 바로 조용기 목사의 여의도순복음교회인 것이다.

이렇게 보면 한국의 개신교는 교단에 따라, 그리고 교회에 따라 편차만 있을 뿐 근본적으로 '조용기주의'[90]라고 할 수 있다. 조용기주의는 한국 개신교의 성장지상주의가 가장 순수한 형태로 나타나는, 성장지상주의의 이념형이며 모든 교단과 교회는 이 이념형에 가깝거나 멀다는 차이만 있을 뿐 성장지상주의라는 점에서 일치한다.

이 조용기주의가 지배하는 개신교회에서는 "진정한 의미에서의 복음이 선포되고 성례전이 집행되는 것이 아니라 주술적으로 자본주의적 욕망이 선포되고 그 욕망을 신과 성령, 그리고 그리스도의 힘을 빌려 실현코자 하는 인간의 이기주의적 의식이 집행된다. 그리하여 복음과 성례전은 자본주의적 욕망의 효율적인 추구와 실현을 위한 주술적 도구와 수단으로 전락하고 만다."[91] 세간에서는 목사를 '먹사'라 칭하고, 기독교를, 보다 정확히 말하자면 개신교를 '개독교' 또는 '괴독교'로 칭한다. 전자는 세속적·자본주의적 욕망을 초탈해야 할, 아니면 적어도 세속적·자본주의적 욕망과 긴장관계를 유지해야 할 목사가 오히려 이 욕망으로 가득하고 이 욕망

---

89 이는 찬송가 제491장의 첫 구절 "저 높은 곳을 향하여 날마다 나아갑니다"를 패러디한 것이다.
90 이 개념은 다음에서 따온 것이다. 김진호, 앞의 책(2018), 78쪽.
91 김덕영, 『루터와 종교개혁: 근대와 그 시원에 대한 신학과 사회학』, 도서출판 길 2017, 342쪽.

에 의해 뒤틀린 모습을 냉소적으로 표현하고 있다. 우리는 먹사라는 말에서 목사가 에리식톤 콤플렉스의 화신이 된 한국 사회의 종교적 상황을 읽어낼 수 있다. 후자에는 개신교가 에리식톤 콤플렉스에 의해 지배되는 개 같은 또는 괴물 같은 종교임이 냉소적으로 표현되어 있다.

한국 개신교의 역사는 국가-재벌 동맹자본주의에 기반하는 환원적 근대화 과정과 유사한 점을 보여 준다. 후자가 1960년대 이후 급속한 경제성장을 이룩했다면, 전자는 1960년대 이후 급속한 교회 성장을 이룩했다. 그런데 전자는 또 한 가지 점에서 후자와 유사한 점을 보여 준다. 후자가 대기업, 보다 정확히 말하자면 재벌을 중심으로 경제성장을 이룩했다면, 전자는 대형교회 중심으로 교회 성장을 이룩했다. 이미 앞에서 언급한 바와 같이, 1960년에 5,011개이던 교회가 1990년에는 3만 5,869개로 늘어났다. 그 증가율은 무려 615퍼센트 정도나 된다. 그러나 이 가운데 미자립 교회의 비율이 70~80퍼센트에 이르는바, 이는 한국 개신교의 성장이 대형교회에 치우쳐 있음을 암시하는 대목이다.[92] 전체 성인 개신교인들 (1995년 현재 개신교에서 성인이 차지하는 비율은 약 66퍼센트라고 한다)의 7퍼센트가 13개의 초대형교회에 다닌다고 한다.[93] 사실 한국의 개신교는 대형교회를 대기업에, 초대형교회를 재벌에 비유하면 그 구조적 특성이 보다 잘 드러날 것이다. 한국 개신교에서 '재벌 중의 재벌'이라고 할 수 있는 여의도순복음교회의 조용기 목사는 2010년 10월 20일 여의도순복음교회의 직할교회 목회자 앞에서 이렇게 말했다고 한다.

작은 교회가 아름답다는 말을 믿지 마라. 목회에 실패한 이들이나 하는 변명이다. 주님 보기에 큰 교회가 아름답다.[94]

---

92 김진호, 앞의 책(2012), 101쪽.
93 홍영기, 앞의 책(2001), 35쪽.
94 김진호, 앞의 책(2012), 144쪽에서 재인용. 조용기에 따르면, 교회 성장을 원하는

이 말은 재벌 중의 재벌인 정주영 회장의 말과 이병철 회장의 말을 연상케 한다. 이미 제2부 제4장 제3절에서 인용한 바와 같이, 정주영은 다음과 같이 말했다.

> 자유기업주의 국가에서의 기업은 크면 클수록 좋고, 한없이 커져 세계 경쟁무대에서 막강한 힘을 발휘할 수 있어야 한다.

그리고 이병철은 다음과 같이 말했다.

> 기업은 국력이다. 국력이 큰 나라일수록 대기업이 많다. 우리나라에서는 대기업이라고 해도 외국에 비하면 아직 중소기업에 불과하다. 마치 우물 안 개구리와 같이 이 좁은 국내에서 첫째, 둘째를 겨룬다는 것은 우스운 일이다. 나는 기업을 건실하게 발전시켜 국부 형성에 이바지하고 나아가 세계 기업들과 어깨를 나란히 하는 것이 꿈이다. …… 기업이 위법한 방도로 떳떳치 못하게 이익을 올리는 것은 나쁘지만 부단한 창의와 기술혁신에 의해 이익을 올려 세금을 내고 배당을 하며 또 확대재생산을 해나가는 것은 적극 장려되어야 한다고 생각한다.[95]

요컨대 한국의 교회에는 기업과 마찬가지로 "큰 것이 아름답다", "클수록 더 아름답다", "가장 큰 것이 가장 아름답다"가 진리이다. 작은 교회가 아름답다고 주장하는 경우도 있는데, 이는 어디까지나 작은 교회가 대형교회로 발전할 수 있기 때문이다. 그러므로 교회를 대형교회로 키우지 못

사람은 교회를 성장시키는 일에 그 마음이 미칠 듯이 사로잡혀야만 한다. 교회는 성장을 갈망하여 애통하는 뜨거운 눈물 위에 펼쳐진다. 그러므로 교회 성장을 원한다면 성장에 대한 의욕으로 불타야 한다. 그럴 때 교회는 비로소 살아 일어나 성장하기 시작한다." 조귀삼, 앞의 책(2009), 52쪽.

95 이병철, 『호암어록: 기업은 사람이다』, 호암재단 1997, 30쪽.

한 목회자는 실패자일 따름이며, 작은 교회가 아름답다고 말하는 것은
실패한 목회자들의 변명에 지나지 않는다.

논의를 마치면서:
진정한 자본주의와 그 정신은 어떻게 가능한가

　이렇게 해서 우리는 우리가 만들고 그 안에서 이명박이 성공하고 몰락한 세계가 무엇인가에 대한 답을 사회학적·계보학적 방법을 통해 찾아보았다. 그 세계는 돈과 물질적 재화에 대한 무한한 욕망, 즉 에리식톤 콤플렉스가 지배하는 세계이다. 바로 이 에리식톤 콤플렉스가 한국 자본주의의 정신이며, 이 정신은 국가에 의해 주조되었고 재벌에 의해 구현되었으며 개신교에 의해 성화되었다. 이명박은 박정희(국가)와 정주영(재벌) 그리고 조용기주의(개신교)가 융합된 인격체로서 그 누구보다도 에리식톤 콤플렉스를 철저히 체화하고 내면화했다. 에리식톤 콤플렉스는 이명박에게서 가장 전형적이고 상징적으로 나타났다. 이명박은 한국 자본주의 정신, 즉 에리식톤 콤플렉스의 이념형이었던 것이다. 그는 바로 이 에리식톤 콤플렉스가 지배하는 세계에서 성공했으며, 또한 바로 이 세계에서 몰락했다.

　보다 정확하게 말하자면, 이명박은 에리식톤 콤플렉스에 머문 것이 아니라 실제로 에리식톤이 되고 말았다. 이 근대 한국의 에리식톤은 고대 그리스 신화의 에리식톤처럼 자신의 몸도 게걸스럽게 먹어치웠다. 그는 자신을 망쳐버렸다.

　우리는 여기에서 매우 냉혹하고 아주 중요한 진실 하나와 직면하게 되는데, 그것은 비단 이명박만이 아니라 국가-재벌 동맹자본주의의 담지세력이 에리식톤이 되었다는 사실이다. 이들은 그리스 신화의 에리식톤처럼 근대화와 경제성장의 과실을 게걸스럽게 먹어치운다. 그리고 더 나아가 한국 사회의 모든 것을 게걸스럽게 먹어치운다. 이들은 경제를 비롯한 사회의 전 영역을 자신들의 환원근대적 가치와 이상을 실현할 수 있는 방향으로 조직되고 운영되는 식민지로 만들어버린다. 말하자면 사회 전체를 게걸스럽게 먹어치운다. 그러나 종내에는 자신의 몸도 먹어치우게 된다. 왜냐하면 근대적 합리성이 확보되지 못하면 경제도 자본주의도 제대로 돌아갈 수 없게 되고 끝내는 망가질 수밖에 없게 되기 때문이다.

그렇다면 국가-재벌 동맹자본주의의 담지세력이 아닌 대다수의 한국인들은 어떠한가? 그들은 가급적 많은 돈과 물질적 부를 획득하기 위해 자본주의적 경제활동에 몰두하지만 그 과실은 대부분 국가-재벌 동맹자본주의의 담지세력에 돌아간다. 그리하여 대다수의 한국인들은 에리식톤처럼 되고자 하는 욕망이 강렬하지만, 그 욕망은 끝내 충족되지 않은 채로 남아서 끊임없이 그들을 환원근대적 경제활동으로 몰아댄다. 그들은 에리식톤 콤플렉스의 소유자인 것이다.

이제 논의를 마치면서 진정한 자본주의와 자본주의 정신은 어떻게 가능한가를 잠시 짚어보기로 한다. 내가 보기에는 다음과 같이 세 가지를 생각해 볼 수 있다. 첫째, 모든 것을 경제성장으로 환원하는 환원근대적 사고를 극복하고 환원근대의 핵심 축인 국가-재벌 동맹자본주의가 해체되어야 한다. 여기에서 중요한 점은 이 해체가 국가-재벌 동맹의 해체를 의미할뿐더러 더 나아가 재벌 자체의 해체도 의미한다는 사실이다. 다시 말해 가족경영 또는 동족경영의 복합기업집단은 반드시 해체되어야 한다. 바로 이것이 한국 경제의 합리화를 위한 첫걸음이 된다.[1] 그러면 국가는

---

1 한국인들은 재벌이 망하면 나라가 망한다고 생각하는 경향이 강하다. 그러나 다음의 주장만 보아도 그와 같은 생각이 얼마나 잘못된 것인가를 알 수 있다. "삼성이

어떠해야 하는가? 우리가 지향해야 하는 국가는 개인들을 경제성장을 위한 도구나 수단으로 간주하는 국가가 아니다. 내가 보기에는 누구보다도 에밀 뒤르케임(Émile Durkheim, 1858~17)한테서 우리가 지향해야 할 국가의 모습을 찾을 수 있을 것이다. 그 국가는 개인숭배를 집합 이상으로 하는 개인주의적 국가이다. 여기에서 개인숭배란 인간으로서의 개인과 그의 인격 및 그가 향유하는 자유와 권리를 신성불가침한 것으로서 존중하고 보호하는 것을 의미한다.[2]

둘째, 이는 유교에 기반하는 전통적 집단주의 정신을 근대적 개인주의 정신으로 대체해야 한다는 것을 함의한다. 근대의 토대는 전통이 아니라 근대에서 찾아야 한다. 자본주의는 개인주의를 그 윤리적·문화적 토대로 하는 근대의 일부분, 즉 경제적 근대이다. 유교라는 전통을 계승하는 경우에도 어디까지나 근대에 의해 재해석되고 인정됨으로써 근대에 통합되어야 한다. 우리가 진정으로 추구해야 하는 것은 경제적 근대주의와 문화적 전통주의의 결합이 아니라 경제적 근대주의와 문화적 근대주의의 결합이다. 전통은 이 틀에 의해 재해석되고 인정됨으로써 이 틀에 통합되어야 한다.

망하면 나라가 망한다고? 천만의 말씀. 삼성이 망하면 이 나라는 더더욱 살기 좋은 나라가 될 것이다. …… 삼성이 갖은 특혜와 특권으로 시장을 독과점하면서 부당하게 이득을 취하는 그 모든 부분이 중소·중견 기업으로 돌아온다고 상상해 보라. 비전과 열정 있는 수천, 수만 개 중소기업이 한국 경제의 기초를 탄탄하게 받치면서 대기업과 상생 관계를 유지하고 동반 성장하는 것을 상상해 보라. 그렇게 되어야만 1퍼센트가 아닌 99퍼센트가 혜택받는 건강한 나라가 되리라고 나는 확신한다. 일본이 패망한 뒤, 맥아더는 일본 굴지의 기업 '미쓰이'를 해체했는데 그러자 튼튼한 중소기업 200여 개가 탄생했다. …… '핀란드의 모든 것'이라던 노키아, '노키아가 망하면 핀란드가 망한다'고 그렇데 떠들어댄 사람들과 전문가가 많았는데 결국 어떻게 됐나? 핀란드가 망했나? 천만에. 핀란드는 노키아가 건재할 때보다 더욱더 경제의 기초체력이 좋아졌다." 이동형, 『툭 까놓고 재벌: 그토록 숨겨두고 싶었던 대한민국 재벌의 탄생과 성장 이야기』, 왕의서재 2016, 9쪽.

2 이에 대한 자세한 논의는 다음을 참고할 것. 김덕영, 『에밀 뒤르케임: 사회실재론』, 도서출판 길 2019, 445쪽 이하, 641쪽 이하.

셋째, 개신교는 환원근대의 이데올로그 또는 전도사 역할을 과감히 벗어던지고 그 본연의 종교적 임무, 즉 영혼의 구원에 헌신해야 하며, 그럼으로써 자본주의의 피안에서 자본주의와 일정한 긴장과 갈등의 관계를 유지해야 한다. 개신교는 탈주술화되어야 한다. 다시 말해 자본주의의 주술사 노릇을 과감히 청산해야 한다. 이와 더불어 세속화되어야 한다. 이는 개신교가 세속적인 종교가 되라는 뜻은 물론 아니다. 오히려 세속과 종교가 상호 독립적이 되며, 따라서 종교가 종교다운 종교가 되어야 한다는 뜻이다. 왜냐하면 세속화는 세속의 탈종교화뿐만 아니라 종교의 탈세속화도 포함하기 때문이다.[3]

요컨대 사회가 다양한 영역과 기능으로 분화됨으로써 국가가 국가답고 기업이 기업답고 교회가 교회다워야 비로소 진정한 자본주의와 진정한 자본주의 정신이 가능해진다. 그 정신은 자율적이고 주체적인 개인들의 합리적인 행위유형과 생활양식으로 표출될 것이다.

---

3 김덕영, 앞의 책(2017), 342~43쪽. 그 밖에도 한국의 개신교는 개인화와 분화를 지향해야 한다. 먼저 분화는 다음을 의미한다. "개신교는 가족·사회·국가 등에 개인을 함몰시키는 신학에서 벗어나 모든 인간은 ―「창세기」에 기록된 바와 같이― 신의 형상대로 창조된 거룩하고 고귀한 존재이며 각 개인이 함께 모여서 기도하고 예배하며 찬양함으로써 신과 교통하는 신앙 공동체가 교회라는 신학으로 전환해야 한다. 그러니까 종교적 집단주의 또는 신학적 집단주의에서 종교적 개인주의 또는 신학적 개인주의로 전환해야 한다." 그리고 분화는 다음을 의미한다. "개신교는 이제 종교가 더 이상 사회를 한군데로 묶는 끈이 아니라는 사회학적 진리를 망각해서는 안 된다. 오늘날 종교는 다양한 사회적 기능 가운데 하나일 뿐이다. 또한 오늘날은 종교 이외에도 다양한 가치가 영원한 갈등과 투쟁을 벌이는 '가치다신주의'의 시대다. 그리고 더 나아가 근대의 중요한 지표인 분화는 종교 내적으로도 적용된다. 다시 말해 기독교는 종교 그 자체가 아니라 다양한 종교 가운데 하나일 뿐이며, 이 기독교는 다시금 다양한 교파와 분파로 분화되어 있다. 오늘날은 종교적 다원주의와 특수주의의 시대다. 그러므로 개신교는 다른 사회적 삶의 영역에 자신의 종교적 논리를 강요해서도 안 되고 다른 종교와 다른 교파나 분파에 대해 배척적이고 적대적이어서도 안 된다." 같은 곳. 이 인용구절에 나오는 '가치다신주의'에 대해서는 김덕영, 앞의 책(2012), 715쪽 이하를 참고할 것.

참고문헌

강명구·박상훈. 1997, 「정치적 상징과 담론의 정치: '신한국'에서 '세계화까지'」, 『한국사회학』 제31집(봄호), 123~61쪽.

강명숙. 2008, 『일제강점기 한국 기독교인들의 사회경제사상』, 한국학술정보.

강성호. 2016, 『한국 기독교 흑역사: 열두 가지 주제로 보는 한국 개신교 스캔들』, 짓다.

강인철. 1994, 「한국 개신교 교회의 정치사회적 성격에 관한 연구: 1945~1960」(서울대학교 박사학위논문).

———. 2007a, 『한국의 개신교와 반공주의: 보수적 개신교의 정치적 행동주의 탐구』, 중심.

———. 2007b, 「박정희 정권과 개신교 교회」, 『종교문화연구』 9, 83~118쪽.

———. 2013, 『한국의 종교, 정치, 국가 1945~2012』, 한신대학교출판부.

———. 2017, 『종교와 군대: 군종, 황금어장의 신화는 어떻게 만들어졌나?』, 현실문화.

『경향신문』, 2007년 11월 21일.

『경향신문』, 2018년 7월 17일.

『경향신문』, 2018년 8월 28일.

『경향신문』, 2018년 10월 6일.

공제욱. 1993, 『1950년대 한국의 자본가 연구』, 백산서당.

교회성장연구소 편집부 (엮음). 2008, 『세계가 주목한 조용기 목사의 교회 성장: 조용기 목사의 교회 성장 3중 구조: 영성·리더십·시스템』, 교회성장연구소.

괴테, 요한 볼프강 폰. 1999a, 『파우스트 1』, 서울: 민음사 (정서웅 옮김; 원제는 Johann Wolfgang von Goethe, *Faust. Eine Tragödie*).

———. 1999b, 『파우스트 2』, 서울: 민음사 (정서웅 옮김; 원제는 Johann

Wolfgang von Goethe, *Faust. Eine Tragödie*).

김관수. 2012, 「한국의 천민자본주의 가치관과 경제개혁의 한계: 교육적 해결방안」, 『통합교육과정연구』 6(1), 25~44쪽.

김덕영. 2001, 『주체·의미·문화: 문화의 철학과 사회학』, 나남출판.

———. 2010, 「해제: 종교·경제·인간·근대 — 통합과학적 모더니티 담론을 위하여」, 막스 베버 (김덕영 옮김), 『프로테스탄티즘의 윤리와 자본주의 정신 — 보론: 프로테스탄티즘의 분파들과 자본주의 정신』, 도서출판 길, 513~669쪽.

———. 2012, 『막스 베버: 통합과학적 인식의 패러다임을 찾아서』, 도서출판 길.

———. 2014, 『환원근대: 한국 근대화와 근대성의 사회학적 보편성을 위하여』, 도서출판 길.

———. 2016, 『국가이성비판: 국가다운 국가를 찾아서』, 다시봄.

———. 2017, 『루터와 종교개혁: 근대와 그 시원에 대한 신학과 사회학』, 도서출판 길.

———. 2019, 『에밀 뒤르케임: 사회실재론』, 도서출판 길.

김보현. 2006, 『박정희 정권기 경제개발: 민주주의와 발전』, 갈무리.

———. 2014, 「박정희 시대 국가의 통치 전략과 기술: 1970년대 농촌새마을운동을 중심으로」, 오유석 (엮음), 『박정희 시대의 새마을 운동: 근대화, 전통 그리고 주체』, 한울아카데미, 287~320쪽.

김상구. 2011, 『믿음이 왜 돈이 되는가?: 종교, 믿음을 팔고 권력을 사다』, 해피스토리.

김상석. 1994, 『순복음 왕국 여의도 복음의 정체: 조용기 목사의 삼박자 구원은 성경적인가?』, 세계기독교사회연구학회.

김성건. 2000, 「한국의 보수적 개신교, 무속신앙 그리고 자본주의」, 『담론 201』 3(3), 39~74쪽.

김소영·김우재·김태호·남궁석·홍기빈·홍성욱. 2017, 『4차 산업혁명이라는 유령: 우리는 왜 4차 산업혁명에 열광하는가』, 휴머니스트.

김영모. 1982, 『조선지배층연구』, 일조각.

———. 2012, 『한국 자본가 계급연구』, 고헌출판부.

김윤태. 2012, 『한국의 재벌과 발전국가: 고도성장과 독재, 지배계급의 형성』, 도서출판 한울.

김종태. 2012, 「이승만 정부 시기 문명 담론과 선진국 담론에 나타난 국가정체성과 서구관: '대통령 연설문'과 '조선일보'를 중심으로」, 『한국사회학』 46(2), 150~75쪽.

———. 2013, 「박정희 정부 시기 선진국 담론의 부상과 발전주의적 국가정체성의 형성: '대통령 연설문'과 '조선일보'를 중심으로」, 『한국사회학』 47(1), 71~106쪽.

──── . 2014, 「한국 발전주의의 담론 구조: 근대화, 세계화, 선진화 담론의 비교」, 『경제와 사회』 103, 166~95쪽.

김진호. 2012, 『시민 K, 교회를 나가다: 한국 개신교의 성공과 실패, 그 욕망의 사회학』, 현암사.

──── . 2018, 『권력과 교회: 강남순·박노자·한홍구·김응교 대담』, 창비.

김충환. 2014, 「막스 베버의 '자본주의 정신'에서 바라본 한국 개신교의 기복신앙」, 『현상과 인식』 38(3), 129~47쪽.

김홍중. 2015, 「파우스트 콤플렉스: 아산 정주영을 통해 본 한국 자본주의의 마음」, 『사회사상과 문화』 18(2), 237~85쪽.

김흥수. 2006, 「해방 후 한국전쟁과 이승만 치하의 한국 교회」, 『기독교사상』 50(2), 198~213쪽.

『뉴스앤조이』, 2018년 7월 30일.

대통령 비서실 (펴냄). 1973a, 『박정희 대통령 연설문집 1 ─ 최고회의 편: 1961년 7월~1963년 12월』.

──── . 1973b, 『박정희 대통령 연설문집 2 ─제5대 편: 1963년 12월~1967년 6월』.

──── . 1973c, 『박정희 대통령 연설문집 3 ─제6대 편: 1967년 7월~1971년 6월』.

──── . 1973d, 『박정희 대통령 연설문집 4 ─제7대 편: 1971년 7월~1972년 12월』.

──── . 1976, 『박정희 대통령 연설문집 5 ─제8대 편·상: 1972년 12월~1975년 12월』.

──── . 1979a, 『박정희 대통령 연설문집 6 ─제8대 편·하: 1976년 1월~1978년 12월』.

──── . 1979b, 『박정희 대통령 연설문집 16 ─ 추도 판: 1979년 1월~1979년 10월』.

──── . 1994, 『김영삼 대통령 연설문집 1 ─1993년 2월 25일~1994년 1월 31일』.

──── . 1995, 『김영삼 대통령 연설문집 2 ─1994년 2월 1일~1995년 1월 31일』.

──── . 1996, 『김영삼 대통령 연설문집 3 ─1995년 2월 1일~1996년 1월 31일』.

『동아일보』, 2007년 9월 12일.

동아일보 특별취재팀. 1999a, 『잃어버린 5년 ─ 칼국수에서 IMF까지: YS 문민정부 1,800일 비화』, 제1권, 동아일보사.

──── . 1999b, 『잃어버린 5년 ─ 칼국수에서 IMF까지: YS 문민정부 1,800일 비화』, 제2권, 동아일보사.

라은성·이상규·양희송. 2017, 『종교개혁, 그리고 이후 500년: 16세기 유럽부터 21세기 한국까지』, 을유문화사.

류대영. 2009, 『한국 근현대사와 기독교』, 푸른역사.

──. 2018, 『한 권으로 읽는 한국 기독교의 역사』, 한국기독교역사연구소.

류석춘. 1997, 「'유교자본주의'의 가능성과 한계」, 『전통과 현대』 제3호, 74~93쪽.

매일경제 경제부·정치부. 2008, 『MB노믹스: 이명박 경제 독트린 해부』, 매일경제신문사.

민족문제연구소. 2017, 『일제식민통치기구사전: 통감부·조선총독부 편』, 민연주식회사.

박동순. 1979, 『재벌의 뿌리: 한국 경영인 20인』, 태창문화사.

박득훈. 2014, 『돈에서 해방된 교회: 교묘한 맘몬 숭배에서 벗어나는 길』, 포이에마.

박병윤. 1982, 『재벌과 정치』, 한국양서.

박성우·손병권. 2018, 『한국형 발전국가의 국가이념과 정치제도』, 인간사랑.

박영돈. 2013, 『일그러진 한국 교회의 얼굴』, 한국기독학생회출판부.

박우희. 2001, 『한국 자본주의의 정신』, 박영사.

박우희·이어령. 2005, 『한국의 신(新)자본주의 정신』, 박영사.

박유영. 2005, 『한국형 기업가 정신의 유형』, 숭실대학교출판부.

박정희. 1961, 『지도자도: 혁명 과정에 처하여』, 국가재건최고회의.

──. 2005a, 『한국 국민에게 고함』, 『한국 국민에게 고함』, 동서문화사, 17~312쪽.

──. 2005b, 『우리 민족의 나아갈 길: 사회 재건의 이념』(1962), 『한국 국민에게 고함』, 동서문화사, 313~480쪽.

──. 2005c, 『국가와 혁명과 나』(1963), 『한국 국민에게 고함』, 동서문화사, 481~658쪽.

──. 2005d, 『민족의 저력』(1971), 『한국 국민에게 고함』, 동서문화사, 659~775쪽.

──. 2005e, 『민족중흥의 길: 민족사의 분수령에 서서』(1978), 『한국 국민에게 고함』, 동서문화사, 777~890쪽.

박태균. 2005, 「1960년대 중반 안보 위기와 제2경제론」, 『역사비평』 8, 250~76쪽.

──. 2007, 『원형과 변용: 한국 경제개발 계획의 기원』, 서울대학교출판부.

──. 2009, 「박정희 정부 시기를 통해 본 발전국가 담론에 대한 비판적 시론」, 『역사와 현실』 74, 15~43쪽.

박형준. 2013, 『재벌, 한국을 지배하는 초국적 자본』, 책세상.

방기철. 2018, 『한국 역사 속의 기업가』, 앨피.

배덕만. 2010, 『한국 개신교 근본주의』, 대장간.

배덕만 (책임 집필, 교회세습반대운동연대 기획). 2016, 『교회 세습, 하지 맙시다: 교회세습반대운동연대 보고서』, 홍성사.

백기복·김성국·최연. 2007, 『CEO 조용기: 세계 초일류 기업을 뛰어넘는 여의도 순복음교회』, ICG.

백낙청. 2005, 「박정희 시대를 어떻게 생각할까」, 『창작과 비평』 128, 287~97쪽.

베버, 막스. 1990a, 『유교와 도교』, 문예출판사 (이상률 옮김; 원제는 Max Weber, *Konfuzianismus und Taoismus*).

──. 1990b, 『사회경제사』, 삼성출판사 (조기준 옮김; 원제는 Max Weber, *Wirtschaftsgeschichte*).

──. 2010, 『프로테스탄티즘의 윤리와 자본주의 정신 ─보론: 프로테스탄티즘의 분파들과 자본주의 정신』, 도서출판 길 (김덕영 옮김; 원제는 Max Weber, *Die protestantische Ethik und der Geist des Kapitalismus*).

부르디외, 피에르. 1995, 『자본주의의 아비투스』, 동문선 (최종철 옮김; 원제는 Pierre Bourdieu, *Algérie 60: Structures économiques et structures temporelles*).

『비즈니스 포스트』, 2018년 2월 1일.

서울역사편찬원. 2015, 『서울 2천년사 28: 일제강점기 서울의 경제와 산업』, 서울역사편찬원.

서의동. 2016, 「'총독부 자본주의' 100년」, 『경향신문』, 7월 3일.

서재진. 1991, 『한국의 자본가 계급』, 나남.

세계화추진위원회. 1998, 『세계화 백서』.

소병희. 1996, 「한국적 천민자본주의에 관한 소고 1: 과시적 소비의 생성과정」, 『국민경제연구』 19, 85~111쪽.

신광은. 2015, 『메가 처치를 넘어서』, 포이에마.

신용하 외. 2009, 『식민지 근대화론에 대한 비판적 성찰』, 나남출판.

신익상. 2016, 「한국 개신교에서 가난은 어떻게 은폐되는가」, 성공회대학교 신학연구원 (엮음), 『종교는 돈을 어떻게 가르치는가』, 동연, 51~76쪽.

오미일. 2011, 『한국근대자본가연구』, 한울아카데미.

──. 2015, 『근대 한국의 자본가들: 민영휘에서 안희제까지, 부산에서 평양까지』, 푸른역사.

양명수. 2008, 「자본주의 윤리와 한국 교회」, 『기독교 사상』 52(12), 56~66쪽.

양희송. 2012, 『다시, 프로테스탄트: 한국 교회, 우리는 지금 어디에 서 있는가』, 복있는사람.

에커트, 카터 J. 2008, 『제국의 후예: 고창 김씨가와 한국 자본주의의 식민지 기원 1876~1945』, 푸른역사 (주익종 옮김; 원제는 Carter J. Eckert, *Offspring of Empire: The Koch'ang Kims and the colonial origins of Korean capitalism, 1876~1945*).

『오마이뉴스』, 2004년 7월 1일.

오유석 (엮음). 2014, 『박정희 시대의 새마을 운동: 근대화, 전통 그리고 주체』, 한울
　　아카데미.

우혜란. 2012, 「한국의 오순절-은사주의 운동에서 여성의 위치와 그 배경」, 『종교와
　　문화』 23, 37~80쪽.

윤경로. 2016, 「분단 70년, 한국 기독교의 권력유착 사례와 그 성격」, 『한국 기독교
　　와 역사』 44, 27~65쪽.

윤상우. 2016, 「한국 성장지상주의 이데올로기의 역사적 변천과 재생산」, 『한국사
　　회』 17(1), 3~38쪽.

윤정란. 2015, 『한국전쟁과 기독교』, 한울아카데미.

이대근·김낙년·이영훈·주익종·박이택. 2005, 『새로운 한국경제 발전사: 조선 후기
　　에서 20세기 고도성장까지』, 나남출판.

이동형. 2016, 『툭 까놓고 재벌: 그토록 숨겨두고 싶었던 대한민국 재벌의 탄생과 성
　　장 이야기』, 왕이서재.

이명박. 1995, 『신화는 없다』, 김영사.

───. 2015, 『대통령의 시간 2008~2013』, 알에이치코리아(RHK).

이병철. 1986, 『호암자전』, 중앙일보사.

───. 1997, 『호암어록: 기업은 사람이다』, 호암재단.

이용기. 2014, 「'유신이념의 실천도장', 1970년대 새마을운동」, 오유석 (엮음),
　　『박정희 시대의 새마을 운동: 근대화, 전통 그리고 주체』, 한울아카데미,
　　321~54쪽.

이완배. 2018a, 『한국 재벌 흑역사: 한국 경제의 부끄러운 자화상 (상): 삼성·현대』,
　　민중의소리 (개정증보판).

───. 2018b, 『한국 재벌 흑역사: 한국 경제의 부끄러운 자화상 (하): 롯데·SK』,
　　민중의소리.

이의관. 2006, 『왜 이명박인가?: 신화는 있다』, 지성문화사.

이장규. 2014a, 『대한민국 대통령들의 한국경제 이야기 1: 이승만 대통령부터 전두
　　환 대통령까지 산업화 40년』, 살림.

───. 2014b, 『대한민국 대통령들의 한국경제 이야기 2: 노태우 대통령부터 이명
　　박 대통령까지 민주화 25년』, 살림.

이재율. 2013, 『종교와 경제: 유교, 불교, 기독교의 경제윤리』, 탑북스.

이정우. 2008, 「성장만능주의는 왜 우리를 불행하게 하는가?」, 『내일을 여는 역사』
　　34, 60~66쪽.

이진구. 2000, 「개신교와 성장주의 이데올로기」, 『당대비평』 12, 225~40쪽.

이한구. 2004, 『한국재벌사』, 대명출판사.

이헌창. 2016, 『한국경제통사』, 해남.

『일요신문』, 2018년 8월 17일.

장숙경. 2009, 「한국 개신교의 산업선교와 정경유착」(성균관대 박사학위논문).

장시원. 1989, 「일제하 대지주의 존재형태에 대한 연구」(서울대 박사학위논문).

장훈·이승주. 2018, 『한국형 발전국가의 정치경제사』, 인간사랑.

전상숙. 2009, 「'조선 특수성'론과 조선 식민지배의 실제」, 신용하 외, 『식민지 근대
　　　화론에 대한 비판적 성찰』, 나남출판, 121~80쪽.

──. 2012, 『'조선총독정치' 연구: 조선총독의 '상대적 자율성'과 일본의 한국 지
　　　배정책 특질』, 지식산업사.

전우용. 1993, 「개항기 한인 자본가의 형성과 성격」, 『국사관논총』 41.

──. 1997, 「19세기 말~20세기 초 한인 회사 연구」(서울대 박사학위논문).

전택부. 1987, 『한국 교회 발전사』, 대한기독교출판사.

정대용, 『아산 정주영의 기업가 정신』, 삼영사.

정병준. 2005, 『우남 이승만 연구: 한국 근대국가의 형성과 우파의 길』, 역사비평사.

정두언. 2017, 『잃어버린 대한민국의 시간: MB부터 박근혜까지, 난세에 희망의 정
　　　치를 말하다』, 21세기북스.

정안기. 2009, 「식민지기 조선인 자본의 근대성 연구: 경성방직(주)과 조선방직(주)
　　　과의 비교 시점에서」, 『지역과 역사』 25, 51~98쪽.

정주영. 1985, 『아산 정주영 연설문집』, 아산고희기념출판위원회.

──. 1991, 『시련은 있어도 실패는 없다』, 제삼기획.

──. 1997a, 『한국 경제 이야기』, 울산대학교출판부.

──. 1997b, 『새로운 시작에의 열망』, 울산대학교출판부.

──. 1998, 『이 땅에 태어나서: 나의 살아온 이야기』, 솔.

정태헌. 1996, 『일제의 경제정책과 조선사회』, 역사비평사.

조갑제. 2007, 『박정희 ─ 한 근대화 혁명가의 비장한 생애 1: 군인의 길』, 조갑제
　　　닷컴.

──. 2009, 『박정희의 결정적 순간들: 62년 생애의 62개 장면』, 기파랑.

조선총독부. 1990, 『조선 산업경제 조사회 회의록』, 민속원.

──. 2010, 『일제가 식민통치를 위해 분석한 조선인의 사상과 성격』, 북타임 (김
　　　문학 옮김; 원제는 朝鮮總督府, 朝鮮人の思想と性格).

조기준. 1974, 『한국기업가사』, 박영사.

──. 1981, 『한국 자본주의 성립사론』, 대왕사.

조귀삼. 2009, 『영산 조용기 목사의 교회 성장학』, 한세대학교말씀사.

조선출 (엮음). 1973, 『복음의 대향연』, 대한기독교서회.

조용기. 1977, 『삼박자 구원』, 영산출판사.

───. 2005, 『나의 교회 성장 이야기』, 서울말씀사.

조유재. 2017, 「박정희 정권의 제2경제운동의 전개와 성격」, 『숭실사학』 38, 263~318쪽.

주익종. 2008, 『대군의 척후: 일제하의 경성방직과 김성수·김연수』, 푸른역사.

주창윤. 2013, 『허기사회: 한국인은 지금 어떤 마음이 고픈가』, 글항아리.

지동욱. 2006, 『대한민국 재벌』, 삼각형비즈.

차성환. 2000, 「한국 유교 자본주의의 허상과 현실」, 『담론 201』 3(3), 11~38쪽.

최동규. 2011, 「박정희 시대의 교회 성장」, 『성결교회와 신학』 25, 61~87쪽.

최인이. 2014, 「1970년대 농촌 여성들의 자본주의적 개인 되기: 새마을 부녀지도자의 노동활동 경험을 중심으로」, 오유석 (엮음), 『박정희 시대의 새마을 운동: 근대화, 전통 그리고 주체』, 한울아카데미, 72~108쪽.

최형묵. 2002, 「욕망과 배제의 구조로서의 기독교적 가치」, 『시대와 민중신학』 7, 75~98쪽.

───. 2006, 「유신체제, 군사정권하의 한국 교회」, 『기독교 사상』 50(3), 200~14쪽.

커밍스, 브루스. 2001, 『브루스 커밍스의 한국 현대사』, 창작과비평사 (이교선·한기욱·김동노·이진준 옮김; 원제는 Bruce Cumings, *Korea's Place in the Sun: A Modern History*).

『한겨레 21』, 2018년 4월 2일.

한민. 2018, 『슈퍼맨은 왜 미국으로 갔을까: 방구석 문화 여행자를 위한 58가지 문화 패키지여행』, 부키.

함재봉. 2000, 『유교민주주의 왜 & 어떻게』, 전통과현대.

───. 2002, 『유교, 자본주의, 민주주의』, 전통과현대.

허은. 2007, 「1960년대 후반 '조국 근대화' 이데올로기 주조와 담당 지식인의 인식」, 『사학연구』 86, 213~48쪽.

현대기독교역사연구소 (기획), 이은선 (엮음). 2011, 『한국 근대화와 기독교의 역할』, 두란노아카데미.

헤내그래프, 행크. 2010, 『바벨탑에 갇힌 복음: 번영신학을 고발한다』, 새물결플러스 (김성웅 옮김; 원제는 Hank Hanegraaff, *Christianity in Crisis: 21st Century*).

홍영기. 2001, 『한국 초대형교회와 카리스마 리더십』, 교회성장연구소.

홍하상. 2004, 『이병철 경영대전: 행하는 자 이루고 가는 자 닿는다』, 바다출판사.

황금찬. 1965, 『현장: 황금찬 시선』, 청강출판사.

황병주. 2000, 「박정희 시대의 국가와 '민중'」, 『당대비평』 12, 46~68쪽.

───. 2008, 「박정희 체제의 지배담론: 근대화 담론을 중심으로」(한양대학교 박사

학위논문).

──. 2011, 「박정희 체제 근대화 담론의 식민성」, 임지현 외 (엮음), 『근대 한국, '제국'과 '민족'의 교차로』, 책과함께, 255~89쪽.

──. 2014, 「새마을운동 시기 국가와 농민의 정치경제학」, 오유석 (엮음), 『박정희 시대의 새마을 운동: 근대화, 전통 그리고 주체』, 한울아카데미, 25~71쪽.

──. 2017, 「1950~60년대 엘리트 지식인의 빈곤 담론」, 『역사문제연구』 37, 519~74쪽.

황봉환. 2003, 『기독교 경제윤리』, 예영커뮤니케이션.

찾아보기